KB202539

불교와 기독교 세계관

Buddhism & Christianity Worldview

불교와 기독교 세계관

● 장재훈 지음

이 책은 불교와 기독교의 핵심 교리,
사상을 비교하여 다루었다.
세상에 수많은 종교들이 있다. 각자 자기가
신봉하는 종교가 참, 진짜라고 믿고 추종한다.
그러나 정답은 하나뿐이다.

좋은땅

들어가는 말

불교는 교리적으로 볼 때 선(善, 착함)을 추구하는 좋은 종교이다. 기독교도 애신애기애타(愛神愛己愛他, 하나님 사랑, 자기 사랑, 이웃 사랑)를 가르치기에 좋은 종교이다. 극히 일부 종교를 제외한 대부분의 종교는 선(善)을 추구한다. 이에 대부분의 사람들이 모든 종교는 선(善)을 추구하기에 거의 비슷하다고 말한다. 하지만 기독교(개신교)는 모든 종교와 확연히 다른 면이 있다. 그것은 현세와 내세(사후세계), 구원(극락)의 문제 등에 있어서 전혀 다르다. 기독교(개신교)를 제외한 모든 종교는 어떤 선행(행위)을 통해서 복을 받고, 무엇이 되고, 내세에 좋은 곳에 간다고 주장한다. 그러나 기독교(개신교)는 오직 예수님(하나님)에 대한 '믿음'을 통해서만 어찌 된다고 말한다. 특히 불교는 행위를 통한 어떤 상태에 이른다고 더욱 강조한다. 불교가 추구하는 교리를 요약하면 번뇌(괴로움)의 굴레에서 벗어나기 위해서는 각자 스스로 수행, 업, 참선 등 행위를 해야 한다고 주장한다. 그것이 수행, 참선을 통한 해탈이고, 해탈에 이르러야 번뇌(괴로움)에서 벗어나 부처가 되어 윤회(輪回)에서 끊어져 사후(내세)에 극락(極樂, 극락정토)에 들어간다고 말한다. 이슬람교도 행위, 즉 육신오행(六信五行)을 실천해야만 구원(천국)을 얻는다고 말한다. 여기에 대표적으로 들어가는 행위가 이슬람의 성지인 사우디아라비아 메카를 순례해야 하고, 자살폭탄테러를 하면 곧바로 구원을 받는다고 한다.

그리고 기독교 종파의 하나인 천주교(로마 가톨릭)도 행위(선행)와 믿음으로 구원을 받는다고 한다. 그것이 천주교의 연옥(煉獄, 죽은 자가 곧바로 천국에 들어가지 못하고 연옥에 들어가서 연단을 받는 곳) 교리이다. 천주교는 믿음과 선행이 있어야 구원을 받는다고 한다. 그러나 기독교 중에서 개신교(프로테스탄트, 교회)는 행위(선행, 수행)로의 구원이 아니라 오직 '믿음'으로만 죄 용서함 받고, 의인(義人)의 신분이 되며, 언제 죽으나 사후에 천국(구원)에 들어간다고 말한다. 인류의 유일한 구세주인 예수 그리스도를 믿어야만 죄에서 자유(해방)하게 되고 구원을 받는다고 말한다. 이것이 기독교(개신교) 교리이고 성경의 명백한 사상이다. 이 밖의 다른 교리에 있어서도 불교나 다른 종교와 많은 차이와 다른 면이 있다. 그럼에도 불구하고 기독교인이나 불교인이나 일반인들은 차이점이나 다른 면을 정확히 모른다. 극히 표면적이거나 일부분만 알고 오해한다. 이 『불교와 기독교 세계관』 책은 여러 가지로 불교와 기독교의 핵심 교리, 사상에 대하여 비교하여 기술하였다. 누구든지 마음이 가는 대로, 믿어지는 대로 믿고 살면 된다. 누구든지 종교 선택은 자유지만 불자나 기독교인이나 불신자들이나 한 가지는 명심하고 살아야 한다. 진짜, 참, 정답은 단 하나뿐이라는 것이다.

세상에 수많은 종교들이 있다. 각자 자기가 신봉하는 종교가 참, 진짜라고 믿고 추종한다. 그러나 세상에 많은 아버지와 어머니들이 존재하지만 자기의 진짜 아버지와 어머니는 지구상에서 하나뿐이다. 시험을 볼 때 사지선다든 오지선다든지 정답은 하나뿐이다. 다시 말하면 불교가 진짜일 수 있고, 기독교가 가짜일 수 있다. 불교가 가짜일 수 있고, 기독교가 진짜일 수 있다. 이슬람교도 마찬가지이다. 하지만 진짜는 하나뿐이기에 한 종교를 제외하고 나머지 종교는 참이 아니다. 헛된 신앙과 수고를 한 것이 될 것이다. 죽은 다음에 가 보면 알게 될 것이다. 매년 50만 명 전후의 수능 응시생들 중 10명 전후는 정확한 답을 알고 쓰기에 만점을 받지만, 나머지는 그릇된 확증 편향에 빠져 자신 있게 오답을 쓰기에 만점을 받지 못한다. 상당수 사람들은 오답을 정답으로 알고 쓴다. 인생도 마찬가지이다. 잘못된 가치관이나 세계관이나 종교관을 가지고 사는 자들이 많다. 사실이 아닌 지식과 정보와 종교를 가지고 오해하고 착각해서 일생 동안 가짜를 믿고 사는 자들이 부지기수이다. 이 또한 자기 마음대로 되지 않는다. 어느 종교든지 마음이 가고 믿어지는 대로 추종할 수밖에 없긴 하다.

그렇지만 정확히 정답을 알 기회를 제공받지 못해서 선택의 여지없이 오답, 참이 아닌 종교를 선택하거나 선택할 기회가 없어 무종교인으로 사는 자들이 있기에 이 『불교와 기독교 세계관』 책은 인생과 종교에 대한 귀한 안내서, 참고서가 될 것이다. 불자나 기독교인이나 무종교인이나 어느 종교를 선택하고 추종하든지 교리와 사상을 정확히 알고 신앙생활, 종교생활, 무종교생활, 인생살이를 해야 한다. 잘 모르면서 아는 척

하며 사는 사람처럼 위험하고 불쌍한 사람은 없다. 또한 인생의 정답이 있는데 오판하고 외면하는 사람처럼 안타까운 사람은 없다. 자기 고집대로 잘못 믿고 선택하면 실패한 인생이 된다. 돌이킬 수 없는 삶이 된다. 왜냐하면 시험의 결과, 종교 추종의 결과, 시합의 결과는 엄청난 결과를 가져오고, 인생을 반전 혹은 역전시키기 때문이다. 그래서 인생을 신중하게 살아야 하는 것이다. 항상 팩트 체크를 하며 살아야 한다. 바라기는 이 책을 읽는 독자들 모두가 진짜와 정답, 오답이 아닌 해답을 얻고 살아 인생이 현세와 내세에서 해피엔딩으로 끝나기를 간절히 바라는 마음에서 이 책을 썼다. 이 책 중 관심이 있고 의문이 있는 주제에 더욱 집중해서 읽어 보기 바란다. 이 정도 주제이면 불교와 기독교(개신교)를 이해하고 확인하는 데 충분하다고 생각한다. 성경은 '개역성경'을 사용했다. 또한 꼼꼼하게 교정을 해 주신 김영환 목사님께 감사를 드린다. 끝으로 부족하고 연약한 필자에게 인생의 생사(生死)를 가름할 수 있는 귀한 책을 쓰도록 사명과 열심과 응원을 해 주신 살아계신 하나님께 모든 영광을 돌린다.

2020년
장재훈

차
례

제1장

불교와 기독교 기원(전래) 세계관

기원(起源, 일어날 기, 근원 원)이란 '사물이 생기기 시작한 근원'을 뜻한다. 발원, 발상이라고도 한다. 전래(傳來, 전할 전, 올 래)란 '예로부터 전해 내려옴'을 뜻한다. 불교는 인도 사람 석가모니(싯다르타)에 의하여 인도에서 시작되었고, 기독교는 스스로 영원 전부터 존재하시는 우주 만물을 창조하신 하나님(예수님)에 의해 멀게는 에덴동산과 가까이는 서기(기원후) 1세기에서부터 시작된 계시 종교로 전 세계에 퍼졌다. 계시 종교라 함은 인간이 고행, 수행, 참선 등을 통해서 스스로 깨달은 종교가 아닌, 전지전능하신 하나님께서 계시(열어 주심)해 주신 성경말씀을 통해서 천지 만물의 생성과 존재, 현세와 내세, 신(神)의 존재, 인간의 어떠함, 생사고락과 희로애락 등을 알게 해 주는 종교라는 말이다.

불교 기원(전래) 세계관

불교(佛敎, 부처 불, 가르칠 교)는 부처(깨달은 사람, 覺者)의 가르침을 신봉하는 종교이다. 부처의 가르침을 법(法)이라고 하므로 불교를 불법(佛法)이라고도 하고, 부처가 되는 길이라는 뜻에서 불교도의 준말인 불도(佛徒)라고 부를 때도 있다. 불교는 기원전(B.C.) 5세기경 인도의 석가모니에 의해 창시된 종교로 석가모니(부처의 본명)가 35세 때 보리수나무 아래에서 도를 깨치면서 성립되었다. 석가모니는 당시의 인도 카스트제도(인도 차별적 계급제도)의 최상위 계급인 브라만에 반기를 들고 고행(苦行)을 통해서 나름 인간의 생로병사(生老病死, 나고, 늙고, 병들고, 죽고)의 고통과 죽음으로부터 자유로워질 수 있었다. 이러한 불교가 중국을 거쳐 우리나라에 들어오게 된 것은 4세기경이다. 불교를 처음 받아들인 나라는 고구려로, 372년(소수림왕 2) 전진왕 부견이 순도를 시켜 불상과 불경을 고구려에 전하게 했다. 초기 고구려에 전해진 불교는 '인과적 교리로서의 불교', '복으로서의 불교'의 성격이였다. 이는 재래의 토착신앙과 일맥상통하는 점이 있었기 때문이다. 백제에서는 384년(침류왕 1) 인도의 고승인 마라난타가 동진(東晉)을 거쳐 들어옴으로써 불교가 전래되었다.

신라의 경우는 눌지 마립간 때 고구려 승려인 묵호자가 신라의 서북지방인 일선군(지금의 선산)에 들어옴으로써 불교가 전파되기 시작했다. 신라 왕실은 불교를 국교화하기 위한 시도를 하지만 귀족들의 반대로 실패를 거듭하다가 법흥왕 때 이차돈의 순교를 계기로 국교화하는 데 성공한다. 이는 중앙집권 강화를 시도하는 왕실세력과 자신들의 세력을 지속시키고자 했던 귀족과의 알력을 반영한 것이다(한국고중세사 사전, 2007). 불교는 부처님이 펼친 뜻과 가르침을 가리키는 말이다. 어떤 전지 전능하신 신(神)이 인간에게 가르쳐 준 것이 아니라 피조물인 사람(석가 모니, 부처)이 어느 날 보리수나무 아래에서 깨달은 바를 여기저기에 다 니면서 사람들에게 가르쳐 준 종교이다. 그것이 불교이고 불교 사상이 다. 불교는 인간 스스로 사람에 의해서 출발한 종교이다. 신(神)이 아닌 피조물인 인간(석가모니)에 의해서 시작된 종교이다. 이것이 불교 기원 (전래) 세계관이다.

기독교 기원(전래) 세계관

기독교(基督敎, Christianity)는 인간이 아닌 신(神)이신 여호와 하나 님(스스로 계신 영)을 신봉(信奉)하는 종교이다. 그리스도교라고도 하는 데, 인류의 유일한 구세주(메시야)인 예수 그리스도(하나님)에 의하여 서 기(A.D.) 1세기에 창시된 계시(啓示, 하나님이 열어서 보여 줌) 종교이 다. 기원은 현 이스라엘 유대 땅에서 출발한 것으로 전 세계에 전파되어 세계 3대 종교 중의 하나가 되었다. 기독교는 현재 전 세계에서 가장 많 은 추종자를 가지고 있다. 기독교는 천주교(성당)와 개신교(교회)를 총

칭하는 말이다. 하지만 천주교와 개신교는 교리(신학)적으로 많은 차이가 있다. 기독교가 1세기에 창시된 종교라고 하지만 사실은 천지 창조로 거슬러 올라간다. 왜냐하면 예수 그리스도는 본래 눈으로 볼 수 없는 영이신 하나님으로 천지 창조 전에 스스로 계신 하나님이시기 때문이다. 단지 인간의 죄를 대신하여 십자가에 달려 피를 흘리시기 위해서 하나님께서 사람의 몸으로 이 땅에 성탄하신 것이다. 이는 이성적으로나 논리적으로나 과학적으로 설명이 불가능한 신비의 영역이다.

그래서 예수님만이 유일하게 신성(神性, 하나님)과 인성(人性, 사람)을 소유하신 분이시라고 한다. 이를 유일무이하고 전무후무한 양성(兩性, 신성+인성)이라고 한다. 이를 전 세계적으로 기념하는 절기가 성탄절(聖誕節)이다. 이것을 하나님이 인간의 몸으로 오셨다고 하여 성육신(成肉身, 유대 베들레헴에 성탄)이라고 한다. 이런 역사적인 사실을 기점으로 하여 인류 역사를 기원전(B.C.)과 기원후(A.D.)로 나눈다. 예수 그리스도는 본래 스스로 계신 하나님이셨다. 따라서 엄격하게 말하면 기독교의 기원과 역사와 전래는 천지 창조 때부터이다. 하나님께서 6일 동안 천지를 창조하실 때 마지막 6일 날 흙(dust)으로 사람을 창조하셨는데 그가 아담(남자)이다. 그리고 아담의 갈빗대를 통해서 하와(여자)를 창조하셨다. 흙으로 아담과 하와를 창조하신 후에 에덴동산에서 살게 하셨다. 이들이 인류의 유일한 조상과 대표자이자 머리가 되었다. 이 부부는 오직 하나님만을 섬겼다. 오늘날로 말하면 기독교 종교를 가진 것이다. 당시 하나님께서 직접 계시(음성)를 통해서 아담과 하와에게 말씀하셨고, 이들은 하나님만 예배(제사)했다. 이 당시 하나님을 신봉하는 것 외에는 아무런 다른 종교가 없었다. 오직 여호와 하나님만 섬겼는데 이것이 인류 최초의 기독교 종교이다.

구약성경책 창세기 1장 27절이다.
"하나님이 자기 형상(일반 성품) 곧 하나님의 형상대로 사람을 창조하시되 남자(인류의 대표자 아담)와 여자(인류의 대표자 하와)를 창조하시고"

구약성경책 창세기 2장 7절이다.
"여호와 하나님이 흙(dust)으로 사람을 지으시고 생기를 그 코에 불어넣으시니 사람이 생령(산 사람)이 된지라"

구약성경책 창세기 3장 9절이다.
"여호와 하나님이 아담(남자)을 부르시며 그에게 이르시되 네가 어디 있느냐?"

구약성경책 창세기 3장 13절이다.
"여호와 하나님이 여자(하와)에게 이르시되 네가 어찌하여 이렇게 하였느냐? 여자가 가로되 뱀이 나를 꾀므로 내가 먹었나이다"

구약성경책 창세기 4장 3절이다.
"세월이 지난 후에 가인(아담의 장남)은 땅의 소산으로 제물을 삼아 여호와께 드렸고(제사)"

구약성경책 창세기 4장 4절이다.

"아벨(아담의 차남)은 자기도 양의 첫 새끼와 그 기름으로 드렸더니 (제사) 여호와께서 아벨과 그 제물은 열납(받으심)하셨으나"

그런즉 기독교의 기원과 전래는 창조의 때이다. 천지 창조와 함께 시작했으니 지구상에서 가장 오래된 종교라고 할 수 있다. 불교에 비하여 5천 년 이상 앞서 존재했던 종교이다. 에덴동산에서부터 기독교는 존재했다고 해도 과언이 아니다. 그 이후에 인간이 변질되고 타락하여 오직 하나님만을 섬긴 것이 아니라 일부 사람들은 하나님을 신봉하고 일부 사람들은 우상(가짜 神)을 만들어 섬겼다. 그런 과정과 역사 속에서 지금과 같은 다양한 종교가 발생한 것이다. 그렇다고 해도 다른 모든 종교는 사람에 의해서 시작되었지만 오직 기독교만이 하나님에 의해서 시작된 종교이다. 이런 차원에서 기독교 역사가 가장 오래되었다. 우리나라에는 1886년경에 영국의 토머스 선교사에 의하여 기독교가 전래되었다. 그 이후 여러 선교사가 복음을 들고 와서 기독교를 전했다. 사람들이 말하기를 기독교가 서양에서 넘어왔다고 하여 서양종교라고 하는데 이는 정확한 말이 아니다.

기독교는 본래 지구상에 존재하는 인류가 가졌던 하나뿐인 종교였고, 대한민국에는 1886년경에 전래된 것뿐이다. 그런즉 기독교를 서양종교니 동양종교니 논쟁하는 것 자체가 의미가 없다. 그리고 불교와 기독교가 근본적으로 다른 점은 분명하다. 불교는 하나님에 의해 흙으로 창조된 사람인 석가모니(싯다르타, 부처)가 고행을 통해서 깨달은 바를 제자들에게 가르쳤고, 이를 제자들이 또 다른 사람들에게 불도를 가르친 것이다. 그러나 기독교는 본래 스스로 존재하시는 전지전능하시고 완전하신 하나님께서 하나님의 말씀을 하나님의 사람들에게 계시(啓示, 열 계, 보일 시), 즉 진리를 열어서 알게 하신 종교이다. 기독교는 하나님께서 열어 주신 계시를 추종하는 종교이다. 이 계시가 하나님의 말씀인 성경(聖經, Bible)이다. 그래서 성경을 하나님의 계시의 말씀이라고 한다. 기독교는 불교와 달리 인간 스스로 깨달은 것을 추종하는 종교가 아닌 하나님으로부터 천국의 말씀을 받아 믿고 추종하는 종교이다. 동시에 부활(復活, 죽었다가 다시 살아남)과 구원(救援, 죄와 영원한 죽음에서 건짐을 받아 사후에 천국에서 영원히 삶)의 종교이다. 이처럼 불교와 기독교는 같은 종교라고 하지만 근본부터 시작하여 내용, 교리까지 비교할 수 없는 차이가 있다. 이것이 기독교 기원(전래) 세계관이다.

제2장

불교와 기독교 창시자 세계관

　창시자(創始者, 처음 창, 처음 시, 사람 자)란 '어떤 사상이나 학설 따위를 처음으로 시작하거나 내세운 사람'을 의미한다. 불교든 기독교든 처음 시작한 창시자가 있다. 출발 없이 결과가 있을 수 없기 때문이다. 불교의 창시자는 누구나 다 잘 알고 있는 인도 사람 석가모니(싯다르타, 향후 부처님)이다. 불교는 석가모니가 35세에 보리수나무 아래서 수행하다가 인간이 번뇌(괴로움)에서 벗어날 수 있는 방법이 무엇인지를 자기 나름대로 깨닫고 창시한 종교이다. 깨달음을 얻었다고 하여 '부처'라고 한 것이다. 그래서 불교는 누구든지 고행, 수행, 참선 등을 통해서 번뇌를 깨닫게 되면 부처가 될 수 있다. 기독교는 사람이 아닌 전지전능하신 신(神, God)이신 하나님(예수님)께서 창시하셨다. 인류의 유일한 구원자이신 예수님(신성+인성), 스스로 영원 전부터 살아계신 하나님(전지전능하신 신)께서 천지 창조와 계시(진리를 사람에게 열어 주심)를 통해서 창시한 종교이다.

불교 창시자 세계관

불교의 창시자는 부처님(석가모니, 싯다르타)이다. 부처님은 신(神)이 아니라 사람(인간)이다. 부처란 '깨달은 사람'을 뜻한다. 부처님의 본래 이름은 '싯다르타'였고, 석가종족의 성자라 하여 '석가모니'라고 불렀다. 수행을 통해 깨달음을 얻은 사람이라 하여 '부처', '붓다'라고 하였다. 부처님은 기독교의 하나님처럼 신(神)이 아니다. 부처님은 인도 북쪽 히말라야 산자락에 있는 '카필라'라고 하는 작은 나라에서 왕자로 태어났다. 그는 29세가 되던 해에 왕궁을 나와 머리를 깎고 수행자가 되었다. 싯다르타가 왕궁을 나온 이유는 사람이 어째서 병들고 늙고 죽을 수밖에 없는지 깨달음을 얻고 그 고통을 없앨 수 있는 길을 찾으려 한 것이다. 수행자가 된 싯다르타는 그 의문을 풀려고 모진 고행을 했다. 하루에 겨우 좁쌀 한 톨만 먹으면서 6년을 버텼다. 그렇지만 어떤 답도 찾을 수 없었다. 싯다르타는 모두가 옳다고 생각한 수행 방법이 그르다는 것을 알고 바로 몸 괴롭히기를 그만두었다. 그는 몸을 깨끗하게 씻고 우유죽을 마신 다음 보리수나무 아래에 앉았다. 눈을 감은 채 흐트러짐 없이 마음을 모으고 깊은 생각에 빠진 싯다르타는 새벽별이 뜰 때 뜻하는 바를 알아차렸다. 그가 자기 나름대로 깨달은 바는 '온 누리에 있는 모든 것은 하나로 이어져 있다. 그러므로 어느 것도 서로 기대지 않고는 잠시도 살아갈 수 없다. 서로 돕고 어울려 살아갈 때 고통은 사라진다. 그것이 나와 모두를 두루 아우르는 삶이다'라는 것이었다. 이것이 소위 '연기(緣起, 의존하여 함께 일어난다)'이다. 싯다르타가 부처가 되는 순간이었다.

부처님은 스스로 깨달은 것을 더욱 쉽게 알아들을 수 있는 방법을 알려 주셨다. 어떤 공식 같은 것으로 '사성제'와 '팔정도'가 그것이다. 스님들은 대개 결혼을 하지 않고 출가(出家, 세속의 집을 떠나 불문에 듦)한다. 그러나 부처님은 아들을 낳고 나서 출가했다. 아들 이름은 '라훌라'이다. 부처가 결혼한 지 10년이 지나서 낳은 자식이다. 싯다르타는 자식을 낳았지만 아들을 남겨 두고 출가한다. 출가한 지 6년 만에 깨달음을 얻은 부처님은 고향을 찾았다. 집으로 돌아온 싯다르타는 7세인 아들 라훌라에게 스님들과 똑같이 수행하도록 했다. 처음엔 힘들어 했지만 부처님 말씀에 크게 뉘우친 라훌라는 마음을 다 잡고 힘껏 공부했고 훗날 남모르게 어진 일을 많이 해서 '밀행제일(密行第一)'이라는 별명까지 얻었다. 그리고 부처님은 글자를 몰랐다. 학자들은 기원전 3세기까지 인도에는 글자가 없었다고 이야기한다. 책도 없던 시절 부처님은 명상만으로 '홀로 떨어져 있는 것은 없다. 서로서로 기대어 어울릴 뿐'이라는 연기법칙(緣起法則)을 깨달았다. 앞서 잠시 언급했듯이 연기(緣起)란 '의존하여 함께 일어난다'는 뜻으로 일체는 서로 의존하여 함께 일어나고 소멸하며 나타나고 흩어짐을 말한다.

모든 부처님 가르침은 오직 스님들과 뭇사람 입에서 입으로 이어졌다. 부처님이 별세하고 나서 가르침을 서로 나누던 스님들은 저마다 기억이 다르다는 것을 알았다. 이대로 가다가는 가르침이 잘못 이어질 수 있고, 차츰 없어질 수도 있겠다는 걱정이 들었다. 그래서 서로 알고 있는 것을 털어놓고 맞춰보기로 했다. 뜻을 모은 스님 5백여 명이 '라자그리하'에서 만나 부처님 가르침을 낱낱이 읊으며 부처님 말씀이 맞는지 서로 확인하고 가려 모았다. 그렇게 부처님 말씀을 모아 새긴 것이 '경(經, 불경, sutra)'이고, 지켜야 할 규칙과 계율을 새긴 것이 '율(律, 법, vinaya)'이다. 그때 경전은 대개 들은 것을 나눴기 때문에 맨 앞에 '이와 같이 나는 들었다'는 말로 시작한다. 훗날에 한 가지를 더 추가했는데 '논(論, 학술서, matrka)'이라는 가르침 목록이다. 이 경·율·논 세 가지를 묶어 '삼장(tripitaka)'이라고 한다. 나뭇잎에 새겨진 경·율·논을 세 바구니에 나눠 담았다고 해서 '삼장(三藏, 석 삼, 감출 장)'이라고 불렀다. 삼장에 두루 밝은 분들을 특별히 '삼장법사라고 불렀다. 삼장법사는 손오공, 저팔계, 사오정을 데리고 진리를 찾으러 여행을 떠나기도 했다.

그리고 부처님(석가모니, 싯다르타)의 이름은 열 개나 된다고 한다. 그 이름과 뜻은 다음과 같다. ① 여래(올바른 길에서 온 분). ② 아라한(우리들이 우러르고 공양을 받기에 알맞은 분). ③ 정변지(옹근 깨달음을 이룩한 분). ④ 명행족(슬기로움과 지음으로 가득한 분). ⑤ 선서(길을 따라 누리다 잘 가신 분). ⑥ 세간해(모든 진실을 꿰뚫어 세상을 가장 잘 헤아리는 분). ⑦ 무상사 조어장부(사람들을 이끌고 아우르는 데 더할 나위 없이 빼어난 분). ⑧ 천인사(하늘에 있는 신과 모든 사람을 아우르는 분). ⑨ 붓다(깨달아 아는 분=覺者, 본래 해탈한 사람을 가리킴, 가장 널리 알려진 이름으로 불타라고도 한다. 부처님이라는 말도 여기서 나옴). ⑩ 세존(세상을 두루 이롭게 해서 우러름을 받는 분). 이것 말고도 우리가 잘 알고 있는 이름이 또 있다. 싯다르타와 석가모니이다. 싯다르타는 태어나서 아버지가 지어준 이름으로 '옹글고 좋은 모든 것을 다 이룬'이란 뜻이다. 석가모니는 '석가족 가운데 가장 거룩한 분'이란 뜻이다. '석가(釋

迦)'는 종족 이름이고, '모니'는 '성자(聖者)'란 뜻이다. 석가모니(싯다르타, 붓다)는 80세의 나이로 별세(열반-석가나 승려의 죽음)했다. 불교는 석가모니에 의하여 창시되어 지금에 이르고 있다. 이것이 불교 창시자 세계관이다.

기독교 창시자 세계관

기독교의 창시자는 신성(神性)과 인성(人性)을 모두 가지신 예수 그리스도이시다. 예수님은 본래 사람이 아니라 스스로 존재하시는 신(神, God)이시다. 예수님은 피조물이자 단지 인간인 석가모니와 달리 피조물(사람과 만물)을 창조하신 하나님이시다. 예수라는 이름은 죄인들을 죄(원죄와 자범죄)에서 구원하기 위해서 성자 하나님께서 육신(肉身)의 몸으로 이 땅에 성탄하신 구세주의 이름이다. 본래 이름은 여호와(하나님)이시다. 예수라는 이름의 속뜻은 **"그가 자기 백성을 저희 죄에서 구원할 자"**라는 것이다. 그리스도란 '기름 부음을 받은 자'라는 뜻이다. 기름 부음은 당시 신정국가(神政國家)인 이스라엘에서 왕, 제사장, 선지자에게 행하였다. 예수님은 만세 전에 스스로 계신 하나님이시다. 예수님은 유일하게 신성과 인성을 소유하신 분이시다. 신성(神性)이라 함은 '하나님'이라는 뜻이고, 인성(人性)이라 함은 '사람'이라는 뜻이다. 이것을 양성(兩性, 신성+인성)을 가지신 분이라고 한다. 예수님은 본래 눈으로 볼 수 없는 하나님이시고, 스스로 계신 분이시고, 영(靈)이신 분이고, 전지전능하신 천지 만물을 창조하신 신성(神性)을 가지셨지만, 하나님의 택한 백성들을 죄에서 구원하시기 위해서 불가피하게 사람의 몸으로 이 땅(이스라엘 베들레헴)에 성탄하셨다. 이것을 성육신(成肉身)이라고 한다. 이런 이유로 인성(人性)을 가지신 분이라고 한다. 이는 엄청난 신비이다. 그리고 인성(人性) 부분만 살펴보면 예수님은 이스라엘 베들레헴에서 성탄하셨다. 예수님의 성탄(출생)은 보통 생물학적인 방식이 아닌 초자연적인 성령 하나님의 감동과 역사로 동정녀(숫처녀) 마리아에게 임신되어 성탄하셨다. 육신의 아버지 요셉의 직업은 목수였다. 베들레헴에서 성탄하신 예수님은 나사렛 시골 마을에서 성장하셨다.

이후 30세에 요단강에서 세례 요한에게 물세례를 받으신 후 본격적으로 구세주(메시야)로서 이 세상에 성탄하신 뜻을 만인에게 알리셨다. 자신이 인류의 유일한 구원자이심을 선포하셨다. **"회개하라 천국이 가까이 왔다"**고 외치시면서 자신이 구약성경에서 예언한 메시야(구세주)라고 외치셨다. 다시 말하면 '메시야(구세주)인 예수님을 믿어야 천국에 들어갈 수 있다'고 외치셨다. 그와 동시에 12명의 제자(사도)를 택하여 함께 유대(이스라엘) 땅을 돌아다니며 복음을 전하시고, 병든 자들을 치유해 주시고, 죽은 자까지 살리시며 예수님 자신이 전능하신 하나님이심을 이적과 기적을 통해서 보여 주셨다. 그리고 33세에 과거와 현재와 미래의 인류 중 하나님의 택한 자들의 죄를 대신해서 십자가에 달려 죽으셨다. 그리고 죽었다가 3일 만에 무덤에서 다시 살아나셨다, 이것을 부활(復活)이라고 한다. 그리고 부활하신 예수님은 하늘로 승천(昇天)하셨다. 하늘로 승천하시면서 수많은 사람들에게 말씀하시기를 세상 종말에 다시 공중으로 재림(再臨)해 오시겠다고 하셨다. 예수님께서 재림해 오시는 목적은 인류를 심판하기 위해서다. 세상 종말, 그때는 복음이 모든 민족에게 전파되었을 때이다. 다만 그때와 시기는 아무도 모른다. 오직 하나님께서만 아신다. 하나님이신 예수님께서 이 땅에 성탄하시고 3년 동안 복음을 전파하신 목적은 불우 이웃을 돕기 위함이 아니라 죄인들을 구원하기 위함이다. 가난한 사람들을 돕기 위함이 아니다. 죄인들을 구원하시기 위함이다. 예수님은 이 땅에 구세주, 구원자로 성탄, 성육신하신 것이다. 예수님의 이름 속에 이 땅에 성탄하신 이유, 목적이 다 들어 있다. 예수님은 자신을 믿지 않고는 절대로 천국에 들어갈 자, 구원을 받을 자, 영생을 얻을 자가 없다고 말씀하셨다.

신약성경책 마태복음 1장 21절이다.
"아들을 낳으리니 이름을 예수(Jesus)라 하라 이는 '그가 자기 백성을 저희 죄에서 구원할 자'이심이라 하니라"

신약성경책 마태복음 1장 18절이다.
"예수 그리스도의 나심은 이러하니라 그 모친 마리아가 요셉과 정혼(定婚)하고 동거(同居)하기 전에 성령(하나님)으로 잉태(임신)된 것이 나타났더니"

신약성경책 사도행전 4장 12절이다.
"다른 이로서는(예수님 외에는) 구원을 얻을 수 없나니 천하 인간에

구원을 얻을 만한 다른 이름을 우리에게 주신 일이 없음이니라 하였
더라"

신약성경책 사도행전 16장 31절이다.
"가로되 주 예수를 믿으라 그리하면 너와 네 집이 구원을 얻으리라
하고"

신약성경책 요한계시록 1장 8절이다.
"주 하나님(예수님)이 가라사대 나는 알파(처음)와 오메가(끝)라 이
제도(현재도) 있고 전에도(과거에도) 있었고 장차(미래) 올(재림) 자
요 전능자(全能者)라 하시더라"

기독교의 창시자 예수님은 선행과 불우 이웃 돕기와 가난한 자들을
위해서 이 땅에 성탄하신 것이 아니다. 자신을 믿게 하여 죄인들을 구원
하기 위함이다. 이것이 예수님께서 이 땅에 성탄하시어 3년 동안 복음을
전파하신 후 십자가에 달려 죽으셨다가 3일 만에 다시 부활하신 후 승천
하신 이유와 목적이자 진리이다. 불교는 사람인 석가모니(부처, 싯다르
타)가 수행 중 깨달은 것에 의하여 창시한 종교지만, 기독교는 사람이 아
닌 하나님, 예수님께서 사람에게 계시(진리를 열어 주심)로 창시하신 종
교이다. 이런 차원에서 기독교의 창시는 지구상의 모든 종교와 절대적으
로 다르다. 기독교의 창시는 불교와 전혀 다르다. 이것이 기독교(개신교)
창시자 세계관이다.

제3장

구원 세계관

구원(救援, salvation)이란 '어려움이나 위험에 빠진 사람을 구하여 줌' 혹은 '인류를 죽음과 고통과 죄악에서 건져 내는 일'을 뜻한다. 이러한 구원 개념은 이 세상(현세)만을 인정하고 사는 것이 아니라 내세(사후세계)가 있음을 염두에 둔 사상이다. 불교나 기독교 모두 구원 개념이 있다. 불교는 수행을 통해 깨달음을 얻은 자가 사후(死後)에 윤회를 끊고 '극락세계(極樂世界)', '극락정토(極樂淨土)'에 들어간다고 한다. 이것이 불교의 구원이다. 기독교는 불교와 달리 인류의 유일한 구원자이신 예수 그리스도를 믿어야만 죄 용서함을 받고 구원을 얻어 사후에 하나님의 나라(천국)에 들어가서 영원히 산다고 한다.

불교 구원 세계관

불교의 구원 사상은 믿음이 아닌 수행(행위)을 통해 해탈하여 윤회에서 벗어나야 사후에 천당 혹은 극락정토(극락세계, 극락국)에 들어간다고 한다. 이것이 불교의 구원관이다. 불교의 구원관은 궁극적으로 극락에 들어가는 것이다. 따라서 불교의 구원은 수행이라는 행위에 따른 구원관이다. 기독교의 구원관과 전혀 다르다. 불교에서는 구원받은 자가 최종적으로 들어가서 사는 곳이 극락이다. 극락(極樂)이란 '괴로움은 영원히 없고 오로지 즐거움만 있는 곳'을 말한다. 다시는 윤회세계에 태어나지 않는 곳, 해탈한 곳으로 이것이 극락정토의 세계이다. 극락정토(極樂淨土)란 '청정하고 안락한 국토'라는 뜻이다. '극락'과 같은 말이다. 극락정토에는 오탁(五濁, 다섯 가지 악한 것)이 없다. 오탁(五濁)이란 말세에 이르러 점점 세상이 혼탁해지는 모습을 다섯 가지 징조로 분류한 것이다. 겁탁(劫濁-기근과 질병, 전쟁이 그칠 사이가 없어서 편안하게 살 수 없는 재난의 시대), 번뇌탁(煩惱濁, 사람의 마음이 탐진치 등 번뇌로 가득하여 편안히 살 수 없는 현실), 중생탁(衆生濁, 사람이 악한 행위만을 행하여 인륜 도덕을 돌아보지 않고 나쁜 결과를 두려워하지 않는 것), 견탁(見濁, 말법 시대에 이르러 사견(邪見)·사법(邪法)이 다투어 일어나 부정한 사상으로 혼탁해지는 현실), 명탁(命濁, 인간의 수명이 30세, 20세로 단축되어 드디어 10세에 이르는 것)이다. 생로병사(生老病死)를 비롯한 모든 괴로움이 없으며 오직 즐거움만 있는 세계로서 생사윤회(生死輪廻)하는 삼계(三界, 욕계, 색계, 무색계)를 뛰어넘은 영원한 낙토(樂土,

즐거움이 있는 곳)라고 한다. 극락정토는 부처님이 만들어 놓은 국토이기 때문에 극락세계를 불국토(佛國土)라고도 부른다. 극락세계는 사바세계(우리가 살고 있는 이 세계)에서 값지고 귀한 것과 얻고 싶어도 얻을 수 없는 물건들이 모두 있다.

극락에는 5백억 개의 금전과 누각이 바둑판처럼 정연하게 세워져 있으며 그 속에는 하루 종일 향수 냄새와 부처님의 음성이 은은하게 퍼진다. 수목에는 보석이 주렁주렁 걸려 있고, 강가 모래는 금모래 은모래로 장식되어 있다. 각자가 살고 있는 집들은 넓은 궁전이다. 사람들의 몸은 금색으로 빛나고, 의상은 눈이 부실 정도이며 온갖 장식품이 아름다움을 더해 주고 있다. 극락의 제일 좋은 특징은 하루 종일 부처님의 설법이 그치지 않는 것이다. 극락에 살고 있는 자들은 항상 부처님의 가르침에 따르고 수행을 한다. 극락은 서쪽에만 있지 않고 동쪽에도 있다. 극락이란 어느 한 곳, 어느 한 사람에게만 있는 것이 아니고 시방세계(十方世界, 동서남북의 사방과 동북·동남·서남·서북과 상과 하를 합한 세계) 어디에든지 있다. 자기 자신을 중심으로 하여 저 먼 서방정토와 동방약사여래불이 계시는 곳에도, 아주 가까운 곳에도 혹은 자신이 살아 움직이는 내면세계에도 존재하고 있다고 할 수 있다. 그리고 아미타 부처님은 수명이 무한해서 무량수불(無量壽佛)이라고도 불린다. 부처는 인간을 죽음에서 영원한 생명으로 인도하고 구원할뿐더러 아주 연약하고 악한 중생(衆生, 살아 있는 것, 사람)까지도 구제하는 자비로운 부처님이다. 한마디로 불교에서의 구원, 극락에 들어가는 길은 수행을 통한 깨달음이 있어야 된다. 착하게 살아야 한다. 이슬람교나 천주교도 행위 구원을 주장한다. 그러나 기독교(개신교)는 수행을 통한 깨달음이나 착한 행위가 아닌 오직 인류의 유일한 구세주인 예수님을 믿어야만 구원을 얻어 천국(하나님 나라)에 들어간다고 말한다. 이것이 불교 구원 세계관이다.

기독교 구원 세계관

기독교(개신교)는 구원에 대하여 명확하게 말한다. 기독교는 인류의 유일한 구세주인 예수님을 믿어야 구원을 얻어 사후에 천국에 들어가서 영원히 행복하게 산다. 천국은 눈물도, 고통도, 질병도, 죽음도 없는 곳이다. 오직 하나님을 찬양하면서 영원히 기쁨과 즐거움과 평안함 가운데 영생하는 곳이다. 기독교(개신교)에서의 구원은 단 하나이다. 구세주인 예수님을 믿는 것이다. 누구든지, 어떤 악한 자라도 진실로 예수님을 나의 구세주로 믿는 자들은 언제 죽으나 구원을 얻어 천국에 들어가 영원히 행복하게 살게 된다. 천국은 수행이나 착한 선행과 행실로 들어가지 못한다. 오직 믿음으로만 간다. 이는 창조주 하나님께서 정하신 구원의 철칙이다. 하나님의 말씀인 성경은 천국에 들어가는 다른 구원의 길은 없다고 단언한다. 기독교(개신교)만 지구상에 존재하는 여타 모든 종교와 달리 오직 믿음으로만 구원을, 천국을 외친다. 그렇게 주장하는 이유는 기독교 진리 책인 성경이 그리 주장하기 때문이다.

신약성경책 로마서 1장 17절이다.

"…오직 의인은 믿음으로 말미암아 살리라…"

신약성경책 사도행전 16장 31절이다.

"가로되 주 예수를 믿으라 그리하면 너와 네 집이 구원을 얻으리라 하고"

신약성경책 사도행전 4장 12절이다.

"다른 이로서는(예수님 외에는) 구원을 얻을 수 없나니 천하 인간에 구원을 얻을 만한 다른 이름을 우리에게 주신 일이 없음이니라 하였더라"

신약성경책 누가복음 23장 43절이다.

"예수께서 이르시되 내가 진실로 네게 이르노니 오늘 네가 나와 함께 낙원(천국)에 있으리라 하시니라"

신약성경책 요한계시록 1장 18절이다.

"곧 산 자(부활한 자)라 내가(예수님) 전에 죽었었노라(십자가 죽음) 볼찌어다 이제 세세토록 살아 있어 사망과 음부(지옥)의 열쇠(생사권)를 가졌노니"

왜 오직 예수님을 믿음으로만 구원을 받고 천국에 들어갈 수 있다고 하는가? 그것은 지구상에는 과거와 현재와 미래의 사람들 중에 의인(義

人, 죄가 없는 자)이 하나도 없고 다 죄인이기 때문이다. 모든 사람은 어머니 뱃속에서 잉태되는 순간부터 죄인이 되어 죄인으로 출생하기에 착한 행실, 그 어떤 수행과 고행으로도 완전한 깨달음은 얻을 수 없고 죄가 사라지지 않는다. 단지 누구는 90점의 선행과 깨달음, 누구는 60점의 깨달음과 선행을 하는 상대적인 선만 행하는 것이 인간의 한계이다. 100점이라는 절대적이고 완전한 깨달음이나 선행이 불가능하다. 그래서 인간 스스로의 노력, 수행, 고행, 깨달음, 선행으로는 절대로 구원을 받지 못한다. 오직 하나님이 거저 주시는 믿음으로만 죄 용서함을 받고 구원을 받아 천국(하나님 나라)에 들어가 영원히 행복하게 산다고 성경은 말씀하신다. 인간은 누구도 완전하지 않다. 인간은 아무리 탁월한 수행과 깨달음(부처)을 얻어도 구원에 이르지 못한다. 천국에 들어가지 못한다. 그래서 하나님이신 예수님께서 인간의 몸으로 이 땅에 성탄하시어 인간들의 죄를 대신 갚기 위하여 십자가에 달려 죽으셨다가 3일 만에 다시 부활하신 것이다. 이 예수님을 진실로 믿는 자들은 무조건적인 은혜로 죄 용서함을 받고 구원에 이르게 된다.

천주교(성당)는 믿음+선행, 이슬람교는 육신오행(六信五行)의 행위, 불교는 수행을 통한 깨달음(부처)으로 구원을 말하지만, 기독교의 개신교(교회)는 성경 사상에 따라 오직 믿음으로만 구원을 주장한다. 이렇게 기독교(개신교)는 불교를 비롯한 모든 종교들과 구원과 천국 사상에 있어서 전혀 다르다. 각자 주장하는 것이 다르지만 정답, 진리는 항상 하나이다. 둘이 될 수 없다. 진짜 아버지도 한 분, 진짜 어머니도 한 분이다. 진짜는 둘이나 셋이 될 수 없다. 누군가는 속고 있는 것이고 잘못 믿거나 확신하는 것이다. 불교든 기독교(개신교)든지 마음이 가는 대로 믿는 수밖에 없다. 혹 그것이 바로 믿든지 잘못 믿든지 어찌할 도리가 없다. 믿어지는 것을 안 믿을 수도 없고 안 믿어지는 것을 믿을 수도 없는 것이다. 성경 사상에 비추어 보면 예수 그리스도를 믿는 자들이 성공한 자이고 복 있는 자이다. 구세주인 예수님을 바로 믿어 구원을 받아 천국에 들어가기 때문이다. 구원에 이르게 하는 '믿음'은 사람에게서 나오거나 사람이 노력하고 공부한다고 해서 얻어지는 것이 아니다. 하나님께서 주셔야만 얻을 수 있다. 따라서 하나님으로부터 믿음을 선물(은혜)로 받지 못한 자들은 평생 구세주인 예수님을 믿지 못하게 된다. 이는 하나님의 주권이니 어쩔 수 없다. 예를 들어 직장에서 사장이 월급을 주지 않으면 받지 못하는 것과 비슷하다. 그래서 구원을 받아 천국에 들어가는 것은 사람의 손에 달려 있는 것이 아니라 천지 만물을 창조하신 살아계신 하나님의 손, 절대주권에 달려 있다고 하는 것이다. 이런 사실이 믿어지는 자가 복이 있다. 이것이 기독교 구원 세계관이다.

제4장

내세(사후) 세계관

내세(來世, 올 내, 세상 세)란 '사람이 죽은 뒤에 영혼이 다시 태어나 산다는 미래의 세상'을 뜻한다. 사후(死後)란 '사람이 죽은 후'를 의미한다. 불교나 기독교나 모두 내세를 믿고 주장한다. 불교는 내세와 내생인 윤회와 극락정토를 말하고, 기독교는 사후(죽은 후)에 부활(다시 살아남)과 영생을 믿고 천국과 지옥을 주장한다. 하지만 불교와 기독교의 내세 사상은 그 의미와 내용과 장소가 전혀 다르다. 내세를 만든 자도 전혀 다르다. 불교는 내세(극락)를 부처가 만들었다고 한다. 그러나 기독교의 내세(천국+지옥) 사상은 오직 전지전능하신 하나님께서 만들었다고 한다. 불교는 윤회(輪廻, 반복해서 돌고 돈다) 내세관이고, 기독교는 직선(直線) 내세관이다. 직선이라 함은 인생의 시작(출생)과 끝(종말, 내세)이 계속 돌고 돌거나 반복되지 않고 한 번으로 끝나는 내세관을 말한다. 무종교인을 포함하여 대부분의 사람들도 암묵적으로 내세를 인정한다. 그것이 사망자에게 위로의 말을 전하는 '명복을 빕니다'이다. 명복(冥福, 어두울 명, 복 복)이란 '죽은 뒤에 저승에서 받는 복'을 뜻한다. 저승이란 '죽은 사람의 영혼이 가서 산다는 세계'를 말하는데 곧 장소적인 내세(사후세계)를 가리킨다. 죽음 이후 세계인 내세에 대하여 정확히는 모르지만 막연하게나마 생각하고 인정한다. 이것은 영혼을 가진 인간의 본능이다.

불교 내세(사후) 세계관

석가모니(부처)의 가르침을 추종하는 불교는 내세(사후)를 믿고 추구한다. 그 근거는 '극락정토(極樂淨土)', '극락국', '극락'과 윤회 사상과 지옥 사상이다. 이 극락을 석가모니가 만들었고, 깨달음을 얻은 불자는 사후에 내세인 극락에 들어가고 극락에서 부처님의 가르침을 받는다고 한다. 불교 사전에 의하면 내세를 내생이라고 한다. 내세(來世)란 '죽은 뒤에 다시 태어날 세상'을 의미한다. 내생(來生)이란 '죽은 뒤에 다시 태어나서의 일생'이라고 한다. 후생(後生)이라고도 한다. 지나간 세상을 전생(前生), 현재 세상을 금생(今生), 미래 세상을 내생(來生)이라고 한다. 불교의 입장에서는 이 인생이 금생에서 끝나는 것이 아니라 전생·금생·내생의 끊임없는 연속(윤회)이라고 본다. 가깝게 보면 어제가 전생, 오늘이 금생, 내일이 내생이다. 이와 같이 삼생(三生)은 끊임없이 계속된다고 한다. 내세를 말하는 윤회(輪廻)란 '바퀴가 돌고 돌아 끝이 없듯이 중생(살아 있는 것)은 자신이 저지른 행위에 따라 삼계(三界, 욕계, 색계, 무색계)

와 육도(六道, 중생이 저지른 행위에 따라 받는다고 하는 생존 상태 또는 미혹한 중생의 심리 상태를 여섯 가지로 나누어 형상화한 것)를 돌고 돌면서 생사(生死, 태어나고 죽는 것)를 끊임없이 되풀이한다는 견해이다.

육도(六道)에는 첫째로 '지옥도'가 있다. 지옥도(地獄道)는 수미산의 사방에 있는 네 대륙의 하나인 남쪽의 섬부주 밑에 있다고 한다. 지옥은 팔열지옥(八熱地獄, 뜨거운 불길로 형벌을 받는 곳)과 팔한지옥(八寒地獄, 혹독한 추위로 형벌을 받는 곳)으로 나눈다. 둘째로 '아귀도'가 있다. 아귀도(餓鬼道)란 '재물에 인색하거나 음식에 욕심이 많거나 남을 시기·질투하는 자가 죽어서 가게 된다는 곳'이다. 항상 굶주림과 목마름으로 괴로움을 겪는다고 한다. 섬주부 밑과 인도(人道)와 천도(天道)에 있다고 한다. 셋째로 '축생도'이다. 축생도(畜生道)란 '온갖 동물의 세계'를 말한다. 어떤 불자는 여러 동물로 태어난다고 한다. 넷째로 '아수라도'이다. 아수라도(阿修羅道)란 '인간과 축생의 중간에 위치한 세계'로, 수미산과 지쌍산 사이의 바다 밑에 있다고 한다. 다섯째로 '인도'이다. 인도(人道)란 '수미산 동쪽에 있는 승신주, 남쪽에 있는 섬부주, 서쪽에 있는 우화주, 북쪽에 있는 구로주의 네 대륙을 말한다. 여섯째로 '천도'이다. 천도(天道)란 '신(神)들의 세계'라는 뜻으로, 수미산 중턱에 있는 사왕천에서 무색계의 유정천까지를 말한다. 이런 것을 볼 때 불교는 내세, 내생, 사후세계를 분명히 인정한다. 하지만 기독교의 내세, 사후세계와는 너무나도 다르다.

기독교 내세(사후) 세계관

기독교의 내세, 사후세계는 불교처럼 복잡하지 않고 단순하다. 누구나 한번 태어나면 반드시 죽는다. 그 이후 내세인 천국 아니면 지옥에 들어가서 영원히 산다. 죽음의 직접적인 이유에 대하여 기독교는 죄(罪, 원죄) 때문이라고 한다. 나머지 질병과 사고와 노환 등으로 사망하는 것은 간접적인 죽음이라고 한다. 어떤 식으로 죽었든지 죽는 즉시 천국(낙원, 하나님의 나라) 아니면 지옥(불못)으로 간다. 그리고 복음(복된 소식, 예수 그리스도)이 모든 민족에게 전파되는 순간이 세상 종말인데, 그때 구세주인 예수님께서 천사들과 함께 공중으로 재림(再臨, 다시 오심)해 오실 때 이 지구상에서는 산 자와 죽은 자 모두가 순식간에 홀연히 변화하여 부활한다. 이것을 휴거(공중으로 들림을 받음)라고 한다. 죽은 자가 다시 살아나서 공중으로 들림을 받아 인류의 재판장이신 예수님 앞에 서서 인류 최후의 심판을 받고 천국 아니면 지옥으로 완전히 입성해서 영원히 산다. 인류 최후의 심판은 사람이 출생 때부터 사망 때까지의 전 삶에 대한 행위대로, 자기가 뿌린 대로 심판을 받게 된다. 심판 후에 진실로 구세주(救世主)인 예수님을 믿지 않은 자들은 선행여부와 상관없이 모두 지옥에 들어가 영원히 고통 가운데 산다. 그 이유는 죄 용서함을 받지 못했기 때문이다. 죄는 예수님을 믿어야만 용서를 받기 때문이다.

기독교는 고행, 수행, 선행, 명상, 참선(선) 등으로 죄 용서함을 받지 못한다고 한다. 오직 인류의 유일한 구원자인 예수 그리스도를 믿어야 죄 용서함을 받는다. 성경은 행위 구원이나 수행을 통한 깨달음으로 구원을 받지 못한다고 말한다. 오직 믿음으로의 구원만을 말한다. 성경은 지옥이 얼마나 고통스러운 곳인지 '불못'(용광로)이라고 한다. 지옥의 삶은 영원히 고통만 당하면서 불에 타지도, 자살도, 죽지도 못한다고 한다. 그리고 이 땅에 사는 날 동안에 진실로 구세주인 예수님을 믿은 자들은 믿음으로 천국(낙원, 하나님의 나라)에 들어가서 영원히 하나님을 경배하며 고통과 질병과 눈물 없이 행복하게 산다. 기독교의 내세관은 구세주인 예수 그리스도를 진실로 믿느냐 믿지 않느냐로 내세인 천국과 지옥행이 결정된다. 사람의 수행, 고행, 선행, 자신과 타인의 공로 등으로 결정되지 않는다. 이런 규정은 천지를 창조하신, 만물의 주인이신 하나님께서 정하신 내세관이다.

신약성경책 마태복음 25장 46절이다.
"저희(예수님을 믿지 않은 자들, 불신자들)는 영벌(永罰, 지옥)에 의인들(예수님을 진실로 믿은 자들, 참 기독교인들)은 영생(永生, 천국)에 들어가리라"

신약성경책 마태복음 7장 21절이다.
"나(예수님)더러 주여 주여 하는 자마다 천국에 다 들어갈 것이 아니요 다만 하늘에 계신 내 아버지(성부 하나님)의 뜻대로 행하는 자라야 들어가리라"

신약성경책 마태복음 10장 28절이다.

"몸은 죽여도 영혼은 능히 죽이지 못하는 자들(사람들)을 두려워하지 말고 오직 몸과 영혼을 능히 지옥에 멸하시는 자(하나님)를 두려워하라"

기독교는 내세(내생)가 있음을 분명하게 말한다. 사후세계가 존재함을 단언한다. 기독교에서 말하는 천국과 지옥 모두는 전지전능하신 하나님(참 신)께서 예비하시고 만드신 곳이다. 그러나 불교는 내세인 극락을 부처님이 만들었다고 한다. 이는 불가능한 주장이다. 왜냐하면 부처는 유한한 인간이기에 내세의 극락을 절대로 만들 수가 없다. 내세를 만들기 위해서는 전지전능한 신(神)이어야 한다. 그러나 불교 교리나 부처 자신은 단 한 번도 부처가 전지전능한 신(神)이라고 말한 적이 없다. 인도에서 태어난 우리와 동일한 인간이다. 단지 수행을 통해서 자기 나름대로 번뇌의 원인을 깨달은 것뿐이다. 그래서 석가모니가 부처가 되었다. 불교에서 지옥은 영벌의 장소이고, 천국은 영생의 장소이다. 천주교(성당)는 천국과 지옥 사이의 '연옥'이라는 내세가 있다고 하나 성경에 그런 곳은 없다. 개신교(기독교)는 연옥을 인정하지 않는다. 그리고 성경은 직선적 역사관이다. 이에 반해 불교는 돌고 도는 윤회 역사관이다. 육도(六道)가 그 근거다. 그러나 기독교는 돌고 도는 내생이 아니라 죽음 이후 천국과 지옥의 직선적 삶으로 끝난다. 그리고 천국과 지옥에 들어가는 내세와 내생의 결정은 오직 예수 그리스도에 대한 '믿음'뿐이다. 인간의 공로, 수행, 선행으로 결정되지 못한다.

그 이유는 모든 인간은 죄인이고 전적으로 부패하고 타락해서 아무리

고행과 수행과 깨달음과 선행을 해도 죄가 사해지지 않고 여전히 죄인으로 절대적인 의(義)를 이룰 수 없기 때문이다. 그래서 오직 선물처럼 거저 받는 하나님의 은혜로 주어지는 '믿음'으로만 구원을 받아 천국에 들어간다. 기독교(개신교)의 내세, 내생, 구원 사상은 지구상에 존재하는 수많은 각종 종교의 내세, 내생, 사후세계, 구원관과 전혀 다르다. 이는 인간의 자유의지나 자기결정권이 아니다. 인간은 출생과 사망과 내세에 들어가는 모든 것이 인간의 주권이 아니라 하나님의 절대주권에 따라 결정된다. 인간이 결정하지 못한다. 모든 결정은 주인이 하기 때문이다. 만물을 창조하신 분, 만물의 주인은 스스로 존재하시는 영(靈)이신 여호와 하나님이시다. 이는 신비이며, 오직 믿음으로만 인정할 수 있고, 성령 하나님의 감동으로만 깨닫고 믿을 수 있다. 인간의 이성과 논리와 연구와 수행과 명상과 참선 등으로는 결코 모른다. 인간 스스로는 아무리 수행을 해도 깨닫지 못하고 알지 못한다. 이것이 기독교(개신교) 내세 세계관이다.

제5장

심판 세계관

심판(審判)이란 '문제가 되는 안건을 심의하여 판결을 내리는 일' 혹은 '기독교에서 하나님이 인간과 세상의 죄를 제재함'을 뜻한다. 이 세상에서도 심판은 항상 이루어지고 있다. 법원의 재판에서 가해자에 대한 유·무죄 선고가 심판이다. 운동 시합에서 반칙 여부에 따른 주심에 의한 판정이 그것이다. 범법자에 대한 법원의 판결이 그것이다. 교통법규를 위반했을 때 각종 범칙금 등이 심판이다. 심판은 이 세상에서도 사후 세계에서도 있다. 이 세상에서는 불완전한 심판이고, 사후에는 완전한 심판이다. 심판이 있다는 것은 곧 함부로 살면 안 된다는 것을 암시해 준다.

불교 심판 세계관

불교 사전에는 심판이라는 단어가 없다. 왜 그런지는 모르지만 없다. 불교의 사상도 심판에 의한 인과응보와 업과 윤회 사상이 있는 것으로 알고 있는데 불교 사전에 심판이라는 단어가 없어 의아스럽다. 이에 비해 기독교 사전에는 심판이라는 단어와 계명과 사상이 명확하게 나온다. 먼저 인과응보 심판 개념을 살펴보자. 인과응보(因果應報)란 '선악의 행위에는 반드시 그 과보(果報, 고락의 갚음)가 있다는 도리'이다. 또한 '그릇된 행위로 말미암아 받는 나쁜 과보'이다. 그리고 '그릇된 행위를 저지른 대가로 받는 나쁜 일'을 의미한다. 인과응보 개념은 하나의 심판, 정의 개념이라고 볼 수 있다. 불교에는 인과응보 사상이 있으니 심판이 있다고 할 수 있다.

그리고 업(業) 사상도 심판 개념이다. 업(業)이란 '몸과 입과 마음으로 짓는 행위와 말과 생각'을 뜻한다. 또한 '선악의 행위에 따라 받는 고락(苦樂, 고통과 즐거움)의 과보'를 뜻한다. 과보(果報)란 '선악(善惡, 착하고 악함)의 행위에 따라 받는 고락(苦樂)의 갚음'을 의미한다. '업(業)을 짓는다'는 말은 '나쁜 행동으로 죄를 짓는다'는 뜻으로 쓰이기도 한다. 특히 어떤 행위의 원인이 되는 행위가 선한 것인가 아니면 악한 것인가에 따라 그 결과로서 복을 받거나 벌을 받게 된다. 그러므로 일반적으로 어떤 결과를 초래하는 원인이 되는 행위를 업(業)이라고 부르고, 그 결과에 대해서는 과보(果報) 또는 업보(業報)라는 말을 쓴다. 몸으로 짓는 것을 신업(身業), 입으로 짓는 것을 구업(口業), 마음으로 짓는 것을 의업(意業)이라고 하는데 이를 삼업(三業)이라고 한다. 공업이라는 말도 있다. 공업(共業)이란 '같은 무리의 사람들이 같은 행위를 하고 그 과보도 함께 받는다'는 말이다. 그러니까 착한 언행을 하면 좋은 과보(업보)로 나타나고, 악한 언행을 행하면 나쁜 과보(업보)로 나타난다는 말이다. 하나의 심판 개념이다. 뿌린 대로 거두는 원리이기도 하다.

 윤회(輪廻) 사상도 또 다른 심판 개념이다. 윤회란 '중생(살아 있는 것, 사람)은 자신이 저지른 행위에 따라 삼계(三界, 지옥 포함)와 육도(六道, 지옥 포함)를 돌고 돌면서 생사(生死)를 끊임없이 되풀이한다는 견해'이다. 삼계(三界)란 '중생(사람)의 마음과 생존 상태를 세 단계로 나눈 것'을 뜻한다. 삼계 중 하나의 단계인 욕계(欲界)는 '탐욕이 들끓는 세계'를 말한다. 이는 지옥·아귀·축생·아수라·인간·육욕천을 통틀어 일컫는다. 중생(사람)의 마음이 탐욕에 들끓어 있으면 지옥이 있는 욕계에 들어간다는 말이다. 아니면 윤회할 때 가축으로 혹은 인간으로 다시 태어난다고 한다. 이는 마치 법원에서 유죄를 받으면 감옥에 수감되고 무죄를 받으면 집으로 귀가하는 원리와 같은 심판 사상이다. 윤회는 크게 두 가지로 나뉜다. 하나는 육도윤회(六道輪廻)이다. 육도윤회란 '현생에서 우리가 짓는 업(業)에 따라 내생의 세계가 정해지는 것으로 선업(善業)을 쌓고 바른 수행을 통해 다음에 보다 나은 세계에 태어날 수 있다'는 것이다. 또 하나는 삼계윤회(三界輪廻)이다. 삼계윤회란 '육도를 다시 세 가지로 분류한 것인데 욕계는 지옥, 아귀, 축생, 아수라, 인간, 그리고 서른세 개의 천산세계 중 일부로 물건과 잠을 탐하고, 음란한 생각이 가득한 중생(사람)의 일상적 의식 상태'를 말한다. 하지만 불교는 누가 심판하여 이렇게 되는지에 대해서는 말하지 않는다. 그냥 인과응보와 윤회와 업 사상에 의하여 자동으로 돌고 돈다고 주장한다. 반면 기독교는 하나님이 심판하신다고 한다. 그런즉 불교의 심판 사상에 비추어 보면 나쁜 심판 을 받지 않기 위해서는 일생동안 바르고 착하게 살아야 한다. 탐욕을 부 리지 말고 살아야 한다. 만일 탐욕에 젖어 사는 불자라면 죽은 후 가축으 로 다시 살기도 하고 지옥에 들어가서 살게 된다. 이것이 불교 심판 세계 관이다.

기독교 심판 세계관

기독교는 부활의 종교이자 심판의 종교이다. 이 세상에서도 무엇을 하든지 평가, 시시비비, 심판이 있듯이 기독교에서도 사후(내세)에 반드 시 인류 최후의 심판이 있음을 말한다. 기독교 심판 세계관은 불교처럼 반복적이고 복잡하지 않다. 단순하고 명확하다. 돌고 도는 윤회적 심판 이 아니라 사후에 단회적 심판이며 직선적 심판 사상이다. 여러 번 심판 이 있는 것이 아니라 단 한 번의 심판으로 끝난다. 그런가 하면 어떤 것 에 의한 심판이고 누가 심판하는 지를 확실하게 밝힌다. 세상 법원에서 도 왜 심판을 받고 누가 심판자(재판자)인지 밝힌다. 재판은 일반 사람들 이 하는 것이 아니라 법원에서 판사들이 한다. 이는 누구도 부인하지 못한다. 정해진 것이다. 기독교도 마찬가지이다. 기독교의 심판 기준은 성경말씀의 위반 여부이다. 성경은 하나님의 계시 말씀으로 계명(誡命)이라고도 한다.

이 계명에 근거해서 일생의 행위에 대하여 심판을 받는다. 심판은 누가 하는가? 하나님이시며 인류의 재판장이신 예수님께서 하신다. 언제 하는가? 사후(死後)에 한다. 복음(예수님)이 모든 민족에게 전파되면 세상 종말(끝)이 온다. 그때 인류의 재판장이신 예수님께서 천사들과 함께 공중으로 재림(두 번째 오심)해 오실 때 동시적으로 지구상에 존재했다가 죽은 자나 산 자 모두가 변화된 몸과 영혼이 순식간에 결합하여 부활(다시 살아남)한다. 부활한 엄청난 수의 사람들이 하늘로 올라가(휴거) 예수님 앞에 서게 되고 심판을 받는다. 이는 황당한 소설이 아니라 성경의 기록이며 진리이고 신비이다. 믿음이 없이는 믿을 수 없다. 이 모든 일들은 전지전능하신 하나님께서 초자연적인 역사로 가능케 하신다. 스스로 존재하시는 하나님께서는 천지 만물을 말씀으로만 창조하신 분이시다. 무엇이든지 가능케 하시는 분이시다. 불가능이라는 것은 없다. 따라서 사람이 언제 어디서 어떻게 죽고 화장을 했든지 부활에 있어서 아무런 문제가 되지 않는다.

신약성경책 히브리서 9장 27절이다.
"한 번 죽는 것은 사람에게 정하신 것이요 그 후에는 심판이 있으리니"

구약성경책 전도서 12장 14절이다.

"하나님은 모든 행위와 모든 은밀한 일을 선악 간에 심판하시리라"

신약성경책 마태복음 16장 27절이다.

"인자(예수님)가 아버지(성부 하나님)의 영광으로 그 천사들과 함께 오리니(공중 재림) 그때에 각 사람의 행한 대로 갚으리라(뿌린 대로 보응)"

신약성경책 마태복음 25장 46절이다.

"저희(예수님을 믿지 않는 자들)는 영벌(지옥)에 의인들(예수님을 진실로 믿는 자)은 영생(천국)에 들어가리라 하시니라"

신약성경책 요한계시록 20장 13~15절이다.

"13)…각 사람이 자기의 행위대로 심판을 받고 14)사망과 음부도 불못(Hell, 지옥)에 던지우니 이것은 둘째 사망 곧 불못(Hell, 지옥)이라 15)누구든지 생명책(구원자 리스트)에 기록되지 못한 자는 불못(Hell, 지옥)에 던지우더라"

신약성경책 요한계시록 2장 23절이다.

"또 내가(하나님이신 예수님) 사망으로 그의 자녀를 죽이리니 모든 교회가 나는(예수님) 사람의 뜻과 마음을 살피는 자인 줄 알찌라 내가(예수님) 너희 각 사람의 행위대로 갚아 주리라"

사람이라면 누구든지 죽음을 피할 수 없는 것처럼 심판도 누구하나 피할 수 없는 불가항력적인 것이다. 누구든지, 원하든 원치 않든지, 믿든 믿지 않든지 심판을 받는다. 요람부터 무덤까지 언행에 대하여 심판을 받는다. 한마디로 뿌린 대로 거두게 된다. 그래서 우리가 사는 세상이 잠시 불공정한 것처럼 보이지만 사후에는 하나님으로부터 공정한 심판을 받는다. 그런즉 피해자들은 억울할 것이 없다. 이 땅에 사는 날 동안 사람과 법원으로부터 억울한 일을 당했다면 조금만 참으면 된다. 가해자들은 이 땅에서 심판을 받지 않았다고 해서 좋아할 것이 없다. 마지막 하나님의 최후 심판이 기다리고 있기 때문이다. 그래서 완전 범죄, 성공한 범죄는 절대로 없다. 하나님 앞에서는 그 어떠한 은밀한 죄도 숨길 수 없기 때문이다. 사람이 죽으면 그것으로 끝나지 않는다. 왜 그런가? 육체는 물질이기에 시간이 지나면 썩어 없어지지만 영혼은 물질이 아니기에 영원히 썩지도 불에 타지도 죽지도 않고 산다. 그래서 세상 종말에 기독교인이나 비기독교인이나 다시 살아난다. 이것을 부활이라고 한다. 마치 땅에 뿌려진 씨앗 중 산 씨는 봄이 되면 다시 살아나는 것처럼 모든 사람은 죽어 사라지는 것 같지만 산 씨앗과 같은 산 영혼(靈魂)이 있기에 이미 오래 전에 썩어 없어진 육체가 변화되고 산 영혼과 다시 결합하여 세상 종말에 다시 부활하여 하나님의 심판을 받게 된다.

심판을 받은 사람은 오직 두 곳 중 한 곳으로 들어가서 영원히 살게 된다. 그곳이 내세인 천국과 지옥이다. 그 외에는 없다. 그것으로 끝난다. 천주교(성당)에서는 '연옥'이라는 곳에 가기도 한다지만 성경에 그런 곳은 없다. 진실로 인류의 유일한 구원자이신 예수님을 믿은 자는 천국에 들어가고, 아무리 착하게 살았어도 구원자인 예수님을 믿지 않은 자는 지옥에 들어간다. 왜 이렇게 되는가? 운동 경기도 규칙대로 하는 것처럼 이는 만물의 주인이신 하나님께서 정하신 구원의 법칙이다. 모든 사람은 다 죄인이고 이 죄를 해결하지 않고는 천국에 들어가지 못한다. 천국은 죄인이 가지 못하는 곳이다. 죄가 없어야 천국에 들어갈 수 있다. 이 죄는 오직 믿음으로만 해결된다. 인간은 죄인이기에 아무리 선행과 고행과 수행을 해도, 그 무엇을 깨달아도 죄 문제를 해결하지 못한다. 여전히 죄인이다. 그것이 죄라는 것이다. 죄의 삯은 사망이고 지옥이다. 죄 문제는 죄인인 인간들이 스스로 해결할 수 없기에 죄가 없으신 하나님이신 예수님께서 이 땅에 인간의 몸으로 성탄(성육신)하신 것이다. 그 날이 성탄절이다. 인류의 역사도 이를 확인해 주듯 예수님의 성탄 시점으로 기원전(B.C.)과 기원후(A.D.)로 나뉜다. 이는 역사적인 사실이다. 소설이 아니다.

누구든지 인류의 유일한 구원자이신 예수님을 믿어야 죄 용서함을 받아 지옥 심판을 면하고 천국에 들어갈 수 있다. 그래서 예수님을 믿으라고 하는 것이다. 교회(당)에 다닌다고, 직분 있는 자라고, 기독교 집안에서 태어났다고, 모태신앙이라고, 헌금을 많이 했다고 천국에 들어가는 것이 결코 아니다. 예수님을 진실로 믿어야 한다. 기독교(개신교)는 착하게 살기 위해서, 외롭기 때문에, 마음의 평안을 위해서, 수행하기 위해서, 뭔가를 깨닫기 위해서 예수님을 믿으라고 하는 것이 아니다. 예수님을 믿으라고 하는 것은 모든 사람이 죄병에 걸려 시한부 인생이 되었고, 예수님을 믿어야만 죄병이 치료되고, 죄 용서함을 받아 구원을 받고, 착하게 살 수 있고, 천국에 들어갈 수 있기 때문이다. 그리고 하나님 말씀대로 살아가기 위해서다. 기독교는 인과응보나 업이나 윤회 사상의 결과적 개념에서의 심판이 아니다. 인류의 유일한 구원자이신 예수 그리스도를 믿느냐 믿지 않느냐에 따른 심판이다. 그리고 진실로 예수님을 믿는 자들은 완전하지는 않지만 악하고 나쁜 짓들은 하지 않고 살아야 한다. 정직하고 선하게 살려고 애써야 한다. 이런 자들이 진실로 예수님을 믿는 자들이다. 그런즉 누구든지 사후에 심판이 있음을 알고 신중하게 살아가야 한다. 이것이 기독교 심판 세계관이다.

제6장

지옥 세계관

지옥(地獄, Hell)이란 '형벌의 장소나 상태에 대한 이름으로 현세에서 죄악을 범한 사람이 사후(내세)에 가서 고통받는 멸망의 암흑세계'를 말한다. 이는 끝없는 고통의 장소이다. 기독교에서는 '인류의 유일한 구원자인 예수 그리스도를 믿지 않은 자들이 사후에 들어가서 영원히 고통만 당하며 사는 장소'를 가리킨다. 막연한 어떤 고통의 장소가 아니라 장소적으로 확실한 영벌 지옥을 말한다. 불교에서도 내세(사후)에 지옥이 있음을 언급한다. 불교에서는 중생의 선악 행위에 따라 들어가는 곳이라고 한다. 물론 기독교와 불교의 지옥 세계관은 전혀 다르다. 하지만 불교와 기독교 모두는 내세(사후세계)에 지옥이 있다는 것만은 공히 인정한다.

불교 지옥 세계관

부처님은 '지옥이 있다 없다'를 말씀하지 않았다. 그렇지만 여러 불교 경전에 지옥 이야기가 나온다. 누가 지옥을 만들었다고도 말하지 않는다. 나쁜 업(業, 행위)을 많이 지으면 지옥으로 간다고 한다. 불교에서 말하는 지옥(地獄)이란 '악한 짓을 한 중생(사람)이 그 과보(果報, 선악의 행위에 따라 받는 고락의 갚음)로 받는다고 하는 온갖 고통으로 가득한 생존'을 뜻한다. '악한 업(業, 행위)의 결과로 지옥이 있다'고 한다. 지옥도 여러 갈래가 있어서 고통받는 종류를 달리한다. 8대 대지옥(大地獄)이 있고 각각 16부의 소지옥(小地獄)이 있다. 또 극단의 고통이 계속 이어지는 18종의 무간지옥(無間地獄)이 있다. 무간지옥이란 아비지옥(阿鼻地獄)이라고도 하는데 고통이 끊임없음으로 무간(無間, 끊임없이)이라고 한다. 아버지를 죽인 자, 어머니를 죽인 자, 아라한을 죽인 자, 승가의 화합을 깨뜨린 자, 부처의 몸에 피를 나게 한 자 등이 가는 곳이다. 지극히 무거운 죄를 범한 자가 죽어서 가게 된다는 지옥이다. 살가죽을 벗겨 불 속에 집어넣거나 쇠매(鐵, 매)가 눈을 파먹는 따위의 고통을 끊임없이 받는다고 한다. 이밖에 독립한 지옥이 또 있다. 이것들은 모두가 중생(사람)의 업(행위)에 따라 받게 되고 업(행위)의 소멸로 벗어난다.

그리고 불교의 지옥에는 육도(六道)가 있다. 육도(六道)에는 첫째로 '지옥도'가 있다. 지옥도(地獄道)는 수미산(須彌山, 세계의 중심에 솟아 있다는 거대한 산)의 사방에 있는 네 대륙의 하나인 남쪽의 섬부주(인간들이 사는 곳) 밑에 있다고 한다. 지옥은 팔열지옥(八熱地獄, 뜨거운 불길로 형벌을 받는 곳)과 팔한지옥(八寒地獄, 혹독한 추위로 형벌을 받는 곳)으로 나눈다. 둘째로 '아귀도'가 있다. 아귀도(餓鬼道)란 '재물에 인색하거나 음식에 욕심이 많거나 남을 시기·질투하는 자가 죽어서 가게 된다는 곳'이다. 항상 굶주림과 목마름으로 괴로움을 겪는다고 한다. 섬부주 밑과 인도(人道)와 천도(天道)에 있다고 한다. 셋째로 '축생도'이다. 축생도(畜生道)란 '온갖 동물의 세계'를 말한다. 생전에 업(행위)에 따라 환생할 때 여러 동물(짐승)로 내생한다는 것이다. 넷째로 '아수라도'이다. 아수라도(阿修羅道)란 '인간과 축생의 중간에 위치한 세계'로, 수미산과 지쌍산 사이의 바다 밑에 있다고 한다. 다섯째로 '인도'이다. 인도(人道)란 '수미산 동쪽에 있는 승신주, 남쪽에 있는 섬부주, 서쪽에 있는 우화주, 북쪽에 있는 구로주의 네 대륙을 말한다. 여섯째로 '천도'이다. 천도(天道)란 '신(神)들의 세계'라는 뜻으로, 수미산 중턱에 있는 사왕천에서 무색계의 유정천까지를 말한다. 지옥의 종류도 아주 많다. 너무너무 뜨거워서 불씨 한 톨로도 온 세계가 불타는 지옥이 있다. 너무너무 추워서 입이 얼어버려 말 한마디 못하는 지옥도 있다. 또 칼날로 된 나무가 가득한 숲을 지나가야 하는 지옥이 있는가 하면, 독사가 우글거리는 지옥도 있다. 아무것도 보이지 않는 컴컴한 곳으로 끝없이 떨어져야 하는 지옥도 있다. 불교의 지옥은 나쁜 업(業, 행위)에 따라 들어가는 곳이다. 그러나 기독교의 지옥은 행위(업)가 아닌 예수 그리스도의 '믿음' 여부에 따라 들어가는 곳이다. 아무리 착하게 살고, 수행을 하고, 큰 깨달음을 얻었어도 인류의 유일한 구세주인 예수님을 믿지 않으면 사후에 모두 지옥 불(고통의 장소)에 들어간다. 이런 차원에서 불교와 기독교의 지옥 세계관은 내용과 이유에서 전혀 다르다. 이것이 불교 지옥 세계관이다.

기독교 지옥 세계관

　기독교는 지옥의 장소적인 존재를 분명하게 말한다. 지옥은 불교와 달리 단 한 곳이다. 불교의 지옥은 장소와 고통의 내용에 있어서 다양했다. 기독교의 지옥(地獄, Hell)이란 '사는 날 동안 인류의 유일한 구세주인 예수 그리스도를 믿지 않다가 죽게 되면 사후에 영원한 고통의 장소인 지옥에 들어가 영원히 고통만 받으며 사는 곳'이라고 한다. 성경은 지옥을 불못(용광로)이라고 한다. 엄청난 고통의 장소임을 암시한다. 지옥에서는 죽고 싶어도 죽지 못한다. 자살이 허용되지 않는다. 그렇다고 불에 타지도 않는다. 그저 엄청난 고통만 받으며 영원히 사는 곳이다. 그래서 영벌이라고 한다. 성경(聖經)은 아무리 착하게 살고, 수행을 하고, 높은 깨달음을 얻어도 지옥에 간다고 한다. 그렇다면 왜 불교의 지옥 세계관과 달리 기독교는 업(業, 행위)으로 가는 곳이 아니라고 하는가? 그 이유도 명확하게 말한다. 모든 사람이 정자와 난자가 만나 수정되는 순간이나 잉태(임신)되는 순간부터 죄인이기 때문이다. 성경은 모든 사람이 다 죄인(罪人)이라고 한다. 죄의 삯은 사망이다. 여기서 사망이란 단순히 간접적인 이유로 1차의 육체적인 죽음뿐만 아니라 사후 심판을 받고 지옥 불에 들어가는 2차의 영원한 죽음까지 말한다. 왜 모든 사람이 죄인이라고 하는가? 하나님께서 흙으로 창조하신 인류 최초의 인간이자 대표자인 아담과 하와가 하나님의 말씀에 불순종한 죄를 범했기에 그 후손들은 대표자의 죄가 전가되어 모두 죄인이 된다. 이 죄(원죄) 때문에 모든 사람은 누구든지 한 번 태어나면 반드시 육체적으로 죽는 것이다. 사고나 질병이나 나이를 먹어 죽는 것이 아니라 이 죄(원죄) 때문에 죽는 것이다. 이것을 육체적인(개인적인, 첫 번째) 죽음이라고 한다. 대표자의 원리에 따라 죄가 모든 인간에게 전가되기에 한 번 태어나면 반드시 죽어야 한다. 그래서 모든 사람들이 죽는 것이다. 이 죄(원죄)를 해결하지 않고 죽으면 2차(둘째 사망) 죽음인 지옥 불을 피하지 못한다.

이 죄는 인간의 수행, 고행, 선행, 깨달음 등 어떤 업(業, 행위)을 통해서도 절대로 해결하지 못한다. 사라지지 않는다. 그래서 인간들을 지옥 불의 심판에서 구원하여 천국으로 인도하기 위해서 성자 하나님이신 예수님께서 성령 하나님의 초자연적인 역사로 인간의 몸으로 이 땅에 성탄(聖誕)하시어 인간을 대신하여 십자가를 지시고 죽으셨다가 3일 만에 부활 승천하심으로 인간들의 죄를 대신 갚으셨다. 이제 누구든지 살아생전에 자기 죄를 대신 갚으신 예수 그리스도를 진실로 믿기만 하면 하나님의 은혜(선물)로 죄 용서함을 받고 언제 죽으나 둘째 사망인 지옥 불에 들어가지 않는다. 어떤 악행을 행한 자들일지라도 인류의 유일한 구세주인 예수님을 믿는 자들은 죄 용서함을 받고 천국에 들어가 영원히 영생을 누리며 살게 된다. 이러한 이유 때문에 행위(업)가 아닌 오직 믿음으로만 구원을 받고 지옥행을 피할 수 있다고 말하는 것이다. 원숭이가 아무리 수행하고 선한 행위를 해도 인간이 되지 못하고 영원히 원숭이로 사는 것처럼, 죄인인 인간도 아무리 수행하고 선행을 해도 죄가 없어지지 않는다. 오직 인류의 유일한 구세주인 예수님을 믿어야만 죄 용서함을 받아 지옥을 피하고 천국에 들어갈 수 있다. 이 믿음은 하나님께서 택함을 받은 자들에게 값없이 주시기에 은혜(선물)라고 한다. 하나님으로부터 은혜로 믿음을 받은 사람만 예수님이 믿어지고 구원을 받게 된다. 이러한 법칙은 천지 만물을 창조하신 하나님, 만물의 주인이신 하나님께서 정하신 구원의 법이다. 믿든지 아니 믿든지 기독교의 성경은 이렇게 주장한다. 착한 행위(업)는 구원의 조건이 아니다. 지옥은 예수님을 믿지 않는 자들만 가는 곳이 아니라 타락한 천사들(귀신들), 귀신들의 우두머리인 마귀(사단)도 들어간다.

신약성경책 마태복음 23장 33절이다.
"뱀들아 독사의 새끼들아(외식하는 서기관들과 바리새인 지칭) 너희가 어떻게 지옥(地獄, 영원한 고통의 장소, Hell)의 판결을 피하겠느냐"

신약성경책 마태복음 25장 41절이다.
"또 왼편(구원받지 못한 자들)에 있는 자들에게 이르시되 저주를 받은 자들아 나를 떠나 마귀(사단)와 그 사자들(마귀의 추종자들)을 위하여 예비된 영영한(영원한) 불(지옥)에 들어가리라"

신약성경책 마태복음 10장 28절이다.
"몸은 죽여도 영혼은 능히 죽이지 못하는 자들(사람들)을 두려워하지 말고 오직 몸과 영혼을 능히 지옥(地獄)에 멸하시는 자(하나님)를 두려워하라"

신약성경책 베드로후서 2장 4절이다.
"하나님이 범죄한 천사들(많은 귀신들, 사단)을 용서치 아니하시고 지옥(地獄)에 던져 어두운 구덩이에 두어 심판 때까지 지키게 하셨으며"

신약성경책 요한계시록 20장 10절이다.
"또 저희를 미혹하는 마귀(사단)가 불과 유황 못(지옥 불)에 던지우니 거기는 그 짐승(마귀의 하수인 정부)과 거짓 선지자(이단자들, 거짓 종교 지도자들)도 있어 세세토록(영원토록) 밤낮 괴로움을 받으리라"

신약성경책 요한계시록 20장 14~15절이다.
"14)사망과 음부도 불못(지옥 불)에 던지우니 이것은 둘째 사망 곧 불못(지옥 불)이라 15)누구든지 생명책(구원자 명부)에 기록되지 못한 자는 불못(지옥 불)에 던지우더라"

신약성경책 사도행전 16장 31절이다.
"가로되 주(主) 예수(구세주)를 믿으라 그리하면 너와 네 집(가족)이 구원을 얻으리라 하고"

신약성경책 마태복음 13장 42절이다.

"풀무 불(용광로, 지옥 불)에 던져 넣으리니 거기서(지옥에서) 울며 이를 갊이 있으리라"

신약성경책 마가복음 9장 43절이다.

"만일 네(당신) 손이 너를 범죄케 하거든 찍어 버리라 불구자로 영생(永生, 천국)에 들어가는 것이 두 손을 가지고 지옥(地獄, Hell) 꺼지지 않는 불에 들어가는 것보다 나으니라"

신약성경책 마가복음 9장 47~49장이다.

"47)만일 네(당신) 눈이 너를 범죄케 하거든 빼어 버리라 한 눈으로 하나님의 나라(천국)에 들어가는 것이 두 눈을 가지고 지옥(地獄, Hell)에 던지우는 것보다 나으니라 48)거기(지옥)는 구더기도 죽지 않고 불도 꺼지지 아니하느니라 49)사람마다 불(火)로서 소금 치듯 함을 받으리라"

지옥은 확실히 있고, 영원히 말할 수 없는 고통의 장소이다. 감옥이 소설 속의 장소가 아니고 실제로 존재하는 곳인 것처럼, 지옥도 소설에 나오는 상상의 나라가 아니다. 이 세상과 어느 국가에나 있는 감옥(교도소)처럼 실존하는 곳이다. 지옥은 인류의 유일한 구세주(구원자, 메시야)인 예수님을 진실로 믿지 않는 자들이 가는 곳이다. 밤과 낮으로 고통만 당하며 사는 곳이다. 지옥은 이 세상의 감옥(교도소)과는 감히 비교할 수 없는 곳이다. 불 속을 상상하면 될 것이다. 환자 중에 불 화상 환자가 가장 극심한 고통을 느낀다고 한다. 화재로 인하여 화상만 당해도 극심한 고통을 당하는데 불 속과 같은 지옥 불에 들어가서 밤과 낮으로 고통만 당하며 영원히 산다고 생각해 보라. 참으로 끔찍하고 오금이 저린다. 한 번 들어가면 나오지도 못하고 죽지도 못한다. 지옥에서 회개하고 예수님을 믿고 싶어도 믿지 못한다. 이미 구원의 때가 지나갔다. 지옥 불을 피할 수 있는 유일한 시간과 기회는 이 땅에 살아 있을 때이다. 이 땅에 감옥(교도소)이 있어 범법자(죄인)들이 들어가 사는 것처럼 죄 용서함을 받지 못한 모든 죄인들은 영원한 고통의 감옥인 지옥에 들어가서 영원히 살게 된다. 이 세상 감옥(교도소)은 깨달음이 없거나 선행이 부족해서 들어가는 곳이 아니다. 범죄 때문에 들어간다. 따라서 신중히 살아가야 한다. 예수님을 거부하고 불신한다면 그것처럼 통탄할 일은 없게 된다.

어떤 사람은 말하기를 '그런 곳이 어디 있어!', '지옥이 어디 있어!'라고 하면서 불신하고 농담으로 여기는 자들도 있다. 그러나 성경은 진리(참, 거짓이 없음)이므로 때가 되면 그대로 이루어진다. 거짓이 없다. 그래서 참이라고 한다. 기독교의 주장대로 진짜 있으면 어찌할 것인가? 그때는 소용이 없다. 그런즉 심각하게 고민하며 살아야 한다. 아무튼 기독교 지옥관은 업(業, 행위)에 따라 가는 곳이 아니라 인류의 유일한 구세주를 믿느냐 믿지 않느냐에 따라 지옥에 들어가기도 하고 들어가지 않기도 한다. 감옥은 인격적으로 미숙하거나 깨달음이 없거나 수행이 부족한 사람이 가는 곳이 아닌 범죄자들이 가는 곳인 것처럼, 지옥도 인격적으로 미숙한 사람, 수행이 덜 된 사람이 가는 곳이 아닌 죄인들이 가는 곳이다. 성경은 모든 사람이 다 죄인이라고 한다. 남녀의 성관계를 통해 생물학적으로 출생한 모든 사람은 다 죄인이라고 한다. 이 죄 용서함은 오직 예수님을 믿어야만 해결되기에 예수님을 믿지 않으면 죄가 그대로 있어 천국에 들어가지 못하고 사후에 지옥에 들어가는 것이다. 천국은 죄인이 들어가지 못하는 곳이다. 그래서 예수님을 믿으라고 하는 것이다. 이런 면에서 불교와 기독교 지옥 세계관은 전혀 다르다. 불교는 나쁜 행위나 해탈하지 않으면 다양한 지옥에 들어가지만, 기독교는 예수님을 진실로 믿지 않기 때문에 하나뿐인 영벌의 장소인 지옥(地獄)에 들어간다. 믿어 지고 이해되는 대로 받아들이고 살면 된다. 이를 강제로 어찌하지 못한 다. 이것이 기독교 지옥 세계관이다.

제7장

인간 창조 세계관

인간(人間)이란 '언어를 가지고 사고할 줄 알고 사회를 이루며 사는 지구상의 고등 동물'을 뜻한다. 인간(사람)은 지구상에 존재하는 동물 중 유일하게 이성과 양심이 있다. 이를 '사람'이라고도 한다. 사람은 크게 육체(물질, 가시적)와 영혼(비물질, 비가시적)이라는 두 가지 요소로 구성되어 있다. 스스로 존재하는 신(神)이 아닌 이상 존재하는 모든 것(피조물, 물질과 비물질)은 최초의 창조자가 있다. 눈에 보이는 피조물과 모든 물질과 건축물은 반드시 창조자, 건축자, 설계자 등 만든 자 없이 존재할 수가 없다. 이는 불가능한 일이다. 이것이 상식이다. 창조(創造)란 '전에 없던 것을 처음으로 만든 것'을 의미한다. 불교는 사람(인간)이 창조된 것이 아니라고 말한다. 그러나 기독교는 확실하고 구체적으로 스스로 존재하시는 전지전능하신 유일신 하나님께서 사람을 창조하셨다고 말한다. 사람은 스스로 존재하거나 진화된 것이 아니라 창조되었다고 말한다.

불교 인간 창조 세계관

불교에서는 인간에 대해 명확하게 설명하지 못한다. 누가 인간을 창조하고, 인간이 어떻게 존재하게 되었고, 왜 살고, 인간은 어떤 존재인지를 제대로 설명하지 못한다. 그 이유는 잘 모르기 때문이다. 단지 인간 창조에 대하여 아리송한 논리를 편다. 인간 창조에 대한 구체적인 내용이 없다. 석가모니(부처)는 자신이 사람을 창조했다고 말하지 않았다. 불교 경전도 부처가 사람을 창조했다고 말하지 않는다. 그게 팩트(fact, 사실)이다. 우리가 가진 몸(신체)은 먼 조상(부모)으로부터 물려받았다고한다. 부모에게서 빌은 것은 오직 육체뿐이라고 한다. 부모에게 기탁하여 육체를 빌고 성장한 그 주체자인 '나'라는 주인공은 부모가 만들어 준것이 아니라고 한다. '나'라는 자의식은 따로 있고, 그것이 인연 따라 부모에게 의지하고, 거기서 육체를 공급받아서 마침내 '나'라는 개체로 성장하고 출생한 것이라고 한다. 이 '나'라는 자의식은 자성을 미혹한 망심의한 형태라고 한다. 망심이 인연 따라 부모를 만나고 인간으로 출생하였다고 한다. 인간에 대하여 말하기를 인간의 겉모습은 신체(身體)지만 속모습은 망심(妄心, 허무하게 분별하는 마음) 형태라고 한다. 이것을 세간(世間, 세상)에서는 영혼(靈魂)이라고 부른다. 망심은 누가 만든 것이 아니고 스스로 본성을 미혹하여 착각을 일으켜 집착하고 또는 반발하여 망동(妄動)을 계속하므로 이루어진 망동 행위의 축적이며 결정체라고 한다.

그리고 『나선비구경』 설명에 의하면 인간 존재는 '다섯 개의' 요소들이 모여 '살아 있는 존재'라는 이름이 생기게 되었다고 한다. 인간을 육체적인 부분과 정신적인 부분으로 나눈다. 물질적인 것은 형상(色)이고, 지적이고 감각적인 것(정신)은 이름(名)이라고 한다. 인간의 육체와 정신을 각각 색(色)과 명(名)이라는 이름으로 나눈다. 육체는 서른 두 부분으로 이루어져 있다고 한다. 머리털, 몸의 털, 손톱 등이다. 정신(名)은 네 부분으로 나눈다. 즉 수, 상, 행, 식이다. 불교에서 '정신'이란 여러 감각기관, 즉 안(눈), 이(귀), 비(코), 설(혀), 신(몸), 의(마음)와 여기에 상응하는 대상들, 즉 색(물체), 성(소리), 향(냄새), 미(맛), 촉(접촉할 수 있는 것), 법(생각)과의 만남에서 발생하는 복합적인 현상이라고 한다. 색(色, 육체)과 명(名, 정신)은 존재를 위해 분리될 수 없다고 한다. 인간들이 태어나는 것도 여러 요소들이 결합해서 인간(존재)을 이룬다고 한다. 그렇기 때문에 저절로 태어나는 존재(인간)는 없다는 것이다. 또한 누가(또는 무엇이) 색(色, 육체)과 명(名, 정신)으로써 존재(인간)를 만드는가? 라는 물음에 불교는 만드는 자를 인정하지 않는다. 『나선비구경』은 이 문제를 이렇게 설명한다. "명(名, 정신)과 색(色, 육체)을 가지고 현재의 생(生)에서 선(업)과 악(업)을 짓는다고 한다. 그런 다음(그것으로 인해) 다음 생(내세)에 다시 태어난다"고 한다. 다시 말해서 존재(인간)를 만드는 것은 아뜨만(영혼)과 같은 것이 아니라 (존재가 지은) 업(業)이라는 것이다. 이에 대하여 불(촛불)의 비유를 들어 설명한다. 촛불은 초저녁, 밤중, 새벽에 타는데 밤새도록 탄 것은 같은 불꽃이라고 한다. 초저녁에서 밤중으로, 밤중에서 새벽으로 끊임없이 변하면서 계속해서 타는 불꽃처럼 우리 존재(인간)도 그와 같이 변하면서 계속 된다는 것이다. 이런 주장과 사상은 윤회설과 연결되어 있다.

그래서 불교는 '오늘의 인간을 누가 만들었느냐'고 묻는 것은 어리석은 질문이라고 한다. 자기 자신이 자기의 조물주라고 한다. 자기를 만들 권능이 자신에게 주어져 있고, 자신을 참되게 가꿀 책임이 자신에게 주어져 있다고 한다. 우리의 본성은 각성(覺性, 진리를 깨달을 수 있는 소질)이며 진리라고 한다. 그 체성은 비어서(空) 무한이며, 영원하며, 원만하다고 한다. 이 본능, 체성(體性)은 무진장한 창조 권능을 스스로 지니고 있다고 한다. 체성(體性)에서 체(體)는 본체·실질의 뜻이고, 성(性)은 그 체(體)가 가지는 불변의 성질을 말한다. 이것이 진리의 본래 모습이며, 인간의 참모습이고, 참마음이라고 한다. 동시에 만유의 근원이라고도 한다. 다시 말해서 인간과 우주 이전의 근원 진리이며, 인간과 우주의 근원이 똑같은 각성 진리라는 말이다. 솔직히 말하면 이게 무슨 말인지 모르겠다. 아무리 생각해도 이해가 잘 안 된다. 불교의 인간 창조 세계관을 보면 신(神)에 의한 창조가 없다. 그러면 창조 없이 존재한 것이 인간이라는 말인데 이는 참 논리든 거짓 논리든 논리 자체가 맞지 않는다. 왜냐하면 모든 물질, 제품, 건물은 창조자, 만든 자, 건축자가 없이는 존재가 불가능하기 때문이다. 피조물은 스스로 자기를 만들고 건축할 수 없다. 사람에게는 그런 능력이 없다. 집(건물)이 어찌 스스로 건축할 수 있는가? 반드시 건축자가 있어야 한다. 인간에 대해서도 마찬가지이다. 불교는 신체와 영혼의 창조, 존재에 대하여 시원한 어떤 근원과 설명이 없다. 오직 아리송한 주장뿐이다. 이것이 불교의 한계이다. 부처(석가모니)가 신(神)이 아니기 때문에 그 이상은 알지 못하는 것이라고 생각한다.

이것이 불교 인간 창조 세계관이다.

기독교 인간 창조 세계관

기독교는 인간 창조에 대해서 아주 구체적이고 명확하게 기술한다. 누가, 언제, 어디서, 무엇으로, 어떻게, 왜 창조했는지를 분명하게 말한다. 왜냐하면 살아계신 하나님께서 창조하셨기 때문에 자신 있게 말한다. 기독교는 유한하고 불완전하고 죄인인 사람이 만든 종교가 아니라 스스로 존재하시며 천지 만물을 창조하신 살아계신 하나님께서 만든 종교이다. 그러기에 인간과 천지 만물에 대하여 자세하게 설명이 가능하다. 이는 마치 설계자와 건축자가 어떤 빌딩과 아파트에 대하여 내부 구조를 구체적으로 잘 아는 것과 같다. 빌딩을 설계하거나 건축하지 않은 자는 알지 못한다. 하나님의 말씀인 성경(聖經, Bible)은 사람이 어떻게 존재하게 되었는지를 분명하게 말한다. 사람은 하나님께서 창조하셨다고 말한다. 육체는 흙으로 만들었고, 하나님께서 흙으로 만든 인간의 코에 생기를 불어넣으셨는데 이것이 영혼이라고 한다. 이에 살아 있는 인간(사람)이 되었다고 한다. 이에 대한 객관적인 근거는 성경으로 다음과 같다.

구약성경책 창세기 1장 27절이다.

"하나님이 자기 형상(일반 성품 혹은 속성) 곧 하나님의 형상(일반 성품 혹은 속성)대로 사람을 창조하시되 남자(아담)와 여자(하와)를 창조하시고"

구약성경책 창세기 2장 7절이다.
"여호와 하나님이 흙(dust, 먼지)으로 사람을 지으시고 생기(生氣, 영혼)를 그 코에 불어넣으시니 사람이 생령(生靈, 산 사람)이 된지라"

지구상에 존재하는 그 어떤 종교, 책, 사람도 인간의 창조와 존재에 대해서 기독교처럼 구체적으로 진술하지 못한다. 왜냐하면 창조자 하나님 외에는 알지 못하기 때문이다. 그래서 아리송한 주장들만 하거나 침묵하는 것이다. 원래 무엇이든지 정확히 모르면 어정쩡하고 아리송하게 어물어물 주장하는 법이다. 아니면 입을 다문다. 인간을 창조하신 분은 스스로 살아계시는 여호와 하나님(God)뿐이시다. 하나님께서 언제 인간을 창조하셨는가 하면 태초(太初, 천지가 처음 시작할 때)에 하나님께서 말씀으로 6일 동안 천지를 창조하셨다. 천지 만물을 5일 동안 창조하신 후 6일째 되는 맨 마지막 날에 사람을 창조하시되 남자인 아담을 먼저 창조하시고 여자는 남자인 아담의 갈빗대를 빼어 창조하셨다. 이들이 지구상에 존재하는 최초의 인간이다. 이들이 인류의 대표자이자 조상이다. 무엇으로 인간을 창조하셨는가 하면 흙이다. 각종 들짐승과 공중의 각종 새들도 흙으로 창조하셨다(창세기 2장 19절). 사람(인간)의 육체(몸, 신체)는 흙으로 창조하셨기 때문에 사람이 죽어 땅에 매장하면 썩어 흙으로 산화되어 버린다. 죽은 시체를 땅에 묻으면 오래 잡고 3년이면 다 썩어 흙으로 돌아간다. 인간의 영혼도 하나님께서 창조하사 사람에게 불어넣으시므로 산 사람이 되었다. 이에 기독교는 완전한 창조론 외에는 진화론을 비롯한 다른 모든 이론을 배척한다.

그러니까 물질인 사람의 육체나 비물질인 사람의 영혼 모두 하나님께서 창조하셨다. 인간이 스스로 인간을 만든 것이 절대로 아니다. 어떤 동물이 진화된 것도 아니다. 인간의 육체에서 영혼이 빠져나가면 사람이 죽었다고 한다. 시체가 된다. 인간(사람)은 육체와 영혼으로 구성되어 있다. 육체는 눈으로 볼 수 있는 물질이다. 그러나 영혼은 물질이 아니기에 사람이 살아 있으나 죽으나 눈에 보이지 않지만 살아 존재한다. 마치 바람이 존재하나 물질이 아니므로 눈에 보이지 않는 것과 같다. 영혼이 그렇다. 육체는 물질이므로 죽어 시간이 지나면 썩어 없어지지만, 영혼은 물질이 아니므로 사람이 죽어도 영원히 썩지도, 불에 타지도, 죽지도 않고 사후에 인류의 재판장이신 예수님에 의해 인류 최후의 심판을 받고 천국 아니면 지옥에 들어가서 영원히 살게 된다. 이것이 인간이다. 이런 사실을 확실히 알고 사는 것과 모르고 사는 것은 천지 차이가 난다. 기독교인들 외에는 사람이 어디서 와서, 왜 살며, 사후에 어디로 가는지를 모르고 산다. 그저 짐승들처럼 잘 먹고 잘 살다가 죽으면 그만이라고 그릇된 확신에 젖어 산다. 이 세상의 삶이 전부라고 믿는다. 그래서 기독교가 그게 아니라고 외치는 것이다. 이런 사실을 믿고 안 믿고는 각자의 몫이다. 석가모니(부처)는 모든 사람과 동일하게 흙으로 지음을 받은 자이다. 부처는 인도에서 우리와 동일하게 인간 부모에게서 생물학적인 과정을 통해서 출생한 인도인이다. 아담과 하와의 원죄를 전가(轉嫁, 죄과를 남에게 넘겨씌움)받은 우리와 동일한 죄인이다. 부처는 신(神)이 아니다. 단지 수행 중 35세에 보리수나무 아래에서 나름대로 세상 이치를 극히 일부 깨달은 것뿐이다. 부처는 인간을 창조할 능력이 없고 불가능하기에 인간을 창조했다고 말하지 못하는 것이다. 오직 전지전능하신 하나님만이 인간을 창조하셨다고 말한다. 이것이 기독교 인간 창조 세계관이다.

제8장

세계 창조 세계관

세계(世界)란 '지구 위의 모든 나라 혹은 온 세상'을 의미한다. 불교
에서의 세계란 깨달음의 영역, 부처의 영역이라고 한다. 불교에서의 세
(世)는 과거·현재·미래로 흘러가면서 변한다는 뜻이다. 계(界)는 동서
남북·사유(四維)·상하(上下), 곧 중생(사람)이 사는 이 현상계를 의미
한다. 기독교에서의 세계란 전지전능하신 하나님께서 창조하신 천지(天
地) 혹은 우주 영역이라고 한다. 아무튼 세계(온 세상)도 가시적인 물질
이므로 그냥 생긴 것이 아님이 상식적이고 논리적인 접근이다. 스스로
존재하는 신(神) 외에는 스스로 존재하는 피조물은 아무것도 없다고 보
는 것이 상식이다. 불교와 기독교는 세계 창조와 존재에 대해서도 주장
하는 바가 전혀 다르다. 근본적으로 다를 수밖에 없다. 불교의 부처는 신
(神)에 의해 창조된 유한한 사람이고, 기독교의 하나님은 전지전능하시
고 스스로 존재하시는 신(神)이시기 때문이다.

불교 세계 창조 세계관

불교는 기독교와 달리 세계 창조에 대하여 구체적으로 말하지 못한다. 그 이유는 인간인 부처(석가모니)가 세계를 창조하지 않았고 잘 알지 못하기 때문이다. 불자든, 기독교인이든, 타 종교인이든 참 신(神) 이외엔 유한한 인간은 누구든지 세계를 창조할 수 없다. 창조하라고 해도 못한다. 자기 머리카락 하나도 제대로 깎을 수 없는 것이 인간의 한계 능력이다. 자기 질병 하나 스스로 고치지 못하는 것이 연약한 사람이다. 이런 인간(사람)이 세계를 창조했다고 한다면 천하가 다 웃을 일이다. 물질인 세계가 스스로 존재하게 되었다는 것도 코미디다. 이것은 분명한 사실이다. 왜냐하면 눈에 보이는 만물은 창조자, 건축자, 설계자, 만든 자가 없이는 존재할 수 없기 때문이다. 불교는 이렇게 말한다. 누가 세계를 창조했는가 묻는다면 묻는 당신이 바로 만든 자라고 한다. 본래 이 세계는 보는 사람의 세계라고 한다. 그러므로 인간이 사는 이 세계도 인간이 지은 미혹 정도에 따른 세계이며 그 경계의 구체적 표현이라고 한다. 이 세계가 미혹의 결과로서 그림자처럼 나타난 것이라고 한다. 인간이 아뢰야식(근본의 마음)의 끊임없는 흔들림으로 말미암아 이루어진 것처럼 세계도 또한 그러하다고 말한다. 이 세계는 좋든 나쁘든 그 주인이 우리 자신이며 세계를 만든 자도 다른 사람이 아닌 우리 자신이라고 한다. 참으로 이해할 수 없는 아리송한 주장이 아닐 수 없다. 도대체 무슨 말인지 모르겠다. 불교는 세계 창조에 대해서 정확히 모르니 이런 주장을 하는 것이다. 이것이 불교 세계 창조 세계관이다.

기독교 세계 창조 세계관

기독교는 세계(온 세상, 우주) 창조에 대하여 명료하고 구체적으로 말한다. 그 이유는 전지전능하신 신(神, God)이시자 스스로 살아계신 여호와 하나님께서 세계(천지, 만물, 우주)를 초자연적인 능력의 말씀(명령)으로 창조하셨기 때문이다. 하나님께서 직접 세계를 창조하셨기 때문에 아리송하고, 애매하고, 복잡하고, 어렵게 설명하고 주장할 이유가 하나도 없다. 예를 들어서 자기 집을 건축했는데 복잡하게 이야기하거나 철학적으로 설명할 이유가 하나도 없다. 누가 언제 건축했다고 하면 된다. 어떤 건물이든지 건축할 때 건축 설계도를 지자체의 구청과 시청에 제출하기에 거기에 누가 설계하고 어느 회사가 건축했는지 다 기록되어 있다. 이 세계 창조도 마찬가지이다. 기독교는 단순 명료하고 구체적으로 세계 창조를 설명한다. 아리송하고 어렵게 설명할 이유가 하나도 없다. 하나님께서 창조하셨으니 사실 그대로 이야기하고 설명하면 되기에 누구나 쉽게 이해할 수 있도록 기독교 교리인 성경에 기록되어 있다. 믿고 안 믿고는 그 다음 문제다.

하지만 세계를 창조하지 않은 자는 구체적이고 명료하게 설명과 기록이 불가능하다. 자신도 모르기에 아리송하게 철학적으로 설명한다. 자신도 정확히 모르고 그것을 읽는 자들도 무슨 내용인지 모른다. 우리들도 시험 볼 때 사지선다 객관식은 알든 모르든지 찍기라도 하지만 주관식에 대하여는 잘 모르면 쓰지 못하거나 엉뚱한 내용을 써서 제출한다. 주관식 주제에 대하여 내용을 잘 아는 자들은 쉽고, 논리적이고, 충분한 내용을 구체적으로 기술한다. 스스로 존재하는 신(神, God)을 제외한 존재하는 것은 모두 건축자, 만든 자, 설계사, 시행자가 있다. 이는 상식이다. 기독교 경전인 성경은 구약성경책 창세기 1장에서 세계 창조에 대하여 아주 구체적으로 기록하여 설명하고 있다. 세계 창조 설명서이다. 이런 사실을 통하여 역으로 오직 여호와 하나님만이 참 신(神, God)이고 존재함을 증거한다.

구약성경책 창세기 1장 1절이다.
"태초(太初, 천지가 처음 시작된 때)에 하나님께서 천지(天地, 세계)를 창조하시니라"

신약성경책 히브리서 3장 4절이다.
"집마다 지은 이가 있으니 만물(세계)을 지으신 이는 하나님이시니라"

신약성경책 골로새서 1장 16절이다.
"만물(세계, 천지)이 그(하나님, 예수님)에게 창조되되 하늘과 땅에서 보이는 것들과 보이지 않는 것들과 혹은 보좌(왕권)들이나 주관(주권)들이나 정사(통치)들이나 권세들이나 만물이 다 그로 말미암고 그를 위하여 창조되었고"

기독교는 이처럼 신·구약성경 여러 곳에서 세계(천지, 만물)가 하나님에 의하여 창조되되 하나님을 위하여 창조되었다고 기록하고 있다. 이렇게 확실하게 세계 창조에 대하여 기록하고 설명하는 종교는 이 지구상에 기독교 외에는 없다. 구약성경책 창세기 1장과 2장에 걸쳐 땅 위에 존재하는 것들, 바다에 존재하는 것들, 하늘에 존재하는 것들, 각종 식물들, 각종 생물들, 각종 동물들, 각종 짐승들, 낮과 밤, 하늘에 떠 있는 해와 달과 별들, 땅과 바다, 궁창(하늘), 각종 풀, 각종 과실수 등을 누가, 언제, 어떻게, 무엇으로 창조하였는지를 구체적으로 기록하고 있다. 이렇게 구체적이고 자세하게 기록을 하고 설명을 해도 하나님께서 은혜(선물)로 주시는 '믿음'이 없이는 믿지 못한다. 그것이 신비한 일이다. 이성(異性) 간의 사랑도 누군가가 사랑하라고 한다고 해서 사랑하는 것이 아니라 어느 날 갑자기 사랑이라는 것이 마음에 생겨야 누군가를 사랑하게 되는 것과 같다. 아무리 예쁘고 잘생긴 사람이 나타나도 마음에 사랑하는 마음이 생기지 않으면 그냥 지나친다. 하나님의 천지 창조와 성경과 천국과 지옥과 구세주인 예수님도 믿음이 마음에 생기지 않으면 무슨 말을 해도 믿지 않는다. 그래서 기독교는 믿음의 종교이기도 하다. 이 믿음의 눈과 마음으로 보고 듣고 읽지 않으면 기독교에서 말하는 모든 것이 황당하게 보이고 한편의 소설로 느껴진다. 하나님께서는 6일 동안 천지(세계, 만물)를 창조하셨다. 첫째 날은 빛을 창조하셨다. 물론 전지전능하시기에 말씀으로 명하니 빛이 창조되었다. 빛을 낮이라 칭하고, 어두움을 밤이라 칭하셨다.

구약성경책 창세기 1장 3절이다.

"하나님이 가라사대(말씀하시니, said) 빛이 있으라 하시매 빛이 있었고"

둘째 날에는 궁창(창공, 하늘)을 창조하셨다. 궁창이란 지구를 둘러싸고 있는 대기권의 하늘이다. 물과 물로 나뉘게 하셨다는 말은 하늘 아래의 물과 하늘 위의 물로 나뉘게 하셨다는 말이다. 구름은 물의 집합체이다. 구름 위와 구름 아래로 생각하면 된다. 뭍은 땅이라고 하고, 물을 바다라 칭하셨다.

구약성경책 창세기 1장 6절이다.
"하나님이 가라사대 물 가운데 궁창(하늘)이 있어 물과 물로 나뉘게 하리라 하시고"

셋째 날에는 각종 풀과 씨 맺는 채소와 각기 종류대로 씨 가진 열매 맺는 나무를 창조하셨다.

구약성경책 창세기 1장 11절이다.
"하나님이 가라사대 땅은 풀과 씨 맺는 채소와 각기 종류대로 씨 가진 열매 맺는 과목(과실나무)을 내라 하시매 그대로 되어"

넷째 날에는 하늘에 태양과 달과 별들을 창조하셨다. 그리하여 큰 광명인 해는 낮을 주관하게 하고, 작은 광명인 달은 밤을 주관하게 하셨다.

구약성경책 창세기 1장 14~15절이다.

"14)하나님이 가라사대 하늘의 궁창에 광명(光明)이 있어 주야(晝夜)로 나뉘게 하라 또 그 광명으로 하여 징조(徵兆)와 사시(四時)와 일자(日字)와 연한(年限)이 이루라 15)또 그 광명이 하늘의 궁창에 있어 땅에 비춰라 하시고(그대로 되니라)"

다섯째 날에는 물속의 생물들과 하늘을 나는 새들을 창조하셨다.

구약성경책 창세기 1장 20절이다.
"하나님이 가라사대 물들은 생물로 번성케 하라 땅 위의 하늘의 궁창에는 새가 날으라 하시고"

여섯째 날에는 땅 위에 거하는 생물들과 육축들과 짐승들을 창조하신 후 맨 마지막에 흙으로 사람을 창조하셨다.

구약성경책 창세기 1장 24절이다.
"하나님이 가라사대 땅은 생물을 그 종류대로 내되 육축(六畜, 가축의 총칭)과 기는 것과 땅의 짐승을 종류대로 내라 하시고(그대로 되니라)"

구약성경책 창세기 1장 27절이다.
"하나님이 자기 형상(일반적 성품) 곧 하나님의 형상대로 사람을 창조하시되 남자와 여자를 창조하시고"

구약성경책 창세기 2장 7절이다.

"여호와 하나님이 흙(dust)으로 사람을 지으시고 생기(生氣, 영혼)를 그 코에 불어넣으시니 사람이 생령(生靈, 산 사람)이 된지라"

구약성경책 창세기 2장 19절이다.

"여호와 하나님이 흙으로 각종 들짐승과 공중의 각종 새를 지으시고 아담이 어떻게 이름을 짓나 보시려고 그것들을 그에게로 이끌어 이르시니 아담이 각 생물을 일컫는 바가 곧 그 이름이라"

기독교의 경전인 성경책은 세계(천지, 만물, 온 세상)가 스스로 존재하시는 여호와 하나님에 의해 6일 동안 초자연적인 말씀으로 창조하셨음을 구체적이고 명백하게 기록하고 있다. 이보다 더 명백하고 확실한 세계 창조에 대한 기록은 어느 종교, 어느 사람도 말하지 못한다. 불교, 유교, 이슬람, 힌두교 등 어느 곳에서도 말하지 못한다. 그 이유는 자신들이, 자기가 믿는 종교 지도자가 세계를 창조하지 않았고 알지 못하기 때문이다. 그러나 스스로 존재하시는 여호와 하나님을 믿는 기독교는 구체적이고, 자신 있고, 선명하게 말한다. 과거와 현재와 미래를 통틀어 지구상에 오직 유일하신 참 신 여호와 하나님께서 초자연적인 능력으로 세계를 창조하셨기 때문이다. 그래서 기독교는 자신 있게 말하는 것이다. 이런 사실을 믿고 안 믿고는 각자의 몫이다. 이것이 기독교 세계 창조 세계관이다.

제9장

사망 세계관

사망(死亡, death)이란 '사람의 죽음'을 뜻한다. 사망은 남녀노소, 빈부귀천, 지위고하 등을 막론하고 누구도 피하지 못하는 인생 과정이다. 사람은 한 번 태어나면 육체적으로 반드시 죽는다. 그 이유를 오직 기독교만 안다. 그런즉 살아 있는 자체가 너무 귀하기에 겸손하게 살고 하루하루를 의미 있고 가치 있게 살아야 한다. 허랑방탕하면 안 된다. 사망에 대한 용어는 일반적으로나 종교적으로 다양하다. 불교에서는 사망을 '열반(涅槃)'이라고도 한다. 이는 '부처님의 죽음'을 가리킨다. '입멸(入滅)'과 '입적(入寂)'이라고도 한다. 이는 '스님의 죽음'을 가리킨다. 기독교(천주교)에서는 '선종(善終)'이라고 한다. 이는 '좋게 끝내다'이다. 기독교(개신교)에서는 '소천(召天)'했다고 한다. 이는 '하나님에 의해 천국으로 부름을 받았다'이다. 그리고 '승천(昇天)'이라고도 한다. 이는 '예수님께서 십자가를 지신 후 사망했다가 무덤에 묻힌 뒤 3일 만에 다시 부활하신 후 천국으로 올라감'을 말한다. 그 외 일반적인 사망 용어는 다음과 같다.

'별세(別世)'는 '윗사람이 세상을 떠나다'이다. '산화(散花)'는 '보통 군인의 전사'를 의미한다. '서거(逝去)'는 '떠나가다'로 사망의 경어이자 웃어른의 죽음을 가리킨다. '승하(昇遐)'는 '임금이나 존귀한 사람이 세상을 떠나다'를 의미한다. '영결(永訣)'은 '영원히 이별하다'를 의미한다. '영면(永眠)'은 '영원히 잠든다'이다. '운명(殞命)'은 '사람의 목숨이 끊어짐'을 가리킨다. '작고(作故)'는 '죽음의 경칭'으로 어른의 죽음을 가리킨다. 마지막으로 '타계(他界)'는 '다른 세계로 감'을 뜻하며 귀인의 죽음을 가리킨다. 불교와 기독교는 사망 용어와 내용에 있어서도 큰 차이를 보인다.

불교 사망 세계관

불교의 사망 세계관에서는 사망을 끝없는 윤회(輪廻)의 한 단계로 본다. 윤회란 '중생(사람)인 자신이 저지른 행위에 따라 돌고 돌면서 생사(生死)를 끊임없이 되풀이한다'는 견해이다. 좋은 일을 많이 한 사람은 다시 사람으로 태어나되 귀한 집 자식으로 환생한다는 것이다. 아니면 가축이든지 다른 것으로 환생한다는 사상이다. 『유가론기』에서는 죽음은 의식이 육신을 떠나는 것이라 이야기하고 있다. 불교에서는 이종사, 즉 죽음을 크게 두 가지로 나눈다. 하나는 명진사 또 하나는 외연사다. 우선 명진사는 천명이 다하여 죽는 것으로 천수를 다하고 받은 기한을 다 채우고 죽는 것이다. 두 번째는 외연사로 외부의 인연에 의해 명대로 다 살지 못하고 가는 죽음을 말한다. 또한 불교에서는 죽음을 신사와 심사로 나눈다. 신사(身死)는 '몸이 죽은 사람'으로 일반적인 죽음을 뜻하며, 심사(心死)는 '마음이 죽은 사람'이다. 『선행법상경』에는 '만약 손가락을 튕기는 찰나 지간에 죽을 생각을 한다면 온몸은 죽는다'라고 말하고 있다. 이는 우리는 생각에 의해 지배받는 존재이며, 우리의 마음에서 죽음이 싹트면 그것은 순식간에 마음을 죽인다는 것이다. 불교의 생사관은 보통 사람들과 성인들의 죽음을 다르게 본다. 보통 사람들은 수명의 길고 짧음이 있는데, 이러한 차이는 전생의 업을 통해서 생기는 것이다. 두 번째는 성인들의 죽음이다. 불교에서 말하는 아라한이나 성문, 연각, 벽지불, 초지보살 이상은 윤회를 하지 않고, 자신이 수명과 육체를 자유자재하게 바꿀 수 있다. 또한 생과 죽음에 자유자재하여 이를 변이생사라고 한다.

불교에서는 죽음의 찰나에서 다음 생을 받기까지의 과정을 사유(四有)라고 한다. 이 사유에는 사유(死有), 중유(中有), 생유(生有), 본유(本有)가 있다. 우선 사유는 전생의 업력 인(因)에 의해 현세의 삶의 과(果)가 다 끝난 죽음의 순간으로, 즉 임종의 찰나를 말한다. 중유는 중음 혹은 중음신이라고 칭한다. 중음의 기간은 칠칠일(49일)로써 인간이 죽으면 빠를 경우 7일 이내에 사후가 결정된다. 하지만 어떤 경우는 바로 결정되는 것이 아니라 중음의 49일간 내에서 칠일을 일기(一期)로 하여 첫 번째 칠일에 결정되는 경우도 있고, 두 번째 칠일에 결정되는 경우도 있고, 제일 마지막인 일곱 번째 칠일인 49일에 마지막으로 결정되기도 한다. 왜냐하면 중음 중생의 수명기간은 7일이기 때문이다. 그래서 이 중음 기간에 일곱 번 태어나고 일곱 번 죽는다 하여 칠생칠사라고 한다. 중유는 크게 3단계의 과정을 거친다. 우선 이 3단계로 넘어가기 전에 중유에서 육체 내의 모든 생명 원소가 분해된다. 그런 다음에 중음의 3단계로 넘어간다. 우선 법성중음의 단계가 시작된다. 이마의 백명점과 배꼽의 홍명점이 위 아래로 이동하다 서로 교차를 할 때 무한한 자비와 희열을 느끼게된다. 하지만 대부분의 사람들은 이 희열을 느끼지 못한다. 이미 죽음이다가와서 정신이 혼미하기 때문이다. 그 다음은 사망중음의 단계이다.결국 이 두 점이 교차하다 멈추면 사람은 죽음을 맞게 된다. 이제 중유(혹은 중음)가 끝나고 생유가 시작된다. 생유는 간단하게 생을 받아 모태에 안착하려 하는 찰나이다. 그 다음은 본유의 단계이다. 불교에서는 인간이 사망 후 어디로 갈 것인가를 결정짓는 요인은 바로 살아생전에 행한 업력에 있다고 본다. 그 업은 수중수생, 수습수생, 수의수생으로 구분한다. 불교의 생사관은 무시이래로부터 시작된 과거와 현재, 미래의 삼생생사로부터 해탈하고자 하여 개인의 수행을 통해 삼세인과와 육도윤회를 해탈하고 열반에 이르는 것을 구경의 목적으로 한다(출처: 천주교,불교, 힌두교, 유교의 사망관, 우림과 둠밈).

또 불교는 죽은 이의 명복(冥福, 죽은 뒤에 저승에서 받는 복)을 빌기위해 죽은 날로부터 7일마다 7회에 걸쳐 행하는 49재(齋)가 있다. 49재는칠칠재(七七齋)라고도 한다. 불교의 내세관에서 사람이 죽어 다음 생을받을 때까지의 49일 동안을 중음이라고 한다. 이 기간에 다음 생이 결정된다고 해서 이 재(齋, 상복 재)를 지낸다. 특히 염라대왕(염라왕 혹은 염마왕이라고 하며, 죽은 이의 생전의 행적에 따라 상벌을 준다는 저승의왕이다)의 심판을 받는 날이 죽은 지 49일째 되는 날이라고 해서 7회째의

재(齋, 명복을 비는 불공)를 장엄하게 행한다. 불교의 사망(죽음) 세계관은 기독교의 사망 세계관과 너무나도 다르다. 이것이 불교 사망(죽음) 세계관이다.

기독교 사망(죽음) 세계관

기독교(개신교)는 사람은 한 번 태어나면 육체적(개인적)으로 반드시 죽는다고 한다. 죽는 이유도 명확하게 밝힌다. 기본적으로 사망은 천명이 다하여 죽는 것이 아니라 죄(원죄) 때문이라고 한다. 이것을 사망(죽음)의 직접적인 원인이라고 한다. 그 외 각종 사건과 사고로 명대로 다 살지 못하고 죽는 것을 간접적인 사망 이유라고 한다. 불교에서는 이를 '외연사'라고 한다. 이 부분에서 기독교와 불교는 확연히 다르다. 기독교는 직접적인 죽음이든, 명진사든, 간접적인 죽음이든, 외연사든 다 죄(원죄) 때문에 사망(죽음)한다고 한다. 천명을 다해서 죽거나 외부의 인연에 의해 죽는 것이 아니라고 한다. 남녀노소를 불문한 모든 사람이 죄인(罪人)이기 때문에 육체적(개인적)인 사망(죽음)을 당한다.

신약성경책 로마서 6장 23절이다.

"죄의 삯(값)은 사망이요…"

신약성경책 로마서 3장 23절이다.

"모든 사람이 죄(원죄)를 범하였으매 하나님의 영광에 이르지 못하더니"

구약성경책 시편 51편 5절이다.

"내가 죄악 중에 출생하였음이여 모친(母親, 어머니)이 죄 중에 나를 잉태(임신)하였나이다"

기독교는 죽음에 대하여 육체(몸)에서 영혼이 떠나감을 죽음, 사망이라고 정의한다. 사람은 크게 두 가지로 구성되어 있다. 하나는 육체(肉體, 신체)이다. 이 육체는 태초에 하나님께서 흙으로 만드셨다(창세기 2장 7절). 또 하나는 영혼(靈魂)이다. 이 영혼도 하나님께서 만드셔서 육체에 불어넣으셨다(창세기 2장 7절). 사람 몸 안에 있는 영혼이 떠나가면 죽었다고 한다. 그것을 시체(屍體, 송장)라고 한다. 영혼이 떠난 육체(몸)는 물질이기에 시간이 지나면 썩어 버리고, 냄새가 나고, 불에 던지면 타 없어진다. 일부 유골만 남는다. 하지만 영혼은 물질이 아니기에 죽지도, 썩지도, 냄새도, 불에 타지도 않고 영원히 존재한다. 이런 기독교의 죽음 세계관과 달리 불교는 "죽음이란 '의식'이 육신을 떠나는 것"이라고 한다. 불교 사전을 보니 '의식'을 이렇게 정의하고 있다. 의식(意識)이란 '육식의 하나로, 의식 기능(意, 뜻, 생각)으로 의식 내용(法)을 식별·인식하는 마음 작용'이라고 한다. 이 또한 무슨 내용인지 잘 모르겠지만 불교와 기독교는 전혀 다르다.

그리고 불교는 죽음을 신사와 심사 두 가지로 나눈다. 신사(身死)는 '몸이 죽은 사람'이고, 심사(心死)는 '마음이 죽은 사람'이라고 한다. 기독교는 두 가지로 분리하지 않는다. 육체(신체)에서 영혼이 떠나가는 즉시 죽음이라고 한다. 신사니 심사라는 것이 없다. 게다가 영혼은 비물질이기에 죽을 수 없고 단지 육신을 떠나간 것뿐이다. 그리고 불교의 생사관은 보통 사람들과 성인들의 죽음을 다르게 보는데, 기독교는 동일하게 본다. 다름이나 차별이 없다. 그 이유는 모든 인간은 평등하고 동일한 죄인이기 때문에 죽는 시간대만 다르지 동일한 이유로 죽는다. 그리고 불교에서는 인간이 사망 후 어디로 갈 것인가를 결정짓는 요인으로 살아생전에 행한 업력(業力, 선행의 과보)에 있다고 한다. 그러나 기독교는 생전의 업(業)인 선행, 수행, 행위가 아니라 예수님을 믿는 믿음으로 사후처가 결정된다고 한다. 인류의 유일한 구원자 예수님을 믿으면 사후에 천국(하나님의 나라, 낙원)에 들어가서 영원히 행복하게 살고, 구원자이신 예수님을 믿지 않으면 사후에 고통의 장소인 지옥(地獄)불에 들어가서 밤과 낮으로 이루 말할 수 없는 고통만 받으며 영원히 산다고 한다. 아무튼 기독교가 주장하는 죽음에 대한 성경의 근거는 다음과 같다.

신약성경책 마태복음 27장 50절이다.
"예수께서 다시 크게 소리 지르시고 영혼(靈魂)이 떠나시다"

신약성경책 사도행전 16장 31절이다.
"가로되 주 예수를 믿으라 그리하면 너와 네 집이 구원을 얻으리라 하시고"

신약성경책 요한계시록 21장 8절이다.

"그러나 두려워하는 자들과 믿지 아니하는 자들과 흉악한 자들과 살인자들과 행음자들과 술객들(마술자들)과 우상 숭배자들과 모든 거짓말하는 자들은 불과 유황으로 타는 못(지옥 불)에 참예하리니 이것이 둘째 사망(지옥에서의 영벌)이라"

기독교 성경은 죽음을 두 가지로 말한다. 육체적 죽음(개인적 죽음)과 영원한 죽음이다. 한 번 태어나서 죄 때문에 누구나 죽는 죽음을 첫 번째 죽음인 육체적 죽음이라고 한다. 그리고 사후에 부활해서 하나님(예수님)으로부터 인류 최후의 심판을 받고 지옥 불에 들어가 영원히 고통을 겪고 살게 되는데 이것을 둘째 사망이라고 한다. 게다가 기독교는 윤회 사상, 열반 사상이 없을 뿐만 아니라 업(행위)에 따라 돌고 도는 환생하는 인생도 없다. 직선적 인생관과 역사관과 죽음관이다. 출생과 죽음에 따른 부활과 심판 후에 천국과 지옥에서의 영원한 삶이 전부이다. 천국과 지옥에서 윤회나 업이나 수행에 따라 다시 돌고 돌거나 들어갔다 나왔다 다른 생으로 환생하는 것 등이 없다. 직선적이고 아주 단순하다. 여기에 인간의 선행은 절대로 반영되지 않는다. 오직 예수님을 진실로 믿는 믿음뿐이다. 선행과 착함은 믿음 이후에 기독교인으로서 마땅히 추구해야 하는 삶일 뿐이다. 선행, 행위, 수행은 천국과 지옥에 들어가는 조건이 되지 못한다. 그래서 기독교(개신교)는 선행을 촉구하지 않고 구원자이신 예수님을 믿으라고 외치는 것이다. 천주교는 사망 후에 단번에 천국에 들어가지 못하는 가톨릭 신자 중 천국과 지옥 중간에 위치한 불로 연단하는 장소인 '연옥(煉獄)'에 들어가 있다가 나중에 천국에 들어간다고 가르치고 믿으나 개신교는 이를 부정한다. 왜냐하면 성경에 연옥 사상이 없기 때문이다. 이것이 기독교(개신교) 사망(죽음) 세계관이다.

제10장

불교와 기독교의 정의 세계관

정의(定義, 정할 정, 뜻 의)란 '말이나 사물의 뜻을 명백히 규정하는 것'을 뜻한다. 규정(規定, 법 규, 정할 정)이란 어떤 것의 내용, 성격, 의미 등을 밝히어 정함을 의미한다. 규칙으로 정하는 것을 규정이라고 한다. 불교와 기독교 사상은 방대하다. 따라서 간단명료하게 머리에 쏙 들어올 수 있도록 불교와 기독교를 압축해서 무어라 정의하는지에 대하여 살펴보자. 물론 불교와 기독교의 정의는 전혀 다르다. 불교는 불경(佛經)의 가르침과 불자 스스로가 수행(행위)을 통해서 무엇을 얻는 것이고, 기독교(개신교)는 오직 하나님 말씀(聖經)과 인류의 유일한 구세주인 예수님을 믿음으로 무엇을 얻는 것이다. 불교와 기독교는 정의(定義) 면에서도 전혀 다르다.

불교 정의 세계관

불교의 창시자인 붓다(Buddha, 부처, 석가모니)는 불교를 한마디로 정의하기를 '괴로움(苦)과 해탈(解脫)에 대한 가르침'이라고 한다. 붓다는 이것을 이렇게 표현했다. **"나는 단지 괴로움과 괴로움으로부터 해탈하는 것만을 가르친다."** 불교의 모든 교리와 실천 방법은 괴로움과 괴로움으로부터의 해탈에 목표가 맞추어져 있다. 괴로움의 직접적인 원인은 인간의 욕망(慾望) 때문으로 여기서 모든 괴로움이 발생한다고 한다. 이 욕망도 발생 원인이 있다고 한다. 그것은 '내(我)가 존재한다는 생각 때문'이라고 한다. 결국 내가 존재한다는 생각이 괴로움의 근본 원인이라는 것이다. 불교에서 '나'라는 존재는 몇 종류의 요소들이 임시로 모여 이루어진 실체(實體)가 없는 존재, 즉 '무아적(無我的)'이라고 한다. 무아(無我)란 불교에서 '자기 존재가 없는 것'을 가리킨다. 인간(존재)이 무아적이라는 것을 확실히 이해할 때 그 어디에도 더 이상 욕망을 일으킬 수 없게 된다고 한다. 욕망이 사라지면 괴로움 역시 사라진다는 것이다. 따라서 무아설(無我說)은 불교의 핵심 교리로서 불교를 가장 불교답게 한다고 한다.

불교에서 또 하나의 중요한 교리는 윤회설(輪回說)이다. 윤회설을 짧게 말하면 '중생(사람)은 자신이 저지른 행위에 따라 삼계(三界)와 육도(六道)를 돌고 돌면서 생사(生死)를 끊임없이 되풀이한다는 설'이다. 번뇌 때문에 괴로운 생존을 끝없이 되풀이 한다는 것이다. 인생은 시작과 끝이 없는 순환적 인생관이자 내세관이다. 기독교는 시작과 끝이 있는 직선적 인생관이자 내세관이다. 불교의 모든 교리는 윤회 사상 위에 세워져 있다. 불교의 모든 교리는 윤회를 인정하는 데서 그 존재 이유를 가지게 된다. 그 이유는 불교의 궁극적인 목적이 바로 윤회에서 벗어나 붓다가 살고 있으며 괴로움이 없고 즐거움만 있는 극락(극락정토)에 들어가는 것이기 때문이다. 그러기 위해서는 모든 번뇌의 속박에서 벗어나 자유자재한 경지에 이르는 깨달음, 열반(涅槃)의 상태, 속세의 모든 굴레에서 벗어난 상태의 해탈에 이르러야 한다. 그래야 삼계와 육도를 오가며 윤회하지 않는다. 불교는 깨달음 여부에 따라 윤회내생이 될 수도 있고, 윤회내생이 끝날 수도 있다. 열반(涅槃)이란 '탐욕과 노여움과 어리석음이 소멸된 심리 상태, 모든 번뇌의 불꽃이 꺼진 심리 상태, 번뇌를 소멸하여 깨달음의 지혜를 완성한 경지'를 의미한다. 불교는 석가모니나 승려의 죽음을 열반했다고 한다. 그러니까 불교는 괴로움에서 벗어나 해탈하여 열반의 경지에 이르러야 극락에 들어갈 수 있고 윤회내생에 포함되지 않는다는 것이다. 이를 위해서 끊임없이 수행한다. 부처님처럼 깨달음을 얻기 위해서 주야로 수행한다. 부처(붓다)란 '궁극적인 진리를 깨달은 사람'을 의미한다. 이것이 불교의 핵심적인 정의(定義) 세계관이다.

기독교 정의 세계관

기독교를 정의한다면 '모든 인간은 죄로 인하여 창조주 하나님과의 단절된 관계와 영벌을 받을 상태에서 인류의 유일한 구세주인 예수 그리스도를 믿음으로 다시 하나님과의 관계가 회복되고, 죄 용서함을 받아 구원을 얻고, 사후에 다시 부활하여 천국에서 영원히 여호와 하나님만을 경배하며 사는 종교'이다. 다시 말하면 '인류의 유일한 구세주(구원자, 메시야)를 믿음으로 죄 용서함을 받고, 이 땅에서뿐만 아니라 사후에 부활하여 천국(하나님의 나라, 낙원)에 들어가서 하나님만을 경배하며 영원히 행복하게 사는 것'을 말한다. 불교가 수행에 따른 깨달음을 통해서 극락정토에 들어가고 윤회에서 벗어나는 종교라면, 기독교는 하나님이신 구세주 예수 그리스도를 믿음으로 구원에 이르는 부활의 종교이다. 불교는 끝없는 수행의 행위로 해탈과 열반의 상태에 이르러 사후에 극락에 가는 것이지만, 기독교는 수행이나 선행의 행위가 아닌 오직 예수님을 믿음으로만 구원을 받고 사후에 다시 부활하여 천국에 입성한다. 기독교의 구속사(구원사)를 요약한다면, 창조와 타락과 구원이다. 직선적 인생관이고 내세관이다. 불교처럼 끝없이 반복되는 윤회나 순환의 인생관과 내세관이 없다. 사망하면 천국과 지옥이라는 두 곳 중 하나로 곧바로 들어가서 영원히 산다. 그곳에서 나오지 못한다. 깨달음이나 믿음 정도에 따라 돌고 도는 윤회가 없다. 기독교는 천지 만물이 스스로 존재한 것이 아니라 하나님께서 창조하셨다고 한다. 특히 사람을 흙(dust, 먼지)으로 창조하셨다고 한다.

구약성경책 창세기 1장 1절이다.

"태초(우주의 맨 처음)에 하나님께서 천지(天地)를 창조하시니라"

구약성경책 창세기 2장 7절이다.

"여호와 하나님이 흙(dust)으로 사람을 지으시고 생기(生氣)를 그 코에 불어넣으시니 사람이 생령(生靈, 생명)이 된지라"

구약성경책 창세기 2장 19절이다.

"여호와(스스로 있는 자) 하나님이 흙(dust)으로 각종 들짐승과 공중의 각종 새를 지으시고…"

그러나 최초의 사람 아담과 하와가 하나님께서 금하신 선악과(善惡果)를 따먹는 불순종으로 죄인이 되었고, 죄의 벌로 한 번 태어나면 누구나 반드시 죽는 벌을 받았다. 그래서 남녀노소, 빈부귀천, 지위고하를 막론하고 누구나 반드시 육체적으로 죽는다. 이것이 사망에 대한 직접적인 원인이다. 질병이나 사고나 노환으로 죽는 것은 간접적인 원인이다. 죽음과 온갖 질병과 인간의 고통과 번뇌가 인간의 욕망의 결과가 아닌 죄의 여파로 생긴 것이다. 죄인이 된 모든 인류는 사후에 다시 부활하여 인류 최후의 심판을 받고 모두 지옥 불에 들어가 영원히 고통 가운데 사는 신세로 전락했다.

구약성경책 창세기 2장 17절이다.

"선악(善惡)을 알게 하는 나무의 실과(선악과)는 먹지 말라 네가 먹는 날에는 정녕(반드시) 죽으리라(첫째 사망과 둘째 사망) 하시니라"

구약성경책 창세기 6장 5절이다.
"여호와께서 사람의 죄악이 세상에 관영함(가득함)과 그 마음의 생각의 모든 계획이 항상 악할 뿐임을 보시고"

구약성경책 예레미야 17장 9절이다.
"만물보다 거짓되고 심히 부패한 것은 마음(사람 마음)이라 누가 능히 이를 알리요마는"

신약성경책 로마서 3장 23절이다.
"모든 사람이 죄(원죄)를 범하였으매 하나님의 영광에 이르지 못하더니"

신약성경책 로마서 6장 23절이다.
"죄의 삯(값)은 사망이요 하나님의 은사(恩賜, 선물, 은혜)는 그리스도 예수 우리 주 안에 있는 영생(永生, 구원)이니라"

신약성경책 히브리서 9장 27절이다.
"한 번 죽는(육체적 죽음) 것은 사람에게 정하신 것이요 그 후(내세, 사후)에는 심판(인류 최후의 심판)이 있으리니"

하나님께서는 태초(太初, 천지가 처음 시작된 때)에 인간을 흙(dust)으로 창조하시되 자유의지를 부여하시고 죄가 없이 선하게 창조하셨다. 이것을 성선설(性善說)이라고 한다. 그런데 최초의 인간 아담과 하와가 자유의지를 남용하고 오용하여 하나님이 금하신 선악과를 따먹음으로 인하여 하나님의 말씀에 불순종함으로 죄를 지어 육체적, 영원한 죽음에 이르렀다. 본래 사람은 육체적으로 죽지 않게 창조되었다. 하지만 죄 때문에 모든 인류가 사형선고를 받았다. 이에 하나님께서는 전 인류가 아닌 하나님의 일부 택한 사람들을 죄에서 구원하여 천국으로 들여보내기 위해서 인간의 죄를 대신 갚을 자를 예비하셨다. 그분이 하나님이시자 육신의 몸을 입고 이 땅에 성탄하신 예수 그리스도이시다. 그래서 예수님을 인류의 유일한 구세주, 구원자라고 부른다. 이 구원자이신 예수님께서 십자가를 지셨다. 그리고 십자가 위에서 물과 피를 다 쏟으시고 죄인들을 대신하여 죽으셨다가 무덤에 계신 지 3일 만에 무덤에서 다시 살아나신 후 하늘로 승천하셨다. 이제 누구든지, 아무리 악한 자라 할지라도 인류의 죄를 대신하여 십자가에 달려 물과 피를 다 쏟으시고 죽으셨다가 3일 만에 다시 부활(復活, 죽었다가 다시 살아남)하신 예수님을 믿기만 하면 은혜(선물, 공짜)로 죄 용서함을 받고 언제 죽으나 천국에 들어가게 된다. 이것을 구원, 영생이라고 한다.

신약성경책 사도행전 16장 31절이다.
"가로되 주 예수(인류의 유일한 구원자)를 믿으라 그리하면 너와 네 집(가족)이 구원을 얻으리라 하고"

신약성경책 마태복음 25장 46절이다.

"저희(예수님을 믿지 않는 자들)는 영벌(지옥)에 의인들(예수님을 진실로 믿는 자들)은 영생(천국)에 들어가리라 하시니라"

구원에는 선한 행위나 수행이나 깨달음이 전혀 필요치 않다. 기독교(개신교)는 인간이 전적으로 부패하고 타락해서 스스로는 그 어떤 선행과 수행을 하더라도 죄에서 벗어나지 못한다고 한다. 불교식으로 말하면 기독교에서는 전적으로 부패하고 타락한 인간의 행위, 수행으로는 윤회를 끊고 극락에 들어가는 해탈에 이르지 못한다고 한다. 오직 예수님을 믿어야만 죄가 사함을 받고 의인(義人, 하나님의 자녀)이 된다. 그래서 구세주인 예수님을 믿기만 하면 천국에 들어간다. 이것이 기독교 경전인 성경이 말하는 창조와 타락과 구원의 구속사이다. 기독교는 복잡하지 않다. 구체적이고 쉽다. 단지 믿고 안 믿고, 믿어지고 안 믿어지고만 있을 뿐 교리나 사상이 아리송하여 머리가 아플 정도로 복잡하거나 철학적이지 않다. 기독교는 부활의 종교이자 내세의 종교이다. 또한 장소적인 천국과 지옥이 확실히 존재함을 주장하는 종교이다. 한마디로 이 땅에서나 사후에 천국에서 오직 스스로 계신 여호와 하나님만을 경배하며 하나님 안에서 기쁨과 행복만 누리며 영원히 사는 종교이다. 이런 것이 믿어지는 자가 복이 있다. 안 믿어지면 어쩔 수 없다. 언제나 참, 진짜는 하나이다. 이런 것에 비추어 볼 때 누군가는 바르게 믿고 누군가는 그릇되게 믿고 있는 것이다. 시험에서 각자 정답이라고 쓰지만 채점을 해 보면 정답은 항상 하나이다. 그럼에도 불구하고 시험을 보는 자들은 나름 확신을 갖고 답을 쓴다. 그러나 결과는 자신의 생각과는 많이 다르게 나온다. 누

구나 경험하는 것이다. 종교나 신앙도 동일하다. 진짜는 하나이다. 사람
이란 믿어지는 대로 사는 수밖에 없다. 이것이 불교의 정의와 기독교의
정의(定義) 세계관이다.

제11장

윤회설 세계관

윤회(輪廻, 바퀴 륜, 돌 회)의 일반 사전적 의미는 '바퀴처럼 끝없이 돎'을 뜻한다. 이것을 불교에서는 '윤회생사(輪廻生死)'라고 하고, '윤회 사상(輪廻思想)'이라고도 한다. 중생(사람)은 끊임없이 삼계육도(三界六 道)를 돌고 돌며 생사(生死)를 거듭(반복)한다는 사상이다. 삼계(三界)란 '과거, 현재, 미래의 세 세계'를 말하고, 육도(六道)란 '중생이 생각에 따라 머물게 되는 여섯 개의 상태나 세계'를 뜻한다. 불교 사전의 윤회 의미는 ① 함께 흘러감. ② 바퀴가 돌고 돌아 끝이 없듯이 중생(사람)은 자신이 저지른 행위(업)에 따라 삼계(三界)와 육도(六道)를 돌고 돌면서 생사(生 死)를 끊임없이 되풀이한다는 견해. ③ 번뇌 때문에 괴로운 생존을 끝없 이 되풀이함. 이러한 불교 사상과 주장을 윤회설(輪回說)이라고 한다. 불 교는 윤회, 순환적 인생관이다. 기독교에는 윤회 사상이나 윤회설이 없 다. 그 이유는 기독교는 직선적 인생관과 내세관이기 때문이다. 기독교 에는 돌고 도는 인생이 없다. 마치 100m 달리기나 마라톤 시합이 시작

(창조, 탄생, 출생)과 끝(죽음, 종말, 심판, 내세, 천국과 지옥)으로 경기가 끝나는 것처럼, 인생의 출발과 죽음과 부활과 심판과 사후세계의 단회적 직선 인생으로 끝난다. 불교처럼 그 이상 다른 윤회(輪廻), 재생(再生)은 없다. 윤회설에 있어서 불교와 기독교는 전혀 다르다.

불교 윤회설 세계관

불교에는 두 기둥과 같은 중요한 교리가 있는데 하나가 무아설(無我說)이고 또 다른 하나가 윤회설(輪廻說)이다. 따라서 윤회설을 모르거나 이해하지 않고는 불교를 이해할 수 없고 불자라고 할 수 없다. 윤회(인도 산스크리트어 samsara)는 일반적으로 재생(再生, 죽게 되었다가 다시 살아남), 재화신(再化身, 다시 몸으로 되는 것), 전생(轉生, 다른 것으로 다시 태어남)으로 번역한다. 윤회설에 의하면, 현재 생(生)은 수없는 생(生) 가운데 하나의 생(生)이다. 다시 말하면 윤회(輪廻)란 '한 인간(사람)이 죽은 후 그가 전생(前生, 이 세상에 태어나기 이전 생애)에 행한 행위(업)에 따라 결정된 새로운 모습으로 지상(地上, 땅 위)에 다시 오는 것'이다. 『바가바드 기따』는 이것을 이렇게 설명한다. "태어난 자는 틀림없이 죽는다. 그리고 죽는 자는 틀림없이 다시 태어난다", "다시 몸을 받은 영혼은 낡은 육체를 버리고 새 육체로 바꾸어 입는다. 마치 사람이 낡은 옷을 버리고 새 옷으로 바꾸어 입는 것처럼" 말이다.

윤회설은 재생(再生) 사상과 까르만(業) 사상과 해탈(解脫) 사상과 아뜨만(我) 사상과 브라흐만(梵, 범, 중의 글) 사상의 요소로 이루어져 있다. 재생이란 죽었다가 다시 태어나는 것을 말한다. 그래야 윤회가 성립한다. 죽었다가 다시 살아나지 않으면 윤회가 중단되기에 재생은 반드시 있어야 하는 윤회의 한 요소이다. 물론 이러한 재생 사상은 기독교의 부활(復活, 다시 살아남)과는 전혀 다른 개념이다. 까르만 사상은 업(業) 사상으로 선악 행위에 따라 환생이 달라지는 윤회이다. 자기가 행동하고 자기가 그 결과를 받는 것이다. 윤회는 모든 사람이 다 다르게 나타난다. 업(業, 선악 행위)에 따라 다양하게 환생, 윤회한다. 이에 까르만(업)은 윤회를 하게 하는 동력이다. 따라서 윤회설에 있어서 까르만(업) 사상도 빠질 수 없는 요소이다. 그리고 해탈 사상이다. 해탈(解脫)이란 번뇌로부터 벗어나는 것, 윤회의 굴레로부터의 해방, 윤회에서 벗어나는 궁극적인 경지인데 해탈하지 않은 사람은 계속 윤회를 한다. 해탈해서 열반에 들어가는 중생(사람)은 윤회에서 벗어나 부처님처럼 극락정토(극락)에 들어가서 살게 된다. 따라서 해탈하지 못한 중생은 계속 윤회를 해야 하기에 중요한 윤회의 요소이다. 윤회의 원리는 이렇다. 영혼은 다른 생(生)에서 정해진 기간이 지나면 (아직)남아 있는 까르만(業, 선악 행위)을 가지고 이 지상이나 다른 곳에 가게 된다. 이 남아 있는 까르만(업)이 새로운 생(生), 즉 윤회, 재생을 결정짓는다. 다시 태어날 세계, 종족, 사회적인 계급, 성(性), 모습 등은 모두 이 까르만(업)에 의해 결정된다.

한마디로 행위(선악 행위)에 따라 윤회의 모습, 상태가 달라진다는 말이다. 기독교를 제외한 모든 종교가 사람의 행위에 따라 구원, 내세, 윤회가 결정된다. 오직 기독교(개신교)만 예수님에 대한 참 믿음 여부로 내세가 결정된다고 한다. 아무튼 까르만(업)이 남김없이 소멸되면 윤회는 끝나게 되는데 이것을 해탈(解脫, 굴레나 얽매임에서 벗어남)이라고 한다. 해탈하여 열반(부처나 스님의 죽음)에 들어가면 다시는 윤회를 하지 않게 된다. 해탈한 자들은 극락에 들어가기 때문이다. 극락에 들어가지 못할 정도로 업(業, 선악 행위)이 남아 있는 자들만 계속 윤회를 하게 된다. 그런즉 불자들이 윤회에서 벗어나기 위해서는 아주 착하게 살아야 하고 모든 욕망을 끊는 해탈의 경지에 이르러야 한다. 거짓과 불법과 모든 사욕을 다 끊어야만 가능하다. 기독교에서는 이런 해탈은 불가능하다고 말한다. 인간은 죄인이라 완전히 선행(업)을 이룰 수 없기 때문이다. 단지 상대적인 선만 행할 뿐이다. 그리고 아뜨만(我, 나)이다. 아뜨만(我)은 윤회의 주체로 생(生)의 '호흡', 즉 '바람(風)'을 가리킨다. 이 바람은 신들의 호흡과 같은 바람이다. 아뜨만(我)이 없으면 윤회는 할 수 없다. 그리고 브라흐만(초월적인 존재)은 아뜨만(我)이 궁극적으로 도달해야 할 목표이다. 불교의 윤회설은 이것저것을 떠나 한 가지 지적하지 않을 수 없다. 그것은 '콩 심은 데 콩 나고, 팥 심은 데 팥 난다'는 변할 수 없는 본질을 무시한다. 이는 마치 유인원이 인간이 되었다는 진화론 사상과 유사하다. 이 세상의 모든 물질의 본질은 변할 수 없다. 사람이 가축으로 윤회하고, 가축이 다시 사람으로 윤회한다는 사상은 상식, 본질, 자연법칙과 기본 원리 등에서 벗어난다. 콩 심은 데는 무슨 일이 있어도 콩이 나야 하고, 팥 심은 곳에서는 무슨 일이 있어도 팥이 나야 정상이고 합당하다. 사람은 사람으로 윤회하고, 짐승은 짐승으로 윤회해야 사실 여부를 떠나 최소한 상식에 맞다. 기독교는 사람이 사후에 다시 부활(다시 살아남)하는 때가 오는데 사람이 아닌 다른 이상한 생물, 동물로 다시 살아나는 것이 아니라 다시 사람으로 부활한다고 한다. 행위(업)와는 전혀 상관이 없다. 아무튼 지금까지 기술한 것이 불교 윤회설 세계관이다.

기독교 윤회설 세계관

기독교에는 사람이 생사를 반복하는 윤회설, 윤회 사상, 윤회생사 등 순환적인 인생관과 내세관이 없다. 기독교는 직선적 인생관과 내세관만 있을 뿐이다. 업(행위)에 따라 돌고 도는 인생이 없다. 스스로 존재하시는 전지전능하신 하나님에 의하여 흙(dust)으로 창조된 사람이 한 번 태어나면 80~90년 동안 살면서 혹은 그 이전이라도 생로병사(生老病死)를 겪다 별세(사망)한다. 사람이 죽으면 일단 즉시 천국과 지옥으로 들어가는데 그곳에서 인류의 마지막 심판을 기다린다. 지구상에서 예수님에 대한 복음(구원의 복된 소식)이 모든 민족에게 전파되면 십자가에 달려 못 박혀 죽으셨다가 무덤에서 3일 만에 다시 부활하여 하늘로 승천하신 예수님께서 천사들과 함께 나팔을 불며 공중으로 재림(再臨, 다시 오심)해 오신다. 그때가 세상 끝, 지구 종말이다. 그때 이미 죽어 천국과 지옥에서 인류 최후의 심판을 기다리고 있던 자들과 예수님께서 공중으로 재림해 오실 당시 지구상에 살고 있던 자들이 하나님의 초자연적인 능력으로 갑자기 변화된 육체와 영혼이 결합하여 새로운 모습으로 공중으로 올라간다. 이것을 휴거라고 한다. 그리하여 인류의 재판장이신 예수님으로부터 인류 최후의 심판을 받고 천국과 지옥으로 들어가 그곳에서 영원히 살게 된다. 이것으로 끝난다. 천국에서 나왔다가 들어갔다 하거나 지옥에서 나왔다가 들어갔다 하지 못한다. 천주교에서는 '연옥 교리'가 있어 사후에 죽어 천국에 들어가지 못하고 연옥에 들어간 자들의 친인척이 지상에서 선행을 하면 그에 따라 천국에 들어간다고 하지만 성경에 그런 말씀은 없다. 그래서 기독교(개신교)는 연옥을 믿지 않고 가르치지 않는다. 기독교는 불교의 윤회설(輪廻說)처럼 돌고 도는 것이 없다. 이것이 기독교에서 말하는 인생관과 내세관이다.

신약성경책 요한계시록 21장 8절이다.
"그러나 두려워하는 자들과 믿지 아니하는 자들과 흉악한 자들과 살인자들과 행음자들(간음자들)과 술객들(마술사들)과 우상 숭배자들과 모든 거짓말하는 자들은 불과 유황으로 타는 못(지옥 불)에 참예하리니 이것이 둘째 사망(지옥 삶)이라"

신약성경책 마태복음 25장 46절이다.
"저희(예수님을 믿지 않은 자들)는 영벌(지옥 불=둘째 사망)에 의인들(예수님을 진실로 믿은 자들)은 영생(천국, 하나님 나라, 낙원)에 들어가리라 하시니라"

신약성경책 요한계시록 20장 10절이다.
"또 저희를 미혹하는(속이는) 마귀(사단)가 불과 유황 못(지옥 불)에

던지우니 거기는 그 짐승(마귀의 하수인 정부 권력자들)과 거짓 선
지자들(이단들, 사이비 종교 지도자들)도 있어 세세토록(영원토록)
밤낮 괴로움을 받으리라"

불타는 지옥(地獄, Hell)에 들어간 자들은 지옥에서 밤낮으로 고통
만 당하며 영원히 살게 된다. 지옥에서는 불에 타지도 않고, 자살도 허용
되지 않고, 어떠한 경우에도 지옥에서 나오지 못한다. 지옥에서 회개하
고 반성해도 소용없다. 구원과 회개의 기회는 지나갔기 때문이다. 버스
나 기차나 비행기가 떠난 것처럼 말이다. 천국(天國, 낙원, 하나님 나라)
에 들어간 자들은 밤낮으로 평강과 기쁨 가운데 영원히 산다. 천국에는
괴로움과 질병과 사망이 없다. 오직 기쁨뿐이고 여호와 하나님만을 경배
하며 영원히 산다. 천국에 들어간 자들은 또 다른 곳으로 재생(再生, 죽
게 되었다가 다시 살아남)하거나 나갔다 들어갔다 하지 못한다. 기독교
사상은 사람이 출생하여 살다가 죽으면 세상 종말에 부활 후 최후 심판
을 받고 지옥 아니면 천국으로 들어가서 영원히 산다. 기독교 인생은 직
선이다. 직선적 역사관, 직선적 구속사, 직선적 인생관, 직선적 내세관이
다. 다람쥐 쳇바퀴처럼 업(행위)에 따라 끝없이 돌고 도는 윤회, 순환이
없다.

이런 면에서 불교와 기독교는 사후의 삶(내세)에 대하여 전혀 다르다.
직선적 인생관이 말해 주는 것은 이 땅에 살아 있는 동안만 구원을 받을
수 있는, 천국에 들어갈 수 있는 유일한 시간이자 기회라는 것이다. 이때
를 놓치면 영원한 고통과 죽음뿐이다. 그래서 기독교(개신교)인들은 우

리의 주인이신 '예수님을 믿으라'고 전도하는 것이다. 지구상에 살아 있을 때 인류의 유일한 구원자이신 예수님을 믿어야 둘째 사망, 즉 지옥 불에 들어가지 않고 천국에 들어갈 수 있기 때문이다. 불교의 윤회사상은 업(행위)과 깨달음 여부에 따라, 해탈 여부에 따라 내세가 결정된다. 그러나 기독교는 오직 예수님에 대한 '믿음' 여부로만 사후세계인 천국과 지옥이 결정된다. 선행(업)과 수행 여부로 내세가 결정되지 않는다. 이것이 불교와 기독교(개신교)의 큰 차이점이다. 이런 기독교(개신교) 교리가 믿어지면 구원을 받지만 믿지 않으면 구원을 받지 못한다. 기독교 사상이 믿어지지 않으면 그대로 살거나 다른 사상을 믿고 살다가 죽어서 알게 될 것이다. 진리(참, 정답, 진짜)는 오직 하나이기 때문이다. 누군가는 속고 있는 것이다. 이것이 기독교 윤회설 세계관이다.

제12장

무아설 세계관

무아(無我, 없을 무, 나 아)란 '자기(我)가 없음(無)'을 뜻한다. 불교에서 '무아'란 '나라는 존재는 없음'을 이르는 말이다. 이런 주장을 하는 것을 무아설(無我說)이라고 한다. 무아설은 불교에만 있고 기독교에는 없다. 기독교에서는 태초에 하나님께서 흙(dust)으로 창조하신 '나'라는 인격적인 존재, 자유의지가 주어진 존재가 있음을 말한다.

불교 무아설 세계관

무아설(無我說)은 불교의 핵심 교리로서 불교를 가장 불교답게 하는 것이라고 한다. 또한 무아설은 불교를 다른 종교와 구별 짓게 하는 가장 특징적인 교리이다. 무아설은 불교의 두 기둥인 윤회설과 쌍벽이라고 한다. 불교의 무아설은 괴로움과 직접 연결되어 있다. 불교 경전에 의하면 괴로움의 원인에는 여러 가지가 있다고 한다. 괴로움의 가장 직접적인 원인을 욕망(慾望, 욕심이 채워지기를 바라는 것) 때문이라고 한다. 다시 말하면 욕망 때문에 모든 괴로움이 발생한다는 것이다. 이런 욕망 역시 발생 원인이 있다고 한다. 아리송한 주장이지만 '내가 존재한다는 생각'으로, 이것이 괴로움의 근본 원인이라고 한다. 그래서 불교는 '나(我)'란 무엇인가'라는 문제를 규명할 필요가 있게 되었다고 한다. 그래서 '나'를 알아본 결과 '나'라는 것은 고정불변의 어떤 것이 아니라 몇 종류의 요소들이 임시로 모여 이루어진 실체(實體, 실제의 물체)가 없는 존재, 즉 '무아적(無我的)인 것'이었다고 한다. 우리 존재가 무아적이라는 것을 확실히 이해할 때 그 어디에도 더 이상 욕망을 일으킬 수 없게 된다는 것이다. 쉽게 납득이 되지 않지만 욕망이 사라지면 괴로움도 사라진다는 것이다. 불교에서는 일반적으로 인간 존재를 가리킬 때 오온(五蘊, 다섯 오, 쌓을 온, 물질과 정신을 다섯 가지로 나눈 것)이라고 한다. 온(蘊)은 '모임(集合)'이라는 의미이다. 오온은 '다섯 (요소의) 모임'이다. 색(色, 감각적이고 물질적인 것)이라는 육체적인 하나의 요소와 수(受, 받을 수, 느껴서 그 인상을 받아들이는 감수 작용), 상(想, 생각할 상, 심상을 구성하는 표상 작용), 행(行, 다닐 행, 잠재력으로서 능동적인 마음의 형성 작용), 식(識, 알 식, 대상을 각각 구별해서 인식하고 판단하는 작용)이라는 다섯 가지 정신적인 요소의 모임이라고 한다. 오온은 인간 존재의 다른 이름이라고 한다. 이와 같은 다섯 요소(五蘊)가 모여 인간의 육체와 정신을 형성하면서 '나(我)'라고 불린다는 것이다. 내(我)가 존재한다고 본다면 그것은 이 다섯 요소(五蘊)에서 '나'를 보는 것이라고 한다. 무슨 말인지 모르겠지만 이것이 '나'라는 인간 존재라고 한다. 불교에서 인간 존재를 구성하고 있는 이들 요소들은 모두 실체(實體, 실제의 물체)가 없다는 것이다. 이것을 달리 표현하면 오온(五蘊, 다섯 가지 요소)으로 구성된 존재는 실제적인 '나(我, 나 아)'가 아닌 존재, 즉 비아(非我, 내가 아님)이고 역시 그와 같은 존재에 대한 실제적인 나(我, 나 아)가 없다는 것이다. 한마디로 무아(無我, 내가 없음)이다. 이것이 바로 불교의 무아설(無我說)이다.

기독교에서는 괴로움의 원인을 욕망 때문이라고 말하지 않는다. 괴로움의 원인을 죄(罪, 원죄)로 인하여 전적으로 타락한 인간 본성(本性, 타고난 천성) 때문이라고 한다. 이 괴로움은 어떤 수행과 업(業)을 통해서도 죽기 전까지 완전히 벗어나지 못한다. 괴로움은 모든 인간이 하나님께 지은 죄(불순종)의 벌로 받는 것이기에 일생동안 괴로움을 달게 받고 잘 견디는 것 밖에 없다고 한다. 욕망은 타락한 인간 본성에서 발생하는 여러 가지 사욕 중의 하나일 뿐이라고 한다. 불교 사전에 의하면 무아(無我)를 이렇게 정의하고 있다. ① 불변하는 실체가 없음. 고유한 실체가 없음. 독자적으로 존속하는 실체가 없음. ② 모든 분별이 끊어진 상태. 번뇌와 분별이 소멸된 상태. ③ 에고의 소멸. '나', '내 것'이라는 생각의 소멸. '내가 있다'는 관념의 소멸이라고 한다. 매우 복잡하고 철학적이기에 쉽게 이해가 되지 않는다. 이것이 불교 무아설 세계관이다.

기독교 무아설 세계관

　기독교에는 무아설(無我說)이 없다. 무아설을 인정하지 않는다. 무아설은 기독교 성경 사상에 반하기 때문이다. 기독교에서 '나(我)'라는 인간, 사람의 존재는 단순 명쾌하게 설명한다. 어렵거나 복잡하지 않다. 철학적이지도 않다. 누구나 쉽게 이해할 수 있는 '나'이다. '나'를 다르게 말하면 '나'라는 인격적인 사람(인간, 존재)이다. 기독교 경전인 성경은 '나(我)'는 '무에서 유로 창조된 존재'이다. '나'는 스스로 존재하게 된 것이 아니라 전지전능하신 하나님께서 흙으로 창조하셨다. 눈으로 볼 수 없는 비가시적인(非可視的) 영혼(靈魂)과 눈으로 볼 수 있는 가시적(可視的)인 육체(肉體, 신체) 두 요소로 구성되었다. 영혼(靈魂)에는 이성, 양심, 인격, 자유의지가 들어 있다. 육체(肉體)에는 단지 살과 뼈가 있다. 육체는 물질이기에 몸에서 영혼이 떠나가면 생명이 없는 시체(屍體, 죽은 몸)가 되어 시간이 지나면 다 썩어 없어진다. 과거에는 대부분 땅을 파고 묻는 매장(토장)을 했다. 사람의 시체(죽은 육체)는 땅에 묻으면 흙으로 만들었기에 3년 정도 지나면 흙으로 동화된다. 육체(시체)는 물질이기에 화장(火葬, 불사름)을 하면 불에 타기도 한다. 그러나 영혼은 물질이 아니기에 영원히 죽지도, 썩지도, 불에 타지도, 어디로 사라지지도 않는다.

　그리고 '나'라는 존재는 어머니 태중에서부터 죄인(罪人)으로 임신되어 출생하여 일생을 살다가 죄의 벌로 반드시 죽는다. 죽는 즉시 인류의 유일한 구원자이신 예수님을 믿느냐 믿지 않느냐에 따라 천국 아니면 지옥으로 들어간다. 그곳에서 인류 최후의 심판을 기다린다. 확정 판결이 나지 않은 상태의 이 세상의 구치소 개념인 미결수(未決囚)로 두 곳 중 한 곳에 세상 종말 때까지 대기하고 있다가 세상 종말(세상 끝날, 예수님께서 공중으로 재림해 오실 때)에 다시 부활(復活, 살아남)하여 공중으로 올라가 예수님에 대한 신앙 여부에 따라 하나님의 심판(확정 판결)을 받는다. 최종 심판이 끝나면 기결수(旣決囚)가 되어 교도소 개념인 지옥(地獄)에 들어가서 영원히 고통 가운데 살거나, 아니면 천국에 들어갈 의인(하나님의 자녀)으로 확정 판결을 받아 천국에 들어가서 영원히 행복하게 사는 존재이다. 그것이 '나'라는 인간, 사람의 현세와 내세의 존재와 실상이다. 이런 '나'(사람)에 대하여 성경은 다음과 같이 구체적으로 기술하고 있다.

① '나(我, 인간)'는 하나님에 의해 흙(dust)으로 창조되었다.
　 (인간의 근원과 출발)

구약성경책 창세기 2장 7절이다.
"여호와 하나님이 흙으로 사람을 지으시고 생기(生氣, 영혼)를 그 코에 불어넣으시니 사람이 생령(生靈, 살아 있는 생명체)이 된지라"

구약성경책 창세기 1장 27절이다.
"하나님이 자기 형상(모양이 아닌 일반 성품) 곧 하나님의 형상대로 사람을 창조하시되 남자와 여자를 창조하시고"

구약성경책 창세기 2장 18절이다.

"여호와 하나님이 가라사대 사람의 독처(alone)하는 것이 좋지 못하니 내가 그(최초의 인간 아담)를 위하여 돕는 배필(최초의 여자 하와, helper)을 지으리라 하시니라"

하나님께서는 흙(dust)으로 남자(아담)를 먼저 창조하시고 그 다음으로 남자의 갈빗대를 가지고 여자(하와)를 창조하셨다. 인간은 흙으로 창조되었기 때문에 죽으면 썩어 흙으로 돌아간다. 동물들도 흙으로 창조되었다. 여자(아내)는 남자(남편)를 돕는 배필로 창조하셨다. 이는 결혼한 부부 사이의 남녀의 질서와 역할을 말한 것이지 남존여비나 우열을 말하는 차별이 아니다. 성경은 남녀 모두를 권리와 인격적으로 동등하게 존중한다.

② '나(我, 인간)'는 생육하고 번성하도록, 하나님을 위해서 살도록 창조하셨다. (인간을 창조하신 목적, 인간의 존재 이유)

구약성경책 창세기 1장 28절이다.

"하나님이 그들에게(최초의 인간 아담과 하와) 복을 주시며 그들에게 이르시되 생육(生育)하고 번성하여 땅에 충만하라…"

신약성경책 골로새서 1장 16절이다.

"만물이 그(하나님)에게 창조되되…그(하나님)를 위하여 창조되었고"

신약성경책 고린도전서 10장 31절이다.

"그런즉 너희가 먹든지 마시든지 무엇을 하든지 다 하나님의 영광을 위하여 하라"

사람을 비롯해서 천지 만물이 왜 창조되었는가? 성경은 하나님을 위해서 인간이 창조되었다고 한다. 만물의 주인이신 하나님께서는 인간을 위해서 사람을 창조한 것이 아니라 하나님을 위하여 창조하셨다. 이것이 인간이 무엇을 하든지 존재하는 목적이다. 이는 토기장이가 자신을 위해서 토기를 만드는 것과 같고, 사람이 가축과 각종 생활도구를 사는 것이 주인을 위한 것과 같다. 사람도 주인이신 하나님을 위해서 창조되었고 존재한다.

③ '나(我, 인간)'는 하나님께 범죄한 죄인이다.
(인간의 실상, 자화상)

구약성경책 창세기 3장 6절이다.

"여자(하와/아내)가 그 나무(하나님이 금하신 선악과)를 본즉 먹음직도 하고 보암직도 하고 지혜롭게 할 만큼 탐스럽기도 한 나무인지라 여자(하와)가 그 실과(선악과)를 따먹고 자기와 함께한 남편(아담)에게도 주매 그도 먹은지라"

신약성경책 로마서 3장 23절이다.

"모든 사람이 죄(원죄)를 범하였으매 하나님의 영광에 이르지 못하더니"

신약성경책 로마서 3장 10절이다.
"의인(義人, 죄가 없다 하는 자)은 없나니 하나도 없으며…"

구약성경책 시편 53편 2~3절이다.
"2)하나님이 하늘에서 인생을 굽어 살피사 지각(知覺, 알아서 깨달음)이 있는 자와 하나님을 찾는 자가 있는가 보려 하신즉 3)각기 물러가 함께 더러운 자가 되고 선을 행하는 자 없으니 하나도 없도다"

하나님에 의해 흙으로 창조된 인간은 하나님 말씀대로 살다가 어느 시점에서 불순종을 하고 만다. 최초의 사람이자 인간의 대표자인 아담과 하와는 에덴동산에서 하나님께서 금하신 선악과를 따먹었다. 이는 하나님께 죄를 범한 것이며 이 죄로 인하여 모든 인간은 반드시 사망하는 벌을 받았다. 그 결과 인류의 대표자 원리에 따라 아담의 모든 후손인 인류는 아담의 죄가 전가되어 죄인이 되었다. 하나님과의 관계가 단절되었다. 의로운 인간이 하나도 없게 되었다. 이것을 원죄(본죄)라고 한다. 그래서 모든 사람이 죄인이라고 하는 것이다.

④ '나(我, 인간)'는 하나님께 범죄한 결과로 반드시 죽게 되었다.
(인간의 필연적 운명)

구약성경책 창세기 2장 17절이다.

"선악을 알게 하는 나무의 실과(선악과)를 먹지 말라 네가(아담) 먹는 날에는 정녕(반드시) 죽으리라(사망) 하시니라"

신약성경책 로마서 6장 23절이다.
"죄의 삯(값)은 사망이요…"

누구든지 한 번 태어난 사람은 최초의 인간 아담의 죄가 전가되어 죄의 벌로 반드시 육체적으로 죽는다. 대표자 원리에 따라 아담의 후손들이 동일하게 죄인이 된 것이다. 사람이 죽는 근본적이고 직접적인 이유가 바로 최초의 인간이자 인류의 대표자인 아담과 하와가 하나님이 금하신 선악과를 따먹는 불순종의 죄(원죄)를 범했기 때문이다. 질병과 교통사고와 자연사 등으로 죽는 것은 간접적인 이유이다. 그러나 육체적 죽음으로 끝나지 않는다. 사후에 부활과 내세가 기다린다. 그래서 고민해야 한다.

⑤ '나(我, 인간)'는 육체적 죽음이 끝이 아니라 나중에 반드시 부활한다. (인간의 죽음 이후)

신약성경책 고린도전서 15장 51~52절이다.
"51)보라 내가(사도 바울) 너희에게(고린도교회 성도들) 비밀을 말하노니 우리가 다 잠잘(죽어 있을 것) 것이 아니요 마지막 나팔(예수님이 공중으로 재림하실 때 천사들 나팔 소리)에 순식간에 홀연히 다 변화하리니 52)나팔 소리가 나매 죽은 자들이 썩지 아니할 것으로 다시 살고(부활) 우리도 변화하리라"

신약성경책 고린도전서 15장 13~14절이다.
"13)만일 죽은 자의 부활(復活, 다시 살아남)이 없으면 그리스도(예
수님)도 다시 살지 못하셨으리라 14)그리스도께서 만일 다시 살지
못하셨으면 우리의 전파하는 것도 헛것이요 또 너희 믿음도 헛것이
며"

성경은 죽은 자를 가리켜서 '잠잔다'라고 말한다. 이는 다시 사는 부활
을 염두에 둔 표현이다. 세상 종말, 즉 인류 최후의 심판을 위해서 예수님
께서 천사들과 함께 공중으로 재림해 오실 때 과거에 죽은 자들과 당시
산 자들이 갑자기 육체를 떠난 영혼과 과거에 썩어 없어진 육체가 하나
님의 초자연적인 권능으로 변화 결합하여 살아나서 공중으로 들림을 받
아 전 인류의 재판장이신 예수님 앞에 서게 된다. 아마 수백억 명 이상이
예수님 앞에 서게 될 것이다. 예수님으로부터 재판을 받기 위해서 불신
자들과 기독교인 모두가 부활한다. 이는 신비이자 하나님의 초자연적인
능력으로 이루어지는 현상이다. 물론 어떤 사람들은 쉽게 믿어지지 않을
것이다. 소설이라고 할 것이다. 이 모든 일들은 전지전능하신 하나님께
서 행하시기 때문에 아무런 문제가 없다. 불가능이 없다. 그런즉 인간적
인 계산과 논리와 이해가 필요치 않다. 모든 인간(망자+산 자)은 세상 종
말에 다 새롭게 부활한다.

⑥ '나(我, 인간)'는 부활하여 하나님의 최후 심판을 받는다.
   (사후 인간의 심판)

구약성경책 전도서 12장 14절이다.
"하나님은 모든 행위와 모든 은밀한 일을 선악 간에 심판(인류 최후의 심판)하시리라"

신약성경책 히브리서 9장 27절이다.
"한 번 죽는 것은 사람에게 정하신 것이요 그 후에는 심판(인류 최후의 심판)이 있으리니"

신약성경책 고린도후서 5장 10절이다.
"이는 우리가 다 반드시 그리스도(예수님)의 심판대 앞에 드러나 각각 선악 간에 그 몸으로 행한 것을 따라 받으려 함이라"

신약성경책 요한계시록 2장 23절이다.
"또 내가(하나님이신 예수님) 사망으로 그의 자녀를 죽이리니 모든 교회가 나는 사람의 뜻과 마음을 살피는 자인 줄 알찌라 내가(인류의 재판장이신 예수님) 너희 각 사람의 행위대로 갚아 주리라"

과거 수백 수천 년 전에 죽었던 기독교인과 비기독교인은 세상 종말에 다시 부활하여 하나님의 심판을 받는다. 단순히 사람의 이성으로는 이해가 되지 않는 신비이다. 신자나 불신자를 막론하고 요람에서 무덤

(죽음)까지의 전 삶에 대하여 하나님으로부터 선악 간에 완벽한 심판을 받게 된다. 윤리적, 도덕적, 신앙적인 모든 부분에 대하여 무서운 심판을 받게 된다. 이 세상에서는 온갖 나쁜 짓을 하고도 권력과 힘과 돈과 인맥과 거짓말을 동원하여 용케도 벌을 받지 않는 자들이 많을 것이다. 그러나 인류의 마지막 심판은 그 어느 누구도 피하지 못하고 전혀 억울할 것이 없는 100% 완벽한 심판과 처벌을 받게 될 것이다.

⑦ '나(我, 인간)'는 인류 최후의 심판이 끝나면 천국 아니면 지옥으로 들어가 영원히 살게 된다. (심판 이후 인간의 영원한 삶)

신약성경책 마태복음 25장 46절이다.
"저희(악한 자들과 불신자들)는 영벌(지옥 불)에 의인들(참 기독교인들)은 영생(천국)에 들어가리라 하시니라"

신약성경책 고린도후서 5장 1절이다.
"만일 땅에 있는 우리의 장막 집(사람의 육체)이 무너지면(죽으면) 하나님께서 지으신 집 곧 손으로 지은 것이 아니요 하늘에 있는 영원한 집(천국)이 우리에게 있는 줄 아나니"

모든 사람에 대한 완벽한 심판이 끝나면 각자 천국과 지옥 두 곳 중 한 곳으로 들어가서 영원히 살게 된다. 부활한 인간은 모두 영원히 살게 된다. 더 이상 죽음이 없다. 인류의 유일한 구세주인 예수님을 믿지 않은 자들은 상대적 선행을 떠나서 모두 악한 죄인이다. 이 땅에 사는 날 동안

착하게 살았어도 죄인이다. 모든 사람은 태생(임신)부터 아담의 죄가 전가되어 죄인으로 태어나기 때문이다. 이 죄를 사함받지 못하면 죄가 그대로 있어 천국에 들어가지 못한다. 아무리 착한 삶을 산 자라도 말이다. 착함이라는 것은 인간의 기준과 잣대에 불과하다. 인류 최후의 심판은 하나님의 잣대로 행한다. 마치 운동 경기에서 선수의 잣대로 심판하는 것이 아니라 규칙대로 심판하는 것처럼 말이다. 하나님의 심판의 기준과 잣대는 천국 헌법과 법률인 성경책이다. 진실로 회개하지 않은 자들과 예수님을 믿지 않은 자들은 심판을 받고 지옥(地獄, 장소적인 고통의 장소)으로 들어가서 그곳에서 고통 가운데 영원히 살게 된다. 천국(天國, 장소적인 행복의 장소)은 누구든지 구세주인 예수님을 진실로 믿고 모든 죄를 용서함 받은 자가 들어간다. 그리하여 천국에서 하나님을 경배하며 아무런 고통, 눈물, 질병, 죽음 등이 없이 영원히 행복하게 살게 된다. 이것이 인간(나)의 현재와 미래, 사후세계의 모습이다.

이를 믿는 자들도 있고 믿지 않는 자들도 있을 것이다. 각자의 주권이고 자유이다. 하지만 자신이 불신한다고 하여 존재하는 사실이 없어지는 것이 아니다. 마치 시각장애인이 태양과 달이 보이지 않으니 태양과 달이 없다고 한다고 본래 존재하는 태양과 달이 없어지는 것이 아닌 것과 같다. 성경은 진리이다. 참이라는 말이다. 참은 때가 되면 그대로 이루어진다. 단지 시간적으로 지연될 뿐이다. 그래서 신뢰할 만하다. 불신하는 자들에게는 그에 따른 무서운 대가가 따르게 될 것이다. 그 때는 늦는다. 그런즉 살아있을 때 깊은 고민이 있어야 한다. 낮과 밤이 있고, 봄과 여름이 있고, 가을과 겨울이 있고, 전반전과 후반전이 있고, 자기 집과 감옥이 있는 것처럼 현세와 내세, 천국과 지옥은 장소적으로 반드시 있다. 그래서 심각하게 고민하고 노력해야 하는 것이다. 마치 미래의 돌발적인 사고에 대비하여 보험에 드는 것처럼 말이다. 어리석은 자들은 이러한 구체적인 진술과 설명에도 무시할 것이고, 지혜로운 자들은 적극적인 생각과 행동과 결단을 할 것이다. 이것이 기독교 무아설 세계관이다.

제13장

해탈 세계관

해탈(解脫, 풀 해, 벗을 탈)의 국어 사전적 의미는 '굴레에서 벗어남'을 뜻한다. 이 해탈은 불교 용어로 '속세의 번뇌와 속박을 벗어나 편안한 경지에 이르는 일'을 의미한다. 불교 사전에는 이렇게 되어 있다. 해탈이란 ① 모든 번뇌의 속박에서 벗어난 자유자재한 경지. 모든 미혹의 굴레에서 벗어난 상태. 속세의 모든 굴레에서 벗어난 상태. ② 모든 번뇌를 남김없이 소멸한 열반의 상태. ③ 깨달음. ④ 마음을 고요히 가라앉히고 한곳에 접근하여 산란하지 않는 선정(禪定, 마음의 통일)의 상태라고 한다. 기독교에는 해탈(解脫) 사상이 없다. 따라서 해탈이라는 용어나 교리가 없다. 왜냐하면 이 땅에 죄인으로 태어난 이상 죽을 때까지 사람마다 정도의 차이는 있지만 괴로움은 벗어나지 못하기 때문이다. 해탈 사상은 불교에만 있다.

불교 해탈 세계관

불교에서 해탈(解脫)이란 '윤회에서 벗어난 궁극적인 경지'라고 한다. 어떤 구속이나 속박에서 벗어나는 것을 말한다. 해탈은 수행을 통해 번뇌가 소멸될 때, 번뇌에서 벗어난 상태를 의미한다. 간단하게 말하면 해탈은 자유를 의미한다. 해탈, 즉 'moksa'라는 말은 '놓아주다, 해방하다, …에서 벗어나다'라는 의미를 가진 'muc'를 어근으로 한다. 『베다』에서는 해탈이란 '일찍 죽지 않는 것'을 가리킨다. 『브라흐마나』에서는 해탈이란 '저승에서 다시 죽지 않는 것'을 말한다. 이것을 달리 말하면 '신들의 세계에 들어가는 것'이다. 『우빠니샤드』(스승과 제자 사이에 입에서 입으로 비밀리에 전수된 가르침) 문헌에서는 윤회 사상의 출현과 함께 해탈의 의미가 바뀌었다. 해탈이란 '윤회의 굴레로부터의 해방'을 의미하게 되었다. 해탈은 구속(결박)에서 벗어난 상태라고 했다. 그렇다면 인간을 구속(결박)하고 있는 것이 무엇이라고 하는가? 그것은 욕탐(慾貪, 욕심 욕, 탐할 탐)이라고 한다. 욕탐(慾貪)이란 '탐내어 그칠 줄 모르는 욕심'을 의미한다. 이 욕탐에서 어떻게 벗어날 수 있다고 하는가? 수행(修行)을 통해서라고 한다. 수행(修行)이란 '오로지 한 생각에만 집중하여 한결같이 그것을 잊지 않고 그것 외에는 다른 생각이 일어나지 못하도록 하는 노력'을 의미한다. 모든 수행의 근본은 '사념처'(四念處)라고 한다. 이는 '사염처'(四念處)라고도 하는데 '깨달음에 이르기 위한 네 가지 마음 챙김'을 말한다. 곧 신염처, 수염처, 심염처, 법염처이다. 신염처(身念處)란 '신체를 있는 그대로 통찰하여 마음 챙김'이다. 수염처(受念處)란 '느낌이나 감정을 있는 그대로 통찰하여 마음 챙김'이다. 심염처(心念處)란 '마음을 있는 그대로 통찰하여 마음 챙김'이다. 법염처(法念處)란 '모든 현상을 있는 그 대로 통찰하여 마음 챙김'이다. 사념처 수행은 자신의 존재로 생각하고 있는 신(身), 수(受), 심(心)과 외부의 사물로 생각하고 있는 법(法)이 헛된 망념임을 깨달아 이들로부터 마음이 해탈하는 수행이다.

그리고 해탈은 선정수행을 통해서 얻게 된다고 한다. 선정(禪定, 봉선 선, 정할 정)이란 '마음을 한곳에 집중하여 산란하지 않은 상태'를 말한다. 근본 불교의 선정수행(禪定修行)은 구차제정이다. 구차제정(九次第定)은 행(行)을 멸하여 해탈과 열반을 성취하는 수행이다. 구차제정은 하나의 수행 방법인데 '초선에서 차례대로 아홉 차례를 수행하여 멸진정(滅盡定, 모든 마음 작용이 소멸된 선정)에 드는 수행법이다. 무슨 뜻인지 잘 모르겠으나 구차제정은 행(行)을 차례로 멸(滅)하는 것이다. 행(行)에는 신(身), 구(口), 의(意) 삼행(三行)이 있다. 행(行)은 일상적인 행동을 의미하는 것이 아니라 유위(有爲, 허망한 분별을 일으키는 의식의 작용, 허구, 번뇌)를 조작하는 작용을 의미한다. 그러면 구차제정에서 어떻게 해탈을 성취하는가? 구차제정을 통해 삼행이 멸하는 과정에서 구행과 신행이 멸하여 얻게 되는 것이 심해탈(心解脫)이고, 의행이 멸하여 얻게 되는 해탈이 혜해탈(慧解脫)이다. 구행(九行)은 외부의 존재에 대한 욕탐(욕심)이 없을 때 멸(滅, 없어짐)하고, 신행(身行)은 자기 존재에 대한 욕탐(욕심)이 없을 때 멸한다. 이렇게 내외(內外)의 존재에 대한 욕탐(욕심)이 멸할 때 마음이 욕탐(욕심)에서 벗어나 해탈하게 된다고 한다. 그러나 기독교는 인간 스스로 어떤 수행을 해도 욕탐(욕심)에서 벗어날 수 없다고 말한다. 단지 욕탐을 적절하게 관리할 뿐이라고 한다. 한마디로 기독교는 해탈을 지지하지 않는다.

기독교 해탈 세계관

기독교는 해탈 사상이 없다. 해탈이라는 용어도 사용하지 않는다. 그 이유는 전적으로 부패하고 타락한 인간은 전적인 하나님의 은혜와 무조건적인 사랑과 도우심이 아니고 인간 스스로 수행, 업(業)을 통해서는 절대로 온갖 번뇌, 욕탐, 욕심, 욕망, 죄로부터 벗어날 수 없기 때문이다. 인간은 그런 죄 덩어리 존재이다. 쉽게 말하면 죄라는 암세포가 이미 온몸에 퍼져 있어 스스로의 수행과 업(業)과 행위로는 이 암세포를 완전히 퇴치하지 못한다는 것이다. 사람은 수행을 통해서 각종 욕망, 욕심, 나쁜 생각, 죄악으로부터 자유하지 못한다. 해방되지 않는다. 기독교 성경은 오직 진리를 통해서만, 진리를 믿어서만, 인류의 유일한 구세주인 예수님을 믿어야만 죄와 모든 욕망으로부터 자유하고, 해방될 수 있으며, 괴로움에서 벗어날 수 있다고 한다. 죄로 인하여 인간 스스로 처한 상황이 절망적이다. 그래서 하나님이신 예수님께서 초자연적인 역사로 인간의 몸을 입고 이 땅에 성탄하신 것이다. 인간이 스스로는 절대로 죄악에서 벗어날 수 없기 때문이다.

신약성경책 요한복음 8장 32절이다.

"진리(예수님)를 알찌니 진리가 너희를 자유(죄에서 자유)케 하리라"

신약성경책 누가복음 4장 18절이다.

"주의 성령(성령 하나님)이 내게 임하셨으니 이는 가난한 자(심령이 가난한 자)에게 복음을 전하게 하시려고 내게 기름을 부으시고 나를 보내사 포로된 자(죄의 포로)에게 자유를 눈먼 자(영적 시각장애자)에게 다시 보게 함을 전파하며 눌린 자(죄와 율법에 눌린 자)를 자유케 하고"

신약성경책 요한복음 14장 6절이다.

"예수께서 가라사대 내가 곧 길이요 진리요 생명이니 나로 말미암지 않고는 아버지(성부 하나님)께로 올 자가 없느니라"

"신약성경책 갈라디아서 5장 16절이다.

"내가 이르노니 너희는 성령(성령 하나님)을 좇아 행하라 그리하면 육체의 욕심(욕탐)을 이루지 아니하리라"

진리는 인류의 유일한 구세주인 예수(우리를 죄에서 구원할 자) 그리스도(예수님의 다른 이름)를 가리킨다. 또한 신·구약 하나님의 말씀인 성경책을 가리킨다. 전적으로 부패하고 타락한 인간은 스스로의 수행, 고행, 선행, 업을 통해서는 절대로 죄와 욕탐과 욕망과 욕심과 고뇌 등을 벗어날 수 없다. 인간은 통째로 죄인이기 때문이다. 수행을 통해서는 단지 외면인 얼굴, 손, 발, 몸만 깨끗하게 씻을 수 있다. 수박은 아무리 씻고 또 씻는 수행을 해도 수박이다. 외면과 내면을 호박으로 만들 수 없다. 욕탐과 욕심과 죄악에 물든 인간이 죄 용서함을 받고 그래도 욕탐과 욕심과 여러 죄악들을 제어할 수 있는 길은 인간 스스로에게서는 해답이 없고 오직 살아계신 성령 하나님의 도우심과 감동 혹은 진리이신 예수 그리스도를 진실로 믿어야 자유하게 된다. 사람은 남녀노소를 불문하고 이 세상에 사는 날 동안은 스스로 수행과 행위를 통해서 절대로 해탈할 수 없고, 괴로움과 욕망과 욕심에서 벗어나거나, 해방되거나, 구원받거나, 자유하지 못한다고 하는 것이 기독교 사상이다. 오직 선물로 주시는 하나님의 은혜(은총)로만 자유할 수 있다.

신약성경책 에베소서 2장 8~9절이다.
"8)너희가 그(하나님) 은혜(선물)로 인하여 믿음으로 말미암아 구원을 얻었나니 이것이 너희에게서 난 것이 아니요 하나님의 선물이라 9)행위(선행, 수행, 참선 등)에서 난 것이 아니니 이는 누구든지 자랑치 못하게 하려 함이니라"

기독교의 구원은 의미상 죄에서의 구원이고, 오직 인류의 유일한 구세주인 예수님을 믿어야 사후에 천국에 들어가서 영원히 사는 것이다. 그러나 불교에서 말하는 극락(극락정토) 혹은 구원은 이 땅에서 해탈을 해야 사후에 윤회에서 끊어져 들어갈 수 있다. 불교는 해탈이든, 극락에 가는 것이든, 윤회에서 벗어나는 것이든 다 수행, 업(業), 행위에 의한 결과들이다. 그러나 기독교의 구원, 영생, 죄 용서함, 죄에서 자유하는 것, 천국에 들어가는 것은 인간의 행위, 업(業), 수행 등이 아니라 오직 구원 자이신 예수 그리스도를 믿음으로만 된다. 이처럼 불교와 기독교의 내세 관, 구원관, 천국관, 사후관, 해탈관은 전혀 다르다. 구원, 천국 입성과 관 련하여 지구상에 존재하는 모든 종교 중에서 유일하게 기독교(개신교)만 '오직 믿음으로'를 주장한다. 기독교의 한 줄기인 천주교(성당)도 순수한 믿음이 아니라 선행+믿음을 주장한다. 이것을 뒷받침하는 것이 '연옥 사 상'이다. 이슬람교도 행위(육신오행)로 천국에 간다고 주장한다. 이것이 기독교 해탈 세계관이다.

제14장

열반 세계관

열반(涅槃)이란 용어는 인도 산스크리트어 '니르바나(Nirvana)'를 한자로 음역한 말이다. 일반 사전의 뜻은 '모든 번뇌의 얽매임에서 벗어나고 진리를 깨달아 불생불멸의 법을 체득한 경지'를 의미한다. 불교의 최종적인 실천 목적이다. 불교 사전은 다음과 같다. 열반이란 멸(滅, 멸망할 멸), 멸도(滅度, 입적), 적멸(寂滅, 고요할 적, 멸망할 멸), 적정(寂靜, 고요할 적, 고요할 정), 적(寂, 고요할 적), 안온(安穩, 편안할 안, 평온할 온)이라고 번역한다. 그 뜻은 '불어서 끈 상태'라는 의미이다. ① 불어서 불을 끄듯 탐욕과 노여움과 어리석음이 소멸된 심리적 상태, 모든 번뇌의 불꽃이 꺼진 심리 상태, 괴로움의 갈애(渴愛, 몹시 좋아하고 사랑함)가 소멸된 상태, 모든 번뇌를 남김없이 소멸하여 평온하게 된 상태, 모든 미혹의 속박에서 벗어난 깨달음의 경지, 번뇌를 소멸하여 깨달음의 지혜를 완성한 경지이다. ② 석가나 승려의 죽음을 뜻한다. 열반 사상은 기독교에는 없다. 기독교는 열반 사상을 지지하지 않는다. 그 이유는 전적으로 타락하고 부패한 죄인인 인간은 스스로 수행, 업 등을 통해서 사람의 마음속에 있는 온갖 번뇌를 퇴치하지 못하기 때문이라고 한다.

불교 열반 세계관

'잠부카다카'가 붓다의 제자였던 '사리불(舍利佛)'에게 물었다. "사리불이여! 열반이라 하는데 열반이란 무엇을 말합니까?" 그러자 사리불이 이렇게 대답했다. "벗이여! 무릇 탐욕(貪, 탐할 탐)의 소멸, 분노의 소멸, 어리석음의 소멸, 이것을 열반이라 합니다." 그리고 염부차가 사리불에게 물었다. "어떤 것을 열반이라고 합니까?" 사리불이 말했다. "열반이란 탐욕이 다 없어지고, 분노가 다 없어지고, 어리석음이 다 없어져 모든 번뇌가 다 없어진 것을 말합니다." 염부차가 또 물었다. "사리불이여! 거듭거듭 수행하면 열반을 얻는 길이 있고 방법이 있습니까?" 그러자 사리불은 이렇게 대답했다. "있습니다. 그것은 8정도이니, 즉 바르게 알기, 바르게 사유하기, 바르게 말하기, 바르게 행하기, 바르게 생활하기, 바르게 노력하기, 바르게 알아차리기, 바르게 집중하기입니다." 열반(涅槃, 개흙 열, 쟁반 반)은 '불어서 끈 상태'라는 뜻이다. 불어서 불을 끄듯 탐욕과 분노와 어리석음이 완전히 소멸된 마음 상태를 열반이라고 한다. 열반은 유여열반(有餘涅槃)과 무여열반(無餘涅槃)이 있다. 유여열반이란 열반에 이르렀으나 아직 오온이 남아 있는 열반이라는 뜻이다. 그러니까 살아서 탐, 진, 치가 소멸된 상태를 말한다. 오온(五蘊, 다섯 오, 쌓을 온)이란 모임, 집합을 뜻하는 것으로 인간을 구성하는 다섯 가지 요소의 무더기를 의미한다. 색온은 몸의 감각 무더기, 수온은 느낌의 무더기, 상온은 다양한 개념을 지어내는 생각이나 관념의 무더기, 행온은 의도하고 지향하는 의식, 충동, 의욕의 무더기, 식온은 식별하고 판단하는 인식의 무더기를 말한다. 무여열반은 오온이 남아 있지 않은 열반, 즉 죽음을 뜻한다. 그래서 열반의 세계를 말하기를 '자아(自我)도 사라지고, 세계(世界)도 사라진 무아(無我, 나라는 존재도 없음)의 세계이며, 공(空, 영구불변의 실체가 없음)의 세계'라고 한다. 여러 가지가 복잡해 보이지만 간단하게 정리하면 열반이란 '죽음'을 뜻한다. 해탈한 상태에서 열반, 즉 사망하게 되면 극락(극락정토)에 들어가고 그렇지 않은 사람(중생)은 계속 윤회인생을 살게 된다. 석가모니는 열반하여 극락정토에 살고 있다고 말한다.

기독교 열반 세계관

기독교는 열반(涅槃)이라는 용어나 그와 같은 개념이 없다. 불교에서 열반이 괴로움의 갈애가 소멸되거나 죽음의 상태라고 말하지만 기독교는 그렇게 주장하지 않는다. 기독교도 괴로움을 말하고 죽음을 이야기하지만 그 의미와 내용이 불교와는 많이 다르다. 기독교도 인간이 고통, 괴로움 가운데 산다고 말한다. 이 괴로움은 원죄(原罪, 인류의 대표자 하와와 아담이 하나님께 불순종한 죄, 모든 인간에게 전가된 죄)가 원인으로 이 고통, 괴로움, 번뇌는 인간 스스로의 그 어떤 수행, 업(業)으로는 일평생 벗어나지 못한다. 인간의 번뇌와 괴로움이 우리 몸에 묻어 있는 먼지나 오물과 같은 것이 아니기에 인간 스스로의 세탁으로는 그 근원을 제거하지 못한다. 죄의 벌로 주어진 번뇌와 괴로움과 죽음은 일생동안 감당하고, 관리하고, 기쁘게 받아들여야 할 사안이다. 단지 하나님을 믿는 사람들에게는 현세와 내세에서 천국, 영생에 대한 소망, 기쁨이 너무 크기에 괴로움과 번뇌와 죽음이 기독교인들을 지배하지 못할 뿐이다. 이 괴로움과 번뇌가 완전히 단절되는 때는 사람이 육체적으로 죽어야만 벗어나게 된다. 그 외에는 사람마다 정도의 차이로 겪을 뿐 일생동안 각종 번뇌와 괴로움에서 벗어나지 못한다. 그리고 불교의 열반은 다르게 말하면 죽음이라고 했는데, 이 죽음도 기독교에서 말하는 죽음과는 전혀 다르다. 불교에서는 인간의 죽음의 원인에 대하여 명확히 말하지 못한다. 하지만 기독교는 죽음(열반)의 그 근본 원인이 원죄(原罪) 때문이라고 말한다. 각종 사고나 질병, 자연사 등이라고 하지 않는다. 그것은 간접적인 죽음의 원인이고 직접적인 죽음의 원인은 죄(원죄) 때문이라고 한다.

불교에서는 해탈한 자들이 열반을 하게 되면 붓다(석가모니)처럼 극락정토(극락)에 들어간다고 하지만, 기독교는 그런 교리나 사상이 없다. 기독교는 부처(석가모니)처럼 인간 스스로 수행, 업(業)을 통해서 해탈을 한 자들은 열반(사망)하면 극락(極樂)에 들어가 윤회를 하지 않고 산다는 것을 인정하지 않는다. 왜냐하면 행위에 따른 수행과 업(業)을 통한 괴로움과 번뇌에서 벗어나는 해탈을 인정하지 않을 뿐만 아니라 극락도 인정하지 않기 때문이다. 기독교는 오직 인류의 유일한 구세주인 예수 그리스도를 믿어야만 죄와 번뇌에서 자유하고 사후에 극락이 아닌 천국(하나님의 나라, 낙원)에 들어가 영원히 행복하게 산다고 말한다. 기독교는 인간 스스로의 어떤 행위로의 해탈과 내세의 구원을 인정하지 않는다. 오직 믿음만을 주장할 뿐이다. 선한 행위의 삶은 믿음 이후의 삶이다. 인간은 어머니 태중에서 임신하는 순간부터 원죄의 전가로 전적인 죄인(죄덩어리)이기 때문에 스스로의 행위인 수행과 업으로는 죄와 죄로 인한 번뇌, 괴로움에서 벗어날 수 없다고 한다. 이것이 모든 종교와 기독교가 근본적으로 다른 교리이다.

신약성경책 에베소서 2장 8~9절이다.
"8)너희가 그 은혜(선물, 공짜)로 인하여 믿음으로 말미암아 구원(영생, 천국)을 얻었나니 이것이 너희에게서 난 것이 아니요 하나님의 선물(공짜)이라 9)행위(行爲, 업, 수행)에서 난 것이 아니니 이는 누구든지 자랑치 못하게 함이니라"

구약성경책 창세기 6장 5절이다.
"여호와께서 사람의 죄악이 세상에 관영함(가득함)과 그 마음의 생각의 모든 계획이 항상 악할 뿐임을 보시고"

신약성경책 로마서 3장 10~12절이다.
"10)기록된 바 의인(義人, 하나님의 계명대로 완전하게 사는 사람)

은 없나니 하나도 없으며 11)깨닫는 자도 없고 하나님을 찾는 자도 없고 12)다 치우쳐 한가지로 무익하게 되고 선(善, 완전한 선)을 행하는 자도 없나니 하나도 없도다"

신약성경책 로마서 6장 23절이다.
"죄(원죄)의 삯은 사망(육체 죽음+영원한 죽음)이요 하나님의 은사(선물)는 그리스도 예수 우리 주 안에 있는 영생(천국 생활)이니라"

모든 종교는 행위, 선행으로 구원과 해탈과 번뇌에서 벗어난다고 하지만 기독교는 행위가 아닌 오직 인류의 유일한 구세주인 예수님을 믿음으로만, 하나님께서 값없이 인간에 베풀어 주시는 은혜(선물, 공짜)로만 죄와 번뇌와 지옥 형벌로부터 벗어나고 자유한다고 말한다. 인간이 스스로는 어찌할 수 없는 매우 연약하고 절망적인 존재이기 때문이다. 인간은 다 죄인이고 의인이 하나도 없다. 이런 인간 실상을 이해하지 못하면 인간을 대단한 존재로 착각한다. 수행하고 노력하면 무엇이든지 할 수 있다고 오해한다. 인간은 죄와 번뇌, 영원한 죽음에서 벗어나고, 해방하고, 평안을 누리고, 구원을 받는 것에 있어서 스스로 할 수 있는 것이 없다. 그래서 하나님께서 이 땅에 인간을 대신하여 죄와 번뇌와 영원한 죽음에서 자유, 해방, 벗어날 구세주 예수님을 보내 주셨다. 그것이 성탄(聖誕) 혹은 성탄절이다. 예수님을 믿으면 이런 것으로부터 해방이 된다. 자유를 누린다. 벗어난다. 진정한 평안을 맛본다. 인간은 마치 깊은 늪에 빠져 있어 스스로는 절대로 빠져 나올 수 없는 죄의 늪, 즉 절망적인 신세와 존재와 처지에 놓여 있다. 이런 인간이 수행과 업과 선행을 통해서 해탈에 이르고 열반을 한다는 것에 대하여 기독교는 인정하지 않는다. 죄인인 인간이 온갖 번뇌와 죄에서 벗어나고, 구원을 받고, 평온한 상태를 맛보는 심리 상태나 신분에 이르기 위해서는 인류의 유일한 구세주인 예수님을 믿어야 한다는 것이 기독교 사상이다. 인간 스스로는 절대로 그런 상태에 이르지 못한다. 깨달음이나 수행을 통해서 열반에 이르게 된다는 주장과 사상은 기독교 사상에 반하는 주장일 뿐이다. 이런 사실을 아는 자나 깨달은 자가 복이 있다. 이것이 기독교 열반 세계관이다.

제15장

마음 세계관

마음(心)이란 '사람의 몸에 깃들여서 지식, 감정, 의지 등의 정신 활동을 하는 것 또는 그 바탕이 되는 것'이라고 한다. 마음은 사람의 눈에 보이지 않는 비가시적인 것으로 실제로 존재하며 사람을 좌지우지하는 역할을 한다. 마치 자동차의 운전대처럼 말이다. 자동차는 운전대를 어찌하느냐에 따라서 가는 방향이 결정된다. 사람도 마음을 어떻게 먹느냐에 따라서 삶이 확 바뀐다. 마음을 좋게 먹으면 좋은 행동이 나오고, 마음을 나쁘게 먹으면 나쁜 행동이 나온다. 사람의 모든 언행은 그 사람 마음의 다른 표현이다. 따라서 어떤 사람의 내면세계를 알고자 한다면 그 사람의 행동거지, 언행을 유심히 살펴보면 마음 상태를 읽을 수 있다. 사람이란 마음의 어떠함대로 행동하기 때문이다. 마음이 생사를 좌우하기도 한다. 마음에 누굴 지독히 미워하면 그 사람을 찌르고 죽인다. 그러나 마음에 누굴 불쌍히 여기면 도와주고 은혜를 베풀어 준다. 그래서 무엇이든지 마음먹기 나름이라고도 한다.

불교 마음 세계관

불교에서는 마음의 세계를 다음과 같이 표현한다. 원래 사람들의 마음은 맑음 샘처럼 청정한 상태에 있었다고 한다. 다만 거기에 온갖 때가 묻어 마음이 오염되었을 따름이라고 한다. 그래서 오염된 때를 닦아 내어 본래의 마음이 드러나면 그것을 부처의 마음이라고 한다. 중요한 점은 자기의 마음이 부처의 마음으로 바뀌어야 한다고 주장한다. 즉 부처의 마음이 나의 마음으로 옮겨와서 나의 마음이 부처의 마음이 되는 것이라고 한다. 부처의 마음은 무심(無心, 모든 번뇌와 망상이 소멸된 상태)이라고 한다. 즉 '마음을 비운 것'이라고 한다. 이런 부처의 마음을 가지면 편견 없이 가장 순수한 마음으로 세상을 본다고 한다. 그리고 무심한 상태에 이르려면 수행을 통하여 마음을 관리해야 된다고 한다. 이 참마음을 본성(本性, 본래 갖추고 있는 성품), 불성(佛性, 모든 중생이 본디 갖추고 있는 부처의 성품), 법성(法性, 있는 그대로의 본성), 진여심(眞如心, 있는 그대로의 본성)이라고도 한다. 불교 마음 세계관을 보면 기독교의 마음 세계관과 전혀 다르다.

기독교 마음 세계관

기독교는 사람의 마음(心)을 매우 부정적이고 악하게 말한다. 그 이유는 인간을 창조하신 하나님의 말씀인 성경이 그렇게 말하고, 이를 뒷받침하는 우리의 악한 삶이 잘 대변해 주기 때문이다. 인간이 남녀노소를 불문하고 악하다는 것은 누구도 부인하지 못하는 실제이다. 자기 자신이 잘 안다. 성경은 만물보다 가장 부패하고 타락한 것이 사람의 마음이라고 한다. 사람은 전적으로 부패하고 타락한 마음을 소유했다고 한다. 온갖 악하고 더러운 마음과 욕심으로 가득한 것이 사람의 마음이라고 한다. 그에 대한 실제적인 증거가 사람은 누구나 눈만 뜨면 어렸을 때부터 죽는 날까지 남녀노소(男女老少), 빈부(貧富), 지위고하(地位高下)를 막론하고 각기 온갖 악한 생각과 악한 짓들을 많고 적게, 크고 작게 정도의 차이를 두고 한다. 각 사람들은 각자가 잘 안다. 얼마나 나쁜 생각과 행동을 알게 모르게 하는지를 말이다. 자기 자신이 얼마나 악한지를 말이다. 그래서 스스로 혼자 속삭이기를 '선한 마음과 선한 행위로는 절대로 천국에 들어가지 못한다'고 인정한다. 각 사람마다 정도의 차이만 있을 뿐 알게 모르게 혹은 은밀하게 모두가 악한 생각과 악한 짓들을 하고 산다. 오래 산 사람일수록 악한 짓을 더 많이 하고 산다. 그것은 죄로 인하여 마음이 심각하게 부패했기 때문이다.

그래서 기독교는 지구상에 존재하는 과거, 현재, 미래의 모든 인간은 의인이 하나도 없다고 말한다. 성악설을 주장한다. 성악설(性惡說)이란 '인간의 본성은 악하다'고 하는 설이다. 이는 '순자'(荀子)의 설이 아니라 그 이전에 성경 사상이다. 하나님께서 흙으로 창조하신 최초의 인간은 아담과 하와다. 이들이 인류의 조상이다. 창조 시에는 악이 없게 선하게 창조하셨다. 육체적으로 죽지도 않게 창조하셨다. 그래서 최초의 인간 본성은 선했다. 이것을 성선설이라고 한다. 성선설(性善說)은 '인간의 본성은 선천적으로 착하다'라는 설이다. 맹자의 말이기도 하지만 그 이전에 성경의 사상이다. 그러면 왜 성악설이 되었는가? 하와와 아담이 에덴동산에서 하나님이 금하신 선악과(善惡果)를 따먹은 불순종의 죄를 범한이후 본성이 악하게 되었다. 하와와 아담이 선악과를 따먹은 시점으로해서 모든 인간은 본성이 악하게 되었고 악하게 출생하였다. 동시에 죄의 벌로 인간에게 사망선고가 내려졌다. 그래서 누구나 한 번 태어나면반드시 죽는 것이다.

여기서 한 가지 의문을 가질 수 있다. 선악과는 최초의 인간인 하와와아담이 따먹어 죄를 범했는데 '왜 그의 후손인 전 인류가, 내가 죄인이 되었는가?', '우리들 모두가 악한 본성을 갖게 되었는가?', '모든 사람에게 사망이 왔는가?', '왜 연좌제와 같은가?' 하는 것이다. 그것은 대표자의 원리에 따라 죄(罪, 원죄)가 모든 후손들에게 전가(轉嫁)가 되었기 때문이다. 전가(轉嫁, 옮길 전, 떠넘길 가)란 '자기의 허물이나 책임 따위를 남에게떠넘겨 옮김'을 뜻한다. 어찌 보면 아담의 후손인 전 인류는 억울한 측면이 있다. 그러나 대표자 원리를 이해하면 수긍이 간다. 이해를 돕기 위해예를 들면, 보통 회사나 국가의 대표는 회장, 사장, 대통령이다. 이들이다른 업체나 나라와 어떤 계약이나 협정을 맺을 때 회사나 국가를 대표해서 행한다. 그리하면 그 책임은 회사와 회사 대표, 나라와 국민들이 진다.

칼과 창으로 싸우는 전쟁 영화를 보면 양편의 적장들이 대표로 나와서 전투를 하여 승패를 가르자고 한다. 이에 패하면 한쪽 백성과 병사들은 승자의 것이 된다. 내가 패하지 않았는데 대표자 원리에 의해서 그리 전가되고 결정되는 것이다. 이것이 대표자에 의한 책임 전가 원리이다. 그래서 모든 사람이 죄인이 되어 그 벌로 한 번 태어나면 육체적으로 반드시 죽고 악한 본성을 갖고 출생하는 것이다. 억울해도 어쩔 수 없다. 사람이 태어나면 어느 정도 살다가 각종 사고나 자연사로 죽는 것이 아니다. 아담과 하와가 범한 죄가 모든 인류에게 전가(轉嫁, 옮겨짐)되어 죽는 것이다. 왜냐하면 범죄를 행하면 감옥행인 것처럼 '죄의 삯은 죽음'이기 때문이다. 오직 기독교만이 사람이 악한 본성을 갖고 태어나는 것과 죽는 이유를 명확하게 말한다. 다른 종교에는 이런 설명이 없다. 이는 모르기 때문이다. 무엇이든지 모르면 말을 못하거나 말도 안 되는 황당한 소설을 쓰는 법이다. 기독교 성경은 인간의 본성이 얼마나 악한지를 잘 말씀하고 있다.

구약성경책 창세기 8장 21절이다.

"여호와(하나님)께서 그 향기(노아의 번제)를 흠향하시고 그 중심에 이르시되 내가 다시는 사람으로 인하여 땅을 저주하지 아니하리니 이는 사람의 마음의 계획하는 바가 어려서부터 악함이라 내가 전에 행한 것(홍수 대 심판) 같이 모든 생물을 멸하지 아니하리니"

구약성경책 예레미야 17장 9절이다.

"만물보다 거짓되고 심히 부패한 것은 마음(心, 사람의 마음)이라 누가 능히 이를 알리요마는"

구약성경책 창세기 6장 5절이다.

"여호와(스스로 계신 분)께서 사람의 죄악이 세상에 관영함(가득함)과 그 마음의 생각의 모든 계획이 항상 악할 뿐임을 보시고"

신약성경책 갈라디아서 5장 19~21절이다.

"19)육체의 일은 현저(뚜렷이 드러남)하니 곧 음행과 더러운 것과 호색과 20)우상 숭배와 술수(꾀)와 원수를 맺는 것과 분쟁과 시기와 분냄과 당(黨, 무리)을 짓는 것과 분리함과 이단(異端, 반기독교 사상)과 21)투기와 술 취함과 방탕함과 또 그와 같은 것들이라 전에 너희에게 경계(주의)한 것 같이 경계하노니 이런 일을 하는 자들은 하나님의 나라(천국)를 유업으로 받지 못할 것이요"

신약성경책 로마서 3장 10절이다.

"기록된 바 의인(義人, 하나님의 계명대로 완전히 사는 자)은 없나니 하나도 없으며"

구약성경책 시편 53편 1절이다.

"어리석은 자는 그 마음(心)에 이르기를 하나님(God)이 없다 하도다 저희는 부패하며 가증한 악을 행함이여 선을 행하는 자가 없도다"

기독교 경전인 성경(聖經, Bible)은 본성이 착한 사람은 하나도 없다고 한다. 남녀노소(男女老少), 지위고하(地位高下)를 불문하고 착한 사람은 단 하나도 없다고 단언한다. 어머니 뱃속에서 정자와 난자가 수정되어 잉태(임신)되는 순간부터 인간 본성은 악하고 죄인이라고 한다. 보통 천진난만한 아기들은 착하다고 하는데 악인들이다. 죄인들이다. 그래서 죄의 벌로 아기들도 수없이 죽는다. 아프거나 질병으로 죽는 것이 아니라 죄의 결과다. 불교식으로 수행을 하고 기독교식으로 예수님을 믿어도 악한 본성은 그대로 존재한다. 단지 예수님을 믿음으로 죄 용서함을 받고 성령 하나님의 지배와 통치, 감동과 도우심 그리고 성경말씀으로 사는 날 동안 악한 본성이 억제되고 관리될 뿐이다. 이러한 악한 본성은 사망하게 되면 끝난다. 소멸된다. 천국에서의 삶은 악이 전혀 없는 상태로 영원히 살게 된다. 살아 있는 동안은 어떤 수행과 행위를 해도 근본적으로 악한 본성이 소멸되지 않는다. 이런 점이 불교와 기독교는 전혀 다르다. 모든 괴로움(苦)도 결국 악한 본성에서 나온다. 불교는 이런 악한 본성에서 나오는 괴로움에서 벗어나고자 수행을 한다. 스스로의 깊은 수행을 통해서 괴로움에서 벗어난 것을 해탈(解脫)이라고 한다.

하지만 기독교는 이러한 불교 사상을 지지하거나 동의하지 않는다. 왜냐하면 기독교 성경과 교리에 비추어 볼 때 불교의 해탈은 불가능하기 때문이다. 오직 예수 그리스도를 믿어야만 하나님의 은혜(선물)로 죄가 깨끗이 용서함을 받아 악한 본성이 있음에도 불구하고 구원을 받고, 일생 동안 하나님의 도우심으로 악한 본성을 통치하고 관리하게 되며 평안을 맛보고 자유하게 된다. 인간 스스로의 다짐, 의지, 결심, 노력, 수행 등으로는 인간의 악한 마음을 어찌하지 못한다. 손과 발과 얼굴과 몸에 묻은 더러운 것은 각 사람의 노력에 따라 물로 깨끗하게 씻을 수 있다. 그러나 눈에 보이지 않고 인간이 어찌할 수 없는 내면 영역에 있는 더럽고 악한 마음(心)은 유한하고 무력한 인간이 어떠한 행위, 수행을 하더라도 깨끗하게 할 수 없다. 이는 마치 사람이 아무리 목욕을 한다고 해도 자기 몸속의 오장육부까지 깨끗하게 씻을 수 없는 것과 같다. 이는 사실이다. 오직 사람을 창조하신 조물주, 전지전능하신 하나님만이 초자연적인 능력과 방법과 은혜로 악한 마음, 부패한 마음을 다스리고 관리할 수 있다. 이것이 기독교 마음 세계관이다.

제16장

선(참선) 세계관

선(禪)이란 좌선(坐禪, 앉을 좌, 고요할 선) 혹은 선종(禪宗)의 준말이다. 좌선(坐禪)이란 '고요히 앉아서 참선함'이다. 선종(禪宗)이란 '문자에 의존하지 않고 오로지 좌선을 닦아 자신이 본래 갖추고 있는 부처의 성품을 체득하는 깨달음에 이르려는 종파'를 말한다. '참선(參禪, 참여할 참, 좌선 선)'이란 '좌선에 참여함', '좌선하여 도를 닦는 일'을 뜻한다. 불교에는 선(참선)이 있지만 기독교에는 이런 용어나 의미의 가르침이 없다. 하나님의 말씀을 묵상(黙想, 고요히 생각함)하는 것은 있지만 수행차원의 선, 좌선, 참선과 같은 것은 없다. 불교는 시종일관 수행(修行)의 방법을 통해서 무엇을 깨닫고 무엇에 도달하기 위해서 애쓴다. 그러나 기독교는 수행이 아닌 인류의 유일한 구세주 예수 그리스도를 믿음으로, 하나님 말씀인 성경을 믿는 데서 어떤 깨달음과 생사 여부나 신분 변화가 일어난다. 사람이 스스로 어떤 행위를 해서 깨닫고 이르는 것은 없다. 기독교는 스스로 수행이 아닌 하나님의 말씀인 성경을 통해서 인간과 우주 만물과 과거와 현세와 내세 등을 명확하게 알려 주기 때문에 군이 선(참선)을 할 이유가 없다. 설사 어떤 수행, 선, 좌선, 참선 등을 한다고 해도 인간 스스로는 인간의 본성과 진리를 깨달을 수 없다고 말한다. 이것이 인간의 한계이자 불교와 기독교의 큰 차이점이다.

불교 선(참선) 세계관

선(참선)은 사유(思惟, 대상을 두루 생각하는 일)에 의하여 마음을 밝혀 정각(正覺, 올바른 깨달음)을 얻는 것을 목적으로 하는 수행 방법이다. 선(참선)을 한마디로 정의하면 '부처의 마음을 꿰뚫어 보고 자신의 본성을 간파하기 위한 것'이라고 할 수 있다. 이것을 위해서 선(좌선, 참선)을 한다. 불교 사전은 선(禪)을 이렇게 말한다. ① 마음을 한곳에 집중하여 산란하지 않는 상태. 마음을 고요히 가라앉히고 한곳에 집중함. 마음의 통일. ② 있는 그대로 직관하려는 수행. 자신이 본래 갖추고 있는 부처의 성품을 꿰뚫어 보려는 수행. 참선을 이렇게 정의하고 있다. 참선(參禪)이란 '자신이 본래 갖추고 있는 부처의 성품을 꿰뚫어 보기 위해 앉아 있는 수행 혹은 자신의 본성을 간파하기 위해 앉아 있는 수행'이라고 한다. 선(禪, 고요하다)은 마음을 특정한 것에 집중하는 심일경성(心一境性)의 상태인 정(定)의 의미를 덧붙여 선정(禪定, 마음의 통일)이라고도 한다. 그리고 악을 버리는 행위라고 해서 기악(棄惡)이라고도 한다. 또

선(禪)으로 말미암아 온갖 공덕이 축적된다고 해서 공덕총림이라고 번역하기도 한다. 일반적으로 선(禪) 또는 선 사상이라 부를 때는 중국에서 새로이 형성된 선종(禪宗, 오로지 좌선을 닦아 자신이 본래 갖추고 있는 부처의 성품을 체득하는 깨달음에 이르려는 종파)의 선 사상을 말하는 것이다. 선(禪)은 마음을 통일하여 잡념을 일으키지 않는 것이며, 그리하여 진정한 자기의 참모습에 돌아가는 것이다. 그것을 깨달음이라고도 하고 본성을 본다고 하여 견성(見性)이라고도 한다. 선(禪)은 본래의 자기, 참된 본성에 환귀(還歸)하고 본래 모습대로 사는 것이다. 그러면 불타(부처)와 동등한 입장에 선다고 한다. 선(禪)의 궁극적 목적은 진실한 자아 추구에 있다. 따라서 선(禪)이란 어떤 교리나 이론을 숭상하기보다는 인간의 마음으로 바로 돌아가서 성불(成佛, 죽어서 부처가 됨)하고 즉시에 해탈(解脫, 모든 굴레나 얽매임에서 벗어남)을 성취하는 것이 기본이다.

선(禪)은 고대 인도의 명상법인 요가(yoga)에서 비롯되었다. 요가는 기원전(B.C.) 3000년경 고대 인도의 원주민들에 의해 실시되었다. 요가라는 말은 사유(思惟, 대상을 두루 생각하는 일) 혹은 명상(冥想, 눈을 감고 고요히 생각함)이라는 의미이다. 요가라는 말은 명상을 통하여 오감(五感, 다섯 감각)을 제어하고 산란한 마음을 정지시키는 것이다. 즉 모든 감각기관을 움직이지 않고 집중하여 마음을 통일시켜 적정 상태에 머무는 것이다. 요가는 선나(禪那, 마음의 통일)라는 말로 쓰이기도 하는데 불교에서는 선나로 사용되어 오다가 선(禪)이라는 말로 일반화되었다. 참선을 좀 더 살펴보자. 참선(參禪)이란 '선(禪)에 참입(參入)한다'는 뜻이다. 참입이란 '혼연일체가 된다'는 뜻이다. 선(禪)은 인도 산스크리트어로 '고요히 생각하다' 또는 '사유하여 닦는다'는 의미를 갖고 있다. 그래서 옛 문헌에서는 사유수(思惟修, 마음의 통일)로 번역하였다. 따라서 참선이란 '깊이 사유함'이라고 정의할 수 있다. 참선의 진정한 의미는 '본마음·참 나'인 자성자리를 밝히는 데 있다.

자성(自性)이란 '변하지 않는 본성이나 실체' 혹은 '본래부터 저절로 갖추고 있는 부처의 성품'이라고 한다. '본마음·참 나'는 어느 누구에게나 본래부터 갖추어져 있다. 이것은 청정무구(淸淨無垢, 마음이 깨끗하여 번뇌가 없음)하여 일찍이 티끌세상 속에 있으면서도 물든 일이 없이 완전하다고 한다. 참선 수행은 '아무 생각도 안 하는 것'에서 시작된다고 한다. 선(참선)은 결국 요가, 수행의 한 방법으로 이를 통해서 깨달음을 얻는 것이라고 할 수 있다. 이런 점에서 기독교 사상과 전혀 다르다. 기독교는 선(참선), 요가, 명상, 수행 등을 통해서 인간의 본성, 참 나를 깨닫는 것이 아니라 인류의 유일한 구세주인 예수님을 믿음으로 그리고 기독교 경전인 성경책을 읽고 듣고 배울 때 성령 하나님의 감동에 따른 깨달음으로 본마음과 참 나를 알게 되고 인간의 실상을 알게 된다고 한다. 불교는 중생(사람) 스스로의 수행을 통해서, 기독교는 나 스스로가 아닌 하나님의 은혜와 도우심으로 나를 찾고 인간의 실상을 알게 된다고 한다. 그래서 기독교 신자들은 선(참선, 요가)을 하지 않는다.

기독교 선(참선) 세계관

기독교에는 언제 어디서나 어떤 모양으로든지 선(참선)이라는 수행 방법이 없다. 왜냐하면 사람 스스로 어떤 선(참선), 요가, 수행, 명상 등을 통해서 인간의 본성과 마음의 통일을 이루지 못하고, 자신과 타인의 마음을 꿰뚫어 볼 수 없으며, 그 무엇을 깨닫는 것은 불가하다고 보기 때문이다. 사람은 누구나 전적으로 부패하고 타락해서 인간 스스로는 어떤 수행 방법을 동원하더라도 진정으로 그 무엇을 깨닫고 알 수 없다. 단지 눈만 뜨면 악한 생각과 악한 계획과 나쁜 행동을 다소(多少) 간에 할 뿐이다. 이러한 인간 상태를 남녀노소를 불문하고 누구나 안다. 원죄로 인하여 오염된 인간은 스스로 무슨 짓을 해도 원죄로 인하여 발생하는 온갖 악한 성품을 다스리거나, 해탈하거나, 벗어나거나, 마음을 새롭게 하거나, 자타의 마음을 알거나, 마음을 통일시키거나 할 수 없다. 이것이 인간이 처한 모습이고 절망적인 상태이다. 그래서 인간 스스로는 그 어떤 행위로도 온전한 선을 추구할 수 없고, 의롭게 될 수 없고, 온갖 번뇌에서 벗어날 수 없고, 구원을 얻을 수 없기에 하나님이신 성자 예수님께서 일부 택한 자들을 구원하시기 위하여 초자연적인 신비한 역사로 인간의 몸을 취하여 이 땅에 성탄하신 것이다. 그것이 누구도 부인하지 못하는 세계 역사를 기원전(B.C. before Christ)과 기원후(A.D. 라틴어와 영어 Anno Domini-in the year of our Lord)로 나누게 된 성탄절이다. 역사는 구원자이신 예수님의 성탄을 시점으로 B.C.와 A.D.로 나눈다. 그분이 하나님(God)으로서 인간이 되신 인류의 유일한 구원자인 예수님이다.

인류의 유일한 구원자(구세주) 예수님을 믿으면 원죄와 번뇌에서 벗어날 수 있다. 인간의 실상과 천지 창조와 과거와 현재와 미래를 정확히 알고 깨닫게 될 수 있다. 자신과 타인의 마음도 어느 정도 꿰뚫어 알 수 있다. 성경을 통해서 인간의 마음이 어떻다는 것을 알고 깨닫기 때문이다. 선(참선)이라는 수행으로는 절대로 깨달을 수 없는 것을 알게 된다. 이는 신비이다. 기독교는 스스로의 선(참선)으로 마음이 통일되고 무엇을 깨닫는 것이 아니라 구원자이신 예수님을 믿어 죄 용서함을 받으므로 하나님과 관계가 다시 회복되어 하나님의 말씀인 성경(진리)을 읽고 듣고 배움으로 모든 것을 깨닫고 알게 된다고 한다. 기독교는 인간 스스로 어떤 노력, 수행, 참선, 요가 등을 통해서는 절대로 의롭게 되지 못하고 깨달을 수도 없다고 말한다. 오직 구원자를 진실로 믿음으로 깨닫게 된다고 한다. 기독교는 깨달음도, 마음의 통일도, 인간의 본성을 아는 것도, 구원도, 변화도, 해탈도 오직 예수님을 믿음으로만 가능하다고 한다. 이런 부분이 불교와 기독교의 큰 차이점이자 다른 부분이다. 죄인인 사람이 스스로 온전히 하지 못하는 것이 얼마나 많은지 모른다. 각자가 잘 안다. 눈에 보이는 것도 온전히 못한다. 가장 단순한 것인 자기 머리카락도 온전히 깎지 못한다. 자기 몸에 질병이 발생해도 스스로 어찌하지 못한다. 대부분 병원이나 약국을 찾아가거나 의지한다.

인간은 그런 나약하고 무능한 존재이다. 사소한 것 외에는 스스로 인간 내면 깊숙한 그 무엇을 깨닫는 것은 불가능한 일이다. 그런데 선(참선)과 수행 등을 통해서 눈에 보이지 않는 인간의 본성과 번뇌와 그 무엇을 깨닫고 마음을 통일시킨다고 하는 것은 불가능이자 허구에 불과하다.

큰 착각이자 오해이다. 언제 어디서나 어느 기간을 두고라도 한 번 해 보라. 절대로 안 될 것이다. 본래 안 되는 것이기 때문이다. 무엇이든지 본래 안 되는 것은 아무리 수행해도 안 되는 것이다. 선(참선)이라는 수행을 통해서 깨닫는다고 하는 것은 스스로 속이는 것이다. 사람은 누구든지 평생 동안 자기 마음도 100% 모르고 타인의 마음도 100% 모르고 살다가 죽는다. 그런 인간이 어찌 선(참선)이라는 수행을 통해서 인간 스스로 인간 본성을 깨닫는단 말인가. 그래서 기독교는 인간 스스로 선(참선)이라는 수행을 통해서 인간 본성을 깨닫는다고 말하지도 가르치지도 않는다. 기독교에는 수행의 한 방법인 선(참선)이라는 것이 없다. 오직 삼위일체 하나님(성부 하나님, 성자 예수님, 성령 하나님)과 성경을 믿는 것을 통해서만 우주 만물과 사람의 본성을 깨달아 알 수 있다고 한다.

구약성경책 창세기 15장 6절이다.
"아브람이 여호와를 믿으니 여호와께서 이를 그의 의(義)로 여기시고"

신약성경책 로마서 3장 10~12절이다.
"10)기록한 바 의인(義人)은 없나니 하나도 없으며 11)깨닫는 자도 없고 하나님을 찾는 자도 없고 12)다 치우쳐 한가지로 무익하게 되고 선을 행하는 자도 없나니 하나도 없도다"

신약성경책 누가복음 24장 45절이다.
"이에 저희 마음을 열어 성경을 깨닫게 하시고"

신약성경책 디모데후서 3장 15~17절이다.

"15)또 네가(디모데) 어려서부터 성경(聖經)을 알았나니 성경(聖經)은 능히 너로 하여금 그리스도 예수 안에 있는 믿음으로 말미암아 구원에 이르는 지혜가 있게 하느니라 16)모든 성경(聖經)은 하나님의 감동으로 된 것으로 교훈과 책망과 바르게 함과 의(義)로 교육하기에 유익하니 17)이는 하나님의 사람으로 온전케 하며 모든 선한 일을 행하기에 온전케 하려 함이니라"

기독교의 진리인 성경은 말한다. 이 세상에는 의인(義人)이 하나도 없다고 한다. 그러기에 스스로 선(참선) 등 무슨 수행을 하든지 스스로의 행위로는 깨닫는 자가 없다고 한다. 그러나 하나님으로 인하여 진리인 성경을 듣고 배우므로 깨닫게 되어 온전케 된다고 말한다. 예수님을 믿기 전에는 영적(마음)인 눈이 어두워 깨닫지 못했는데, 예수님(하나님)을 믿음으로 마음의 눈이 열려 성경을 통해서 인간의 본성이 부패하고, 타락하고, 악하다는 것과 인간이 죄인이라는 것을 알게 된다고 한다. 기독교는 인간 스스로의 선(참선), 수행, 요가, 명상 등을 통한 인간 본성에 대한 깨달음이나 괴로움의 굴레에서 벗어나는 해탈은 절대로 없다고 말한다. 오직 인류의 유일한 구세주인 예수님(하나님)을 믿음으로, 하나님의 말씀인 성경을 통해서 진정한 깨달음을 얻게 된다고 한다. 이것이 기독교 선(참선) 세계관이다.

제17장

무소유 세계관

무소유(無所有)의 사전적 의미는 '가진 것이 없음'을 뜻한다. 이 말은 주로 불교에서 주장한다. 기독교에서는 무소유라는 주장을 하지 않는다. 무소유의 진정한 의미를 떠나서 이는 매우 불가능한 말이기 때문이다. 왜냐하면 사람이 살기 위해서는 물질의 많고 적음을 떠나서 무엇인가를 소유해야 하기 때문이다. 특히 결혼을 하지 않고 산속 암자에서 살므로 모든 것이 해결되는 스님들, 종교기관에서 의식주를 제공해 주는 천주교의 신부들은 무소유에 가깝게 살 수 있다. 그러나 결혼한 자들이나, 스스로 모든 것을 해결해야 하는 자들이나, 결혼한 기독교 목회자들은 무소유가 불가능하다. 스스로 의식주를 해결해야 하기 때문이다. 그런즉 무소유 여부를 가지고 일괄적으로 판단하는 것은 옳지 않다.

불교 무소유 세계관

『무소유』라는 책은 1972년 동아일보에 실린 법정 스님의 수필로 자신의 체험을 바탕으로 소유욕(所有慾, 소유하고자 하는 욕망)이 가져다주는 비극을 전하는 작품이다. 마하트마 간디가 1931년 9월 런던에서 열린 제2차 원탁회의에 참석하기 위해 가던 도중에 마르세유 세관원에게 "나는 가난한 탁발승으로 가진 거라고는 물레와 밥그릇, 염소젖 한 깡통, 허름한 담요 여섯 장, 수건 그리고 대단치 않은 평판밖에 없다"고 한 내용을 K.크리팔라니가 엮은 『간디 어록』에서 읽은 이 글의 지은이(법정 스님)는 이렇게 말했다. "나는 너무도 부끄럽다고 반성한다. 누구나 이 세상에서 사라질 때는 빈손으로 돌아가기 마련인데, 우리들은 무엇인가에 얽매여 주객이 전도된 삶을 살아간다고 나는 말한다. 나는 지난해 여름까지 난초 두 분을 정성을 다해 길렀는데 실수로 이 난초를 뜰에 내놓는 바람에 죽어버린 것이다. 나는 햇볕을 원망할 정도로 안타까웠지만 너무 난초에게 집념한 게 아닌지 곧 반성한다. 나는 기르던 난초가 죽어버린 일로 무소유(無所有)의 의미를 깨닫게 된 것이다. 나는 우리들의 소유 관념이 우리들의 눈을 멀게 한다고 충고한다. 크게 버리는 사람이 크게 얻을 것이라고 나는 말한다. 아무것도 갖지 않을 때 비로소 온 세상을 갖게 된다는 게 무소유(無所有)의 진정한 의미라고 나는 강조한다."(한국민족문화대백과)

불교 사전에는 '무소유'(無所有)에 대하여 이렇게 말한다. ① 공(空, 속이 비었다)의 다른 이름. ② 아무것도 소유하지 않음. 그리고 공(空, 빌 공)에 대하여 이렇게 정의하고 있다. ① 고유한 실체가 없음. ② 번뇌와 분별이 소멸된 상태. 분별과 차별을 일으키는 마음 작용이 소멸된 상태. 어느 불교 책에서는 무소유(無所有)를 이렇게 말한다. "아무것도 갖지 않는다는 뜻이 아니라 불필요한 것을 갖지 않는다는 것"이라고 한다. 그리하면 여러 논쟁이 발생한다. 왜냐하면 '불필요한 것'이라고 할 때 객관적인 기준을 설정하기 어렵기 때문이다. '불필요하다'고 할 때 각자의 주관에 맡길 수밖에 없다. 어떤 사람은 집이 필요하다고 하고, 어떤 사람은 집이 필요 없다고 한다. 어떤 사람은 노후자금이 필요 없다고 하고, 어떤 사람은 노후자금이 십억 원은 있어야 한다고 주장한다. 어떤 사람은 매월 수입이 백만 원만 있어도 된다고 하고, 어떤 사람은 삼백만 원 이상이 있어야 한다고 말한다. 무소유(無所有)에 대하여 불필요한 것을 갖지 않는 것이라고 할 때 논쟁은 심각하게 나타난다. 그렇게 되면 무소유 개념이 사라진다. 불교 사전에 나온 것처럼 무소유(無所有) 개념을 '아무것도 소유하지 않음'이라고 할 때보다 정직한 개념이라고 할 수 있다. 그렇다고 해도 무소유 주장은 옳지 않다. 그 이유는 완전한 무소유는 불가능하기 때문이다. 보통 사람들도 그리 이해할 것이다. 윤구병 선생님은 법정 스님의 『무소유』 책을 추천하면서 이렇게 썼다고 한다. "무소유는 공동소유를 가리키는 다른 이름이다. 나눔과 섬김, 그 바탕은 무소유에 있다." 이 말도 사람에 따라 이해를 달리할 것으로 본다.

부처님은 밥을 걸식했다고 한다. 걸식(乞食, 빌 걸, 밥 식)이란 '남에게 밥을 빌어먹는 것'을 의미한다. 탁발이라고도 한다. 탁발(托鉢, 밀 탁, 중의 밥그릇 발)이란 '승려가 경문을 외면서 집집에 다니며 동냥하는 일'을 뜻한다. 걸식에는 나름 지켜야 할 규칙이 있었는데 그날 걸식한 음식은 그날 다 먹어야 했다. 내일 먹으려고 걸식한 음식을 남기지 말라고 했다. 걸식한 밥은 몸이 아파 걸식하지 못한 수행자들에게 먹게 하고, 그래도 남은 음식은 가난한 이웃이나 동물들에게 나누라고 하셨다고 한다. 욕심을 경계하라는 뜻이라고 생각한다. 이것이 부처님이 몸소 실천하고 보여주신 '무소유(無所有)'라고 한다. 출가(出家, 세속의 집을 떠나 불문에 듦)한 불교의 스님들은 무소유의 삶이 가능하다. 왜냐하면 기본적으로 절(사찰)에서 의식주가 다 해결되기 때문이다. 불자들이 시주(施主, 베풀시, 주인 주)하기 때문이다. 돈과 쌀 등을 절과 스님들에게 바친다. 이것으로 음식을 사고 의복을 챙겨 입는다. 거주는 절에서 무상으로 사용한다.

절은 주로 산속에 있고 종교시설로 비과세 혜택이 주어진다. 스님들은 주로 결혼하지 않고 살기에 부양할 가족이 없다. 사교육비도 들지 않는다. 장례도 절에서 다 행한다. 따라서 스님들은 특별한 경우를 제외하고 보통은 무소유가 가능하다. 그럼에도 불구하고 완전한 무소유는 허구이다. 천주교 신부들도 제도로 결혼을 금하기에 비슷하다. 그러기에 스님과 천주교 신부들은 누구보다도 무소유 삶이 가능하다. 그러나 일반인들, 일반 불자들, 타 종교 지도자들은 불가능하다. 대부분 결혼을 하여 부양할 가족이 있고, 목회 사역에서 은퇴를 하면 스스로 의식주를 해결해야 하기 때문에 일정량의 소유가 절실하다. 그런즉 특수한 계층의 사람들이 아닌 일반적으로 과한 욕심을 갖지 않은 개념의 무소유로 이해하는 것이 타당하다고 생각한다. 또한 무소유(無所有)로 사람을 판단하는 잣대로 사용하는 것도 객관성이 없고 매우 부적절하다고 생각한다.

기독교 무소유 세계관

기독교는 탐심, 탐욕, 욕심은 금하지만 무소유(無所有, 가진 것이 없음)를 주장하지 않는다. 그렇다고 무소유를 대단하게 여기고 유소유(有所有)를 정죄하거나, 나쁘거나, 악하게 보지 않는다. 도리어 일을 하고 삯을 받는 것이 마땅하다고 말한다. 이 세상을 살아가기 위해서는 일정량의 소유물이 있어야 하기 때문이다. 혼자 살든 결혼해서 살든 누가 의식주를 완전히 해결해 주지 않는 이상 소유물은 필요하다. 기독교(개신교) 목회자들은 불교의 스님이나 천주교의 신부님들과 달리 결혼을 하여 가정을 가졌기에 소유물이 필요하다. 생활비가 상당히 있어야 한다. 무소유로 가면 무책임하고 불성실한 목회자, 나쁜 목회자가 된다. 일반 기독교인들도 마찬가지이다. 물론 기독교 지도자들은 청빈(淸貧, 맑을 청, 가난할 빈)하게 사는 것이 아름답다. 그러기에 기독교는 각기 소유를 인정한다. 단, 소유물을 가지고 자기의 필요를 채운 이후 나머지에 대하여 어려운 이웃을 돕고 나누라고 한다. 많은 소유를 가진 부자 되기에 애쓰지 말라고 한다. 돈을 사랑하지 말라고 한다. 자기가 소유한 것에 대하여 많든지 적든지 족(足, 넉넉함)함을 알라고 한다. 그리고 재물(소유물)을 의지하거나 섬기지 말라고 한다. 탐심은 우상 숭배라고 잘라 말한다. 안전하지 않은 소유, 돈, 재물에 마음을 두지 말라고 한다. 소유, 돈, 재물은 날개 달린 새처럼 다양한 변수로 인하여 언제 어떻게 날아갈지 모르기 때문이다. 게다가 사람이란 언제 어떻게 될지 모른다.

구약성경책 창세기 6장 21절이다.
"너는 먹을 모든 식물을 네게로 가져다가 저축하라 이것이 너와 그들의 식물이 되리라"

구약성경책 신명기 14장 28절이다.
"매 삼 년 끝에 그 해 소산(所産)의 십분 일을 다 내어 네 성읍에 저축(貯蓄)하여"

신약성경책 고린도전서 16장 2절이다.
"매 주일 첫날에 너희 각 사람이 이를 얻은 대로 저축(貯蓄)하여 두어서 내가 갈 때에 연보(헌금)를 하지 않게 하라"

신약성경책 고린도후서 12장 14절이다.
"…어린아이가 부모를 위하여 재물을 저축(貯蓄)하는 것이 아니요 이에 부모가 어린아이를 위하여 하느니라"

신약성경책 누가복음 10장 7절이다.
"그 집에 유(留, 머무름)하며 주는 것을 먹고 마시라 일꾼이 그 삯을 얻는 것이 마땅하니라 이 집에서 저 집으로 옮기지 말라"

신약성경책 골로새서 3장 5절이다.
"그러므로 땅에 있는 지체(肢體, 팔 다리와 몸)를 죽이라 곧 음란과 부정과 사욕과 악한 정욕과 탐심(貪心, 탐내는 마음)이니 탐심은 우상 숭배(거짓 신)니라"

신약성경책 디모데전서 6장 8~9절이다.
"8)우리가 먹을 것과 입을 것이 있은즉 족(足, 넉넉함)한 줄로 알 것이니라 9)부(富, 재산이 많음)하려 하는 자들은 시험과 올무와 여러 가지 어리석고 해로운 정욕에 떨어지나니 곧 사람으로 침륜(파멸)과 멸망에 빠지게 하는 것이라 "

신약성경책 디모데전서 6장 17절이다.
"네가 이 세대에 부(富, 재산이 많음)한 자들을 명하여 마음을 높이지 말고 정함이 없는 재물에 소망을 두지 말고 오직 우리에게 모든 것을 후히 주사 누리게 하시는 하나님께 두며"

　　기독교는 소유든 무소유든 탓하지 않는다. 도리어 일정량을 저축하라고 한다. 기본적으로 소유는 정당성과 적정성이 있어야 함을 강조한다. 소유물에 대한 재산 형성 과정이 투명하고 떳떳해야 한다. 부정한 행위나 부동산 투기 등으로 불로소득을 얻고 많은 재산을 소유하는 것은 금한다. 재산 증식이나 형성 과정이 정의로워야 한다. 그리고 대소(大

小) 간에 재산을 소유한 사람은 자기 배만 채우기 위하여 살지 말고 가난한 이웃을 위해서 아낌없이 베풀고 나누라고 한다. 이웃을 자기 몸처럼 사랑하라고 한다. 이웃의 필요를 채워 주라고 한다. 그러면서 한편으로는 많은 소유에 대하여 경계한다. 소유를 의지하지 말라고 한다. 왜냐하면 재물의 소유가 많으면 순수하고 열정적으로 신앙생활을 하기 어렵기 때문이다. 하나님과 재물을 겸하여 섬기지 못한다. 이것이 유한한 인간의 한계이자 약점이다. 그런즉 필요 이상으로 소유하는 것은 양날의 칼과 같다. 어느 정도 의식주 해결을 위한 것만 소유하고 저축하고 나머지는 많든 적든지 이웃 사랑과 선한 일에 나누고 투자해야 마땅하다. 지혜로운 일이다. 기독교는 무소유라고 해서 대단하게 여기거나 유소유(有所有)라고 해서 나쁘게 보지 않는다. 재물은 많든지 적든지 어떻게 취했고, 어떻게 사용하고, 어떻게 관리하느냐가 제일 중요하다. 기독교인들은 가능하면 많은 재물을 소유하지 않는 것이 지혜이자 신앙생활에 큰 도움이 된다. 그래야 자기가 소유한 재물을 의지하지 않게 된다. 이것이 기독교 무소유 세계관이다.

제18장

예불 세계관

예불(禮佛, 예도 례, 부처 불)의 사전적 의미는 '부처 앞에 예를 갖추어 절하는 의식 또는 그 의식을 행하는 것'을 뜻한다. 이슬람교도 하루에 다섯 번씩 이슬람교의 성지인 사우디아라비아 메카를 향하여 엎드려 절한다. 기독교는 불교나 이슬람교 등처럼 어떤 형상(모양)이든 어디에든 절하지 않는다. 특히 생명이 없는 조각상이나, 물체나, 살아 있지 않은 피조물이나, 어떤 형상(모양)에게 절하거나 예배하지 않는다. 그 이유는 간단하다. 이미 죽은 짐승이나, 사람이나, 나무나 어떤 행위를 해도 소용이 없고 헛된 짓이기 때문이다. 그리고 하나님은 모양이 아닌 영(靈)이시기 때문이다.

불교 예불 세계관

불교 사전에는 예불에 대하여 이렇게 정의하고 있다. 예불(禮佛)이란 ① 경건한 마음으로 부처에게 절함. ② 사찰에서 아침·저녁 두 차례에 걸쳐 부처나 보살에게 예배(절)하는 의식이라고 한다. 사찰(寺刹, 절 사, 절 찰)에서 조석(朝夕)으로 불보살(佛菩薩, 부처와 보살)에게 예배하는 의식을 예불이라고 하며 사찰(절)마다 약간 차이가 있다. 아침 예불을 하기 전에 도량석(道場釋)을 한다. 도량이란 붓다가 깨달음을 이룬 곳이다. 불도를 닦는 일정한 구역이다. 수행하는 곳이다. 도량석이란 사찰에서 아침 예불을 하기 전에 천지 만물을 깨우고 도량을 청정하게 한다는 뜻이다. 목탁을 치면서 주위를 도는 의식이다. 주로 천수경(千壽慶, 관세음보살 신앙을 구체화하기 위해 엮어진 불경)을 소리 내어 외거나 아미타불(극락정토에 있다는 부처)이나 관세음보살 등을 부른다. 보살(菩薩)이란 '부처의 다음가는 성인(고승)'을 뜻하는 말로 보리살타의 준말이다. 보통 '깨달음을 얻으려고 수행하는 자'를 말한다. 재가(在家, 집에 있으면서 승려처럼 도를 닦음)와 출가(出家, 세속을 떠나 불문에 듦)를 막론하고 대승불교의 가르침을 수행하는 자를 모두 보살이라고 한다. 여자 신도를 대접해 부르는 말이다. 관세음보살(觀世音菩薩)이란 '아미타불(부처)의 왼편에서 교화를 돕는 보살'이다. 중생(불자)이 괴로울 때 그 이름을 외면 곧 구제한다고 한다. 도량석이 끝나면 아침 종송(鐘頌, 종 종, 칭송할 송)을 한다. 종송이란 사찰에서 조석으로 종을 칠 때 독송하는 게송(偈頌, 쉴게, 기릴 송)이다. 게송이란 '외기 쉽게 게구를 지어 부처의 공덕

을 찬미하는 노래'이다. 종송이 끝나면 불보살을 모신 상단부터 예불(절)
을 한다.

 아침 예불에는 청정수를 올리고 다게(茶偈)를 읊는다. 다게란 사찰에
서 불전에 차나 물을 공양할 때 독송하는 게송(노래)이다. 그 다음 다 함
께 '예불문'을 독송한다. 예불문은 다음과 같다. "3계(界)의 길잡이시고
온갖 생물의 자애로운 아버지이시며 우리의 스승이신 석가모니 부처님
께 지극한 마음으로 예배합니다.", "시방 3계(界)에 항상 두루 계시는 부
처님께 지극한 마음으로 예배합니다.", "시방 3계(界)에 항상 두루 하는
가르침에 지극한 마음으로 예배합니다." 등이다. 그 다음 나라와 국민의
안녕을 기원하는 행선축원(行禪祝願)을 하고, 중단독경(中壇讀經, 사찰
에서 불교를 수호하는 신중(神衆)을 모신 단에서 불경을 읽음)으로『반야
심경』(지혜를 완성하는 핵심적인 경전)을 독송한다. 그리고 법당에서 불
상(佛像) 앞에서 예불을 할 때 세 번의 절을 한다. 처음 절은 '거룩한 부처
님을 우러르고 따르겠다'는 뜻이다. 두 번째 절은 '소중한 부처님 가르침
(법)을 떠받들어 따르겠다'는 뜻이다. 세 번째 절은 '청정한 승가(승)가 빚
어진 뜻을 받들며 어울리겠다'고 다짐하는 절이다. 승가(僧伽, 중 승, 절
가)란 중(衆, 무리) 혹은 화합중(和合衆)이라고 번역한다. 부처의 가르침
을 믿고 그 가르침대로 수행하는 사람들의 집단을 말한다. 이슬람교는
이슬람 성지인 메카를 향하여 하루에 다섯 번 엎드려서 절을 한다. 기독
교는 이슬람이나 불교처럼 하나님(God)께 엎드려 절하지 않는다. 하루
에 몇 번씩 예배를 드려야 한다는 것이 없다. 각자가 알아서 행한다. 하
나님은 사람의 눈에 보이는 어떤 형상이나 모양이 아니고 우주 만물 어

디에나 편만하게 살아계시어 보시고 들으시는 신령한 영(靈)이시고 하나님은 사람의 중심을 보시기 때문이다. 단지 구별된 악기를 동원하여 신령과 진정으로 믿음과 마음과 정성을 다하여 입술로 찬양하고 예배(불교처럼 물리적으로 엎드려서 하는 절이 아님)를 드린다. 이것이 불교와 기독교가 크게 다른 점이다.

기독교 예불 세계관

기독교(개신교)는 불교처럼 서서 하든지 엎드려서 하든지 불상(부처님), 십자가, 예수님 사진 등에게 예불(절, 예배)하지 않는다. 기독교(개신교)는 어떤 죽은 피조물이나 생명이 없는 형상(모양, 조형물) 등에게 절하거나 예배하지 않는다. 기독교 성경은 이를 우상 숭배로 금한다. 오직 산 사람에게만 존경, 공경, 예의 차원에서 절(인사)을 할 뿐이다. 그 외에는 누구에게든지, 어떤 대상에게든지 숭배와 종교적인 의미로 절(예불)을 하지 않는다. 기독교도 불교의 예불(예배)처럼 스스로 계신 성삼위 유일신 하나님(성부 하나님, 성자 하나님, 성령 하나님), 형상이 아닌 영(靈)이신 하나님께 예배를 드린다. 기독교는 천지 만물을 창조하신 유일한 신(神, God)인 하나님에게 예배를 드린다. 사람이나 성인이나 조각상이나 무생물 등 어떤 눈에 보이는 형상에게 예배하지 않는다. 죽은 사람에게도 절이나 예배를 하지 않는다. 그 이유는 성경이 예배의 대상이 아니라고 금하며 생명이 없는 헛된 것이기 때문이다. 오직 살아계신 여호와 하나님 한 분만 숭배하고 예배하라고 한다.

구약성경책 출애굽기 20장 3~5절이다.
"3)너는 나(하나님) 외에는 다른 신들(우상들, 가짜 신들)을 네게 있게 말찌니라 4)너를 위하여 새긴 우상을 만들지 말고 또 위로 하늘에 있는 것이나 아래로 땅에 있는 것이나 땅 아래 물속에 있는 것의 아무 형상(形像, 모양)이든지 만들지 말며 5)그것들에게 절(인사, 예배)하지 말며 그것들을 섬기지 말라…"

신약성경책 요한복음 4장 24절이다.
"하나님은 영(靈)이시니 예배하는 자가 신령(성령)과 진정(진리)으로 예배할찌니라"

기독교(개신교)는 누구든지 어떤 형상(모양, 조각상 등)을 만들어 놓고 그게 신(神, gods)이라고 숭배하고, 절하고, 예배하는 행위에 대하여 우상 숭배라고 한다. 우상(偶像, 허수아비 우, 형상 상)의 사전적 의미는 다음과 같다. ① 나무·돌·쇠붙이(청동)·흙 등으로 만든 형상이다. ② 신불을 본떠 만든 모양이다. ③ 미신 등의 대상물을 의미한다. ④ 대중적인 인기가 있어 맹목적으로 추종하고 존경하는 대상이다. 참 신(神)은 인간이 손으로 만들 수 없다. 손으로 만드는 순간 신(神)이 아니다. 그래서 성경은 사람이 각종 도구로 새겨서 만든 조각물, 다양한 형상(모양)을 신으로 만들지도, 섬기지도, 절(예배)하지도 말라고 금한다. 상식적으로 죽은 식물에게 물을 주는 사람은 없다. 죽은 과실수에게서 열매를 기대하는 사람은 없다. 허수아비에게 절(예배)을 하면서 어떤 소원을 빌거나 도움을 구하는 사람은 없다. 왜 그런가? 헛수고이기 때문이다. 그 어떤 정성과 열심을 다해도 헛되고 헛된 것이다. 무엇이든지 살아 있는 것에 투자와 수고를 해야 열매가 나타난다.

절이나 예배도 마찬가지이다. 죽은 사람이나 무덤이나 영정 사진에 백 번 천 번 절을 해봤자 소용이 없다. 아무런 영향력이나 반응이 없다. 생명이 없기 때문이다. 그런데도 인간들은 생명이 없는 죽은 사물에 맹신적으로 절을 한다. 오직 기독교(개신교)인들만 절하지 않는다. 천주교인들도 조각상(형상)을 만들어 그것에 빌고, 죽은 자에게 기도하거나 절한다. 그러나 기독교의 개신교인들은 성경말씀에 따라 그리하지 않는다. 생명이 떠난 죽은 시체에게 절하고 비는 것처럼 어리석은 일은 없다. 죽은 씨앗을 논과 밭에 뿌리고 싹 나기를 기대하는 농부는 없다. 무엇이든지 살아 있을 때 잘하고 정성을 들여야 한다. 살아 있는 것에 어떤 행위를 해야 영향력과 효력이 발생한다. 결과가 나타나고 반응을 한다. 이런 사실은 상식이다. 기본 의식이 있는 사람은 다 안다. 다시 강조컨대 참 기독교인은 어떤 조각상, 형상, 모양, 대상, 물질 등에게 절하거나 예배하지 않는다. 이것이 기독교(개신교) 예불 세계관이다.

제19장

염불 세계관

염불(念佛, 생각할 염, 부처 불)의 사전적 의미는 다음과 같다. ① 부처의 모습과 공덕을 생각하면서 아미타불(부처)을 부르는 일. ② 불경을 외는 일이라고 한다. 불교 사전에서는 이렇게 정의한다. ① 부처의 모습이나 공덕을 생각하면서 부처의 이름을 소리 내어 부르는 것. ② 경전의 글귀를 소리 내어 읽거나 읊조림이라고 한다. 기독교에는 수행법의 하나인 염불과 같은 행위가 없다. 염불과 같은 수행법을 통해서 스스로 극락세계를 성취하거나 극락왕생이라는 개념과 교리 자체가 없다. 기독교는 오직 인류의 유일한 구세주인 예수 그리스도를 믿음으로만 번뇌에서 자유하고 천국에 들어갈 수 있다고 말한다. 이런 면에 있어서도 불교와 기독교는 전혀 다르다.

불교 염불 세계관

염불(念佛)이란 하나의 수행법으로 일반적으로 마음속에 항상 부처님을 생각하는 것을 말한다. 부처님께 귀의(歸依, 돌아가 몸을 의지함)하고 모든 것을 부처님의 뜻에 따라 수행하는 것이 염불이다. 주위에서 이런 소리를 들은 적이 있을 것이다. '나무관세음보살', '나무아미타불', '나무석가모니불' 이 모두가 부처님을 부르는 소리이다. 여기서 '나무(南無)'란 인도 범어 'namo'를 소리 나는 대로 음역한 것이다. 주의할 것은 한자어로 남무(南無)를 불교식으로는 '나무'라고 발음하는 것이다. 인도 범어 'namo'의 원뜻은 '존경한다'는 의미이다. 그러므로 '나무아미타불', '나무관세음보살'이라고 하는 것은 아미타불과 관세음보살을 '존경한다'는 말이다. 참고로, 아미타불은 무량수불(無量壽佛, 수명이 한없는 부처)이라고도 한다. 여기서 '아미타'란 인도 범어로 '한량없는 수명'이란 의미이다. 그리고 관세음보살을 염불하는 것은 관세음보살님은 이 세상에서 고통받는 중생들(사람들)이 자신의 이름을 부르면 어떤 고통에서든지 벗어나게 해 준다는 것이다. 그래서 이러한 관세음보살님을 존경하고 본받는 것이 '나무관세음보살'이다. 이와 같이 염불은 부처님과 보살님을 생각함으로써 자신이 부처가 되고 보살이 되기 위해서 하는 것이다. 염불은 아미타불이나 관세음보살을 믿고 의지하여 극락세계에 가기 위해서 하는 것이 아니라 우리 스스로가 본래 생사가 없는 무량한 수명을 지닌 무량수불(부처)이며, 우리의 마음이 본래 자비가 충만한 관세음보살(부처의 왼편에서 교화를 돕는 보살)이라는 것을 자각하여 우리 스스로 극락세계를 성취하기 위해서 하는 것이라고 한다.

그리고 『아함경』에서는 염불을 지극정성으로 하면 번뇌가 사라져 하늘에 태어나거나 열반을 얻을 수 있다고 한다. 또한 염불은 죄를 없애고 삼매(三昧, 잡념을 버리고 한 가지 일에만 마음을 집중시키는 경지) 중에 부처님을 친견(親見)하는 것은 물론, 부처님의 나라에 태어나길 발원하면 반드시 태어난다고 한다. 그래서 『아미타경』에서는 깨달음을 이루지 못한 사람이라도 임종할 때 일념으로 아미타불을 열 번만 부르면 서방정토(西方淨土, 서방극락)에 왕생(往生, 이승을 떠나 극락에 가서 태어나는 일)한다고 한다. 신라 시대의 원효 스님이 무애박(속이 빈 박)을 두드리며 '나무아미타불'을 지성으로 부르면 극락에 왕생(往生, 다시 태어남)할 수 있다고 가르치신 이래 염불은 지금까지 불교인의 수행법의 대명사가 되었다. 기독교에는 염불과 같은 교리가 없다. 기독교에는 염불과 같은 수행 행위로 극락, 천국에 들어가거나 태어난다는 사상이 전혀 없다. 이런 점이 기독교(개신교)와 큰 차이점이다.

기독교 염불 세계관

기독교(개신교)는 불교의 염불처럼 어떤 수행법이나 스스로의 행위를 통해서 무엇을 깨닫고, 번뇌에서 벗어나고, 천국에 들어가고, 구원에 이른다고 하는 교리나 개념 자체가 전혀 없다. 오직 인류의 유일한 구원자(구세주)이신 예수 그리스도를 믿어야만 진리를 깨닫고, 죄(원죄와 자범죄) 용서함과 구원을 얻어 사후에 천국에 들어가서 영원히 영생한다고 말한다. 그래서 깨달음과 천국에 들어가기 위한 그 어떤 수행법도 없다. 불교의 염불과 같은 행위 자체가 없다. 전적으로 부패하고 타락한 인간 스스로는 그 어떤 염불 등의 행위를 하더라도 절망과 번뇌와 저주와 죽음과 지옥 심판을 벗어나지 못한다고 한다. 극락왕생(極樂往生, 극락에서 다시 태어남)이라는 교리나 개념도 없다. 이에 기독교(개신교)는 하나님이 주신 진리인 성경(聖經)책을 통해서 천지 창조와 인생의 희로애락과 현세와 내세, 구원과 영생, 천국과 지옥 등에 대하여 알게 되고, 믿음으로 거듭나 하나님의 자녀가 된다. 아무리 성경을 외우고, 말하고, 하나님의 이름을 부른다고 해도 진실로 믿지 않으면 소용이 없다고 한다. 중심(마음)으로 하나님을 믿어야만 된다. 염불과 같은 형식으로 무엇을 해도 헛되고 헛되다고 한다.

신약성경책 로마서 3장 20절이다.
"그러므로 율법의 행위로 그(하나님)의 앞에 의롭다 하심을 얻을 육체가 없나니 율법으로는 죄를 깨달음이니라"

신약성경책 사도행전 16장 31절이다.
"가로되 주 예수를 믿으라 그리하면 너와 네 집(가족)이 구원을 얻으리라 하고"

신약성경책 로마서 10장 10절이다.

"사람이 마음으로 믿어 의에 이르고 입으로 시인하여 구원에 이르느니라"

기독교(개신교) 진리인 성경책은 어떤 행위, 수행법으로 진리를 깨닫고 구원에 이른다고 말하지 않는다. 하나님의 이름을 부르고 외운다고 천국에 간다고 말하지 않는다. 오직 인류의 유일한 구원자이신 예수님을 믿음으로만 변화, 깨달음, 구원에 이른다고 한다. 불교는 부처님에 대한 염불을 통해서 극락왕생도 하고 깨닫기도 한다고 하지만, 기독교에서는 인류의 유일한 구원자이신 예수님을 믿는 것 외에는 구원의 길, 천국에의 길이 없다고 말한다. 그래서 기독교(개신교)는 배타적(남을 배척하는 경향)인 종교이다. 배타성은 나쁜 것이 아니다. 참을 참이라고, 진리를 진리라고 하는데 배타적이라고 나쁘게 부정적으로 말하는 것은 잘못된 것이다. 인정할 수 없거든 그냥 무시하면 된다. 이런 자세에 대하여 비난하거나 배타적이라고 욕하는 것은 옳지 않다. 모든 종교는 배타적이어야 옳다. 모든 부부들은 자기 배우자가 아닌 다른 이성에 대하여 배타적이어야 맞다. 배우자는 유일한 내 아내와 남편이지 공유 개념인 어떤 사람의 배우자도 될 수 있다는 우리 남편과 아내가 아니다. 신앙 사상도 동일하다. 단, 서로 비난하지 않고, 욕하지 않고, 존중하면 된다. 믿어지면 믿고 안 믿어지면 믿지 않으면 된다. 이는 각자의 주권이다. 서로 싸울 것이 전혀 없다. 배타적이라고 비난하고 욕할 것이 없다. 이것이 기독교 염불 세계관이다.

제20장

49재 세계관

49재(四十九齋)의 사전적 의미는 '사람이 죽은 지 49일이 되는 날에 지내는 재(齋, 재계할 재, 명복을 비는 불공)'이다. 49재는 불교의 제사의 식이다. 사람이 죽고 나서 다음 생(生, 태어남)을 얻을 때까지의 날수이다. 이는 윤회 사상, 환생 사상과 연결된다. 죽은 영혼이 중음(中陰, 중생이 죽어서 다음의 어떤 생(生)을 받을 때까지의 49일 동안)으로 있는 기간을 이른다. 그동안 매번 7일째마다 다음 생(生)의 과보(果報, 선악의 행위에 따라 받는 고락의 갚음)가 결정되는데 늦더라도 일곱 번째의 7일이 되는 날에는 반드시 어느 곳에 태어난다 하여 49재를 지낸다. 기독교에는 49재라는 것 자체가 없다. 왜냐하면 윤회설과 연결된 49재는 성경이 인정하는 것이 아니기 때문이다.

불교 49재 세계관

불교 사전에 따르면 49재(49齋)란 '사람이 죽은 지 49일 만에 올리는 천도재(薦度齋)'라고 한다. 천도재란 '죽은 이의 넋(영혼)을 극락으로 보내기 위해 행하는 의식'이다. 불교에서 가장 중요시 하는 사후(죽은 이후)의 예(禮)는 49재이다. 불교의 경(經)은 사람의 존재 형태를 4가지로 구분한다. 이것을 사유(四有)라고 한다. 첫째는 생유이다. 생유(生有)란 '중생(사람)이 죽어 다음의 어떤 생(生)이 결정되는 순간'을 의미한다. 둘째는 사유이다. 사유(死有)란 '중생이 죽는 순간'을 의미한다. 셋째는 본유이다. 본유(本有)란 '생(生)에서 사(死)까지의 생애'를 의미한다. 넷째는 중유이다. 중유(中有)란 '이생에 죽어서 다음 생(生)까지'를 의미한다. 그런데 중유의 정상적인 기간이 49일이다. 즉 사람이 죽은 뒤에는 일반적인 경우 49일이면 중유가 끝나고 다음 생(生)이 결정된다. 그러므로 다음 생(生)이 결정되기 전인 48일째에 정성을 다하여 영혼의 명복을 비는 것이 49재이다. 그러니까 49재란 죽은 이의 명복(冥福, 죽은 뒤에 저승에서 받는 복)을 빌기 위해 죽은 날로부터 7일마다 7회에 걸쳐 행하는 의식이다. 그래서 칠칠재(七七齋)라고도 한다. 불교의 내세관(사후 세계관)에 따르면 사람이 죽어 다음 생을 받을 때까지의 49일 동안을 중음(중유)이라고 한다. 이 기간에 다음 생이 결정되는데, 다음 생(生)에 좋은 곳 혹은 좋은 것으로 다시 윤회하기 위해서 49재를 지낸다. 기독교는 윤회 사상, 윤회설을 부인하기 때문에 윤회설과 직결된 49재가 없다.

기독교 49재 세계관

기독교(개신교)도 죽은 자에 대한 의식(예식, 제사, 예배)을 취하는데 다른 것은 전혀 없고 추모의식을 취하면서 하나님께 감사예배(제사)를 드린다. 불교 제사처럼 죽은 자를 위하여 드리지 않는다. 성경은 이방인의 제사하는 것은 귀신(鬼神)에게 하는 것이라고 한다. 기독교(개신교)의 제사(추모, 추도식)는 죽은 자나 귀신에게 하지 않고 오직 살아계신 하나님께 한다. 이것이 불교와 기독교(개신교)의 큰 차이점이다. 기독교(개신교)는 추모의식을 가질 때 불교나 다른 종교처럼 상 위에 음식을 차려놓거나 영정 사진 앞에 절하지 않는다. 왜냐하면 상 위의 제사 음식은 어떤 식으로든지 죽은 자나 귀신이 와서 먹을 수 없고, 영정 사진은 산 사람이 아니기 때문이다. 불교나 기독교나 죽은 자를 기리어 제사(예배)의 의식을 갖지만 형태와 내용은 전혀 다르다. 기독교(개신교)는 사람이 죽으면 곧바로 사후세계(내세)인 천국(낙원) 아니면 지옥(불못)에 들어간다고 가르친다. 죽음(사망)이란 육체에서 영혼이 떠나가는 것을 말한다. 영혼이 떠나간 몸을 시체(송장=죽은 사람의 몸뚱이)라고 한다. 우리 몸에서 떠나간 영혼은 일정 기간을 두고 돌고 도는 것이 아니라 곧바로 내세(천국=낙원, 지옥)로 들어가서 그곳에서 인류 최후의 심판 때까지 기다리다가 심판이 끝난 후 다시 영원히 살게 된다고 말한다. 이 세상에서도 범죄 혐의로 체포된 미결수는 판결이 확정되기 전까지 임시로 구치소에서 수감되어 대기하고 있다가 판결이 확정되면 기결수가 되어 감옥(교도소)에서 형을 살게 되는 것을 생각하면 이해가 쉬울 것이다. 무기징역이라는 확정 판결을 받은 자들은 감옥(교도소)에서 영원히 살게 된다. 확정 판결을 받기 전까지는 재판을 위해서 재판장에 자주 출입하게 된다. 기독교의 내세관도 마찬가지이다. 기독교의 내세관은 불교에서 말하는 돌고 도는 윤회와 환생 사상이 아니라 직선적 내세관이다.

신약성경책 마태복음 27장 50절이다.
"예수께서 다시 크게 소리를 지르시고 영혼(靈魂)이 떠나시다"

구약성경책 창세기 50장 26절이다.
"요셉이 일백십 세에 죽으매 그들이 그의 몸에 향 재료를 넣고 애굽에서 입관(入棺, 시신을 관에 넣음)하였더라"

신약성경책 고린도전서 15장 51~52절이다.
"51)보라 내가 너희에게 비밀을 말하노니 우리가 다 잠잘 것이 아니요 마지막 나팔(지구 종말 때=예수님 재림 때)에 순식간에 홀연히 다 변화하리니(신령한 모양으로 변화) 52)나팔 소리가 나매 죽은 자들이 썩지 아니할 것으로 다시 살고(부활) 우리도 변화하리라(전혀 새로운 모양으로 변화)"

신약성경책 누가복음 23장 43절이다.
"예수께서 이르시되 내가 진실로 네게(악한 강도) 이르노니 오늘 네가 나와 함께 낙원(천국)에 있으리라 하시니라"

신약성경책 고린도전서 10장 20절이다.

"대저 이방인(하나님을 믿지 않는 자들)의 제사(祭祀)하는 것은 귀신(鬼神)에게 하는 것이요 하나님께 제사하는 것이 아니니 나는 너희가 귀신과 교제하는 자 되기를 원치 아니하노라"

성경의 죽음관은 영혼이 육체를 떠나가는 것이다. 죽은 자나 산 자나 예수님께서 세상을 심판하시기 위하여 천사들과 함께 나팔을 불며 공중으로 재림(再臨, 다시 오심)해 오실 때, 즉 세상 종말 때에 모든 사람들은 지금의 몸이 아닌 새로운 몸으로 변화와 부활하여 인류 최후의 심판을 받고 천국(낙원) 아니면 지옥으로 들어가 그곳에서 나가지도 들어가지도 못하고 영원히 살게 된다. 윤회(輪廻, 돌고 돎)나 환생(還生, 다시 새로운 것으로 태어남)은 없다. 그리고 죽은 자를 위하여 어떤 업(業, 선행)도 할 수 없고 해도 소용이 없다. 그래서 기독교는 49재와 같은 제사의식은 취하지 않는다. 대신 죽은 자를 추모하며 하나님께 감사예배를 드린다. 그것을 '추도예식'이나 '추모예식' 혹은 '추도일 기념예배'나 '추모일 기념예배'라고 한다. 이것이 정확한 표현이다. 왜냐하면 예배란 하나님께만 드려지는 것으로 '추모예배' 혹은 '추도예배'라고 하면 죽은 이를 생각하며 슬퍼하는 예배라고 오해를 받을 수 있기 때문이다. 그래서 용어도 잘 사용해야 한다. 기독교(개신교)는 기독교인이 죽으면 임종예배(사망 즉시 드리는 예배), 입관예배(목관에 안치하기 전 예배), 발인예배(장지로 떠나기 전 예배), 하관예배(매장이나 화장하기 전에 드리는 예배), 위로예배(모든 장례 절차를 마친 후 유가족들을 위하여 드리는 예배), 추모나 추도예식(장례식을 모두 마친 후 기일에 드리는 예배)을 취한다.

보통 전통적으로 그리 정하여 예식을 행한다. 성경에는 다양한 장례 예배가 없다. 이는 한국에 토착화된 장례예식이라고 보면 된다. 본질적인 것이 아니기에 이렇게 해도 되고 압축해서 해도 된다. 일부 생략해도 된다. 가장 중요한 것은 살아 있을 때 잘하는 것이다. 식물이나 생물이나 동물이나 사람이나 죽은 다음에 잘하는 것, 사망한 다음에 어떤 의식과 예식을 취하는 것은 사실 헛된 일이기 때문이다. 죽은 것이나 사망한 자에게 아무런 영향과 효력을 미치지 못한다. 죽은 자는 다시 돌아오지 못한다. 윤회가 없다. 환생이 없다. 이는 상식이다. 당장 실험을 해 보면 즉시 알 수 있다. 죽은 식물이나 나무를 가지고 실험해 보라. 콩 심은데 콩 나고, 팥 심은데 팥 나는 것이 정상이지 콩을 심었는데 윤회로 다음생(生)에서 팥이 나고 다른 것으로 난다는 것은 자연의 기본 이치나 원리에 맞지 않는다. 진화론도 이 부분에서 타당한 설명을 하지 못한다. 진화론이 맞다면 과거나 현재나 윤회나 진화로 다양한 단계나 모양의 사람이 존재해야 맞다. 그런데 그런 사람은 없다. 설명을 못한다. 왜냐하면 그런 것이 없고 사실이 아니기 때문이다. 따라서 장례식이나 각종 제사의식은 가장 간단하게 치르는 것이 지혜이다. 그래서 기독교(개신교) 장례의식이나 제사의식은 간단하다. 돈도 많이 들지 않고 고생스럽거나 복잡하지도 않다. 비싸고 많은 음식도 위치나 순서에 따라 차리지 않는다. 이런 것들은 고인(故人, 망자)이 살아 있을 때 하는 것이다. 살아 있을 때는 소홀히 하고 죽은 다음에 잘하는 것은 정성도 효도도 아니다. 헛된 행위이다. 이런 면에서 불교와 기독교는 죽은 자, 즉 고인(故人)에 대해서 행하는 제사의식이나 어떤 기대 등이 전혀 다르다. 이것이 기독교 49재 세계관이다.

제21장

불상 세계관

불상(佛像, 부처 불, 형상 상)의 사전적 의미는 '부처님(석가모니) 모양을 표현한 조각이나 그림'을 뜻한다. 나무·돌·흙·쇠붙이(각종 청동) 따위로 만든 부처님의 형상을 말한다. 불교에는 절(사찰)이나 불교 유적지 등에 이런 불상이 다양하게 있다. 그러나 기독교(개신교)에는 이런 형상(모양)이 전혀 없다. 그 이유는 하나님은 형상(모양)이 아닌 비가시적인 영(靈, 신령)이신 분이시고 성경이 금하기 때문이다. 생명과 반응과 능력이 없는 형상(모양, 조각상)에게 기도하고, 절하고, 합장하고, 예배하는 행위는 헛되고 헛된 행위이다. 이는 기본 상식이다. 불교와 기독교는 이 부분에서도 전혀 다르다.

불교 불상 세계관

불상을 문자 그대로 해석하면 '부처님의 조상(彫像, 조각상)'이다. 불교 사전은 불상(佛像)에 대해서 이렇게 말한다. '부처의 모습을 조각이나 그림으로 나타낸 것'이라고 한다. 사찰에 있는 미륵(彌勒, 미륵보살의 준말, 돌부처)이나 보살(菩薩, 고승) 등의 상(像, 형상)들까지 불상이라고 한다. 불상 조각의 발상지는 '간다라 지역'(현재 파키스탄 페샤와르 지방)으로 기원 1세기경이라고 한다. 중인도 지방에서도 석가상(釋迦像)이 만들어졌고 이것이 인도 각지에 퍼졌는데 이 양식을 '마투라 미술'이라고 부르고 있다. 중국에서는 후한 시대에 불상이 전해졌다고 한다. 한국에 불상이 전해진 시기는 고구려로 약 1700여 년 전에 중국에서 불상과 경전이 전래되었다고 『삼국사기』에 기록되어 있다. 불상의 종류로는 여래불상, 보살불상, 명왕불상, 천불상이 있다. 여래란 부처님의 다른 이름으로 부처님의 열 가지 이름 가운데 하나이다. 대표적인 것이 석가여래, 약사여래, 아미타여래, 비로자나여래, 대일여래가 있다. 그리고 보살이란 깨달음을 연구하여 정진하고 있는 수행자, 즉 여래(부처)를 모시고 불법을 수학하는 자를 보살(菩薩)이라고 부른다.

불상의 재질은 여러 가지가 있다. 돌로 만든 석불(石佛, 돌부처) 부처가 있다. 주로 들판이나 야외에 세워진 불상이다. 금속으로 만든 금불(金佛, 청동부처) 부처가 있다. 주로 사찰 내부에 있다. 각종 나무로 만든 목불(木佛, 나무부처) 부처가 있다. 마른 옻칠을 한 건칠불(乾漆佛) 부처가 있다. 마지막으로 진흙으로 만든 불상으로 소불(塑佛, 흙부처) 부처가 있다. 이처럼 불교에서는 다양한 모양의 부처를 만들어 절(사찰), 불교 유적지, 불자 집 등에 모셔 놓고 어떤 소원과 마음을 담아 그 앞에서 엎드려 절을 하거나 합장과 기도를 한다. 이런 부분에서도 불교와 기독교는 확연히 다르다. 기독교(개신교)는 어떤 조각상으로든지 하나님에 대한 형상(모양)을 만들지 않고 그 앞에서 종교적인 행위를 하지 않는다. 전지전능하신 참 신(神)이라면 형상일 수가 없고 우주에 편만하며 언제 어디서나 숭배하고 기도하면 들으시기 때문이다. 하지만 불교가 숭배하는 부처(석가모니, 싯다르타)는 우리와 동일한 인간이지 스스로 존재하는 신(神)이 아니다. 불교 어느 경전에서도 부처가 신(神)이라고 말하지 않는다. 따라서 부처의 사상을 추구하는 것은 좋지만, 부처 불상 앞에서 어떤 소원을 기대하고 절과 기도와 합장을 하는 행위는 아무런 효력과 영향이 없다. 그 이유는 살아 있는 신(神)이 아니고 신적 능력이 없기 때문이다. 수양 차원에서라면 모를까 기독교의 전지전능하신 신(하나님, God)처럼 믿고 숭배하는 것은 아무런 의미가 없다. 상식적으로 생각해 보기 바란다. 사실이든 아니든 부처가 신(神)이라고 믿고 그 앞에서 기도와 절을 한다면 그럴 수 있다고 하지만, 우리와 동일한 사람이요 그것도 이미 죽었는데 그(불상)에게 어떤 소원을 빌고 절하고 숭배하는 것은 소용이 없다. 무엇을 믿고 추종해도 상식과 논리와 깊은 상고를 하면서 해야 한다.

기독교 불상 세계관

기독교(개신교)는 불교와 달리 종교시설이든 집에서든지 어떤 형상, 모양, 조각상을 만들어 놓고 그 앞에서 종교적 의미를 담아 기도, 절, 합장 등을 하지 않는다. 크게 세 가지 이유 때문이다. 하나는 하나님의 말씀인 성경이 금하기 때문이다. 어떤 형상(모양, 조각상)이든지 사람이 만든 것은 신(神)이 아니다. 또 하나는 하나님은 눈에 보이지 않으시나 살아계시어 우주 어디에나 편만하게 계시므로 언제 어디서나 무엇이든지 보시고 들으시고 응답하시는 전지전능하신 유일하신 신(하나님, God)이시기 때문이다. 마지막으로는 하나님은 스스로 존재하시는 분으로 피조물로, 어떤 눈에 보이는 형상(모양, 조각상)으로 격하하고 표현하여 숭배할 수 있는 분이 아니기 때문이다. 신(神)을 눈에 보이는 각종 조각상으로 만들어 놓고 숭배하는 순간 신(神)이 아니다. 피조물과 동일하게 된다. 사람이 조각하여 만든 형상이 어찌 신(神)이 될 수 있는가. 그렇게 하는 것 자체가 어리석은 짓이고 헛된 짓이다. 이러한 행위는 마치 사람이 사람의 음식인 돼지머리에 엎드려 고사를 지내는 것과 다르지 않기 때문이다. 그래서 기독교(개신교)에서는 이런 조각상을 우상(偶像, 허수아비)이라고 하고, 어떤 형상을 숭배하는 것을 우상 숭배라고 한다. 우상 숭배는 하나님이 가장 싫어하는 것이다. 참 하나님이 계시는데 어떤 조각상을 만들어 놓고 섬기며 그것을 신(神)이라고 대체하여 추종하기 때문이다. 신앙적으로 타락한 과거 이스라엘 백성들은 출애굽 후 광야 40년과 가나안 땅에서 우상을 숭배하곤 하다가 하나님의 진노를 받아 죽임을 당했다.

가장 대표적인 우상 숭배 사건이 출애굽한 이후 지금의 사우디아라비아에 있는 시내산 아래에서 금가락지 등을 모아 불로 녹여 금송아지를 만들어 놓고 그것이 이스라엘을 애굽(이집트)에서 인도한 하나님이라고 외치며 춤추고 먹고 마신 사건이다. 기독교에는 천주교(로마 가톨릭)와 개신교(프로테스탄트)가 있다. 천주교는 불교처럼 성인이나 마리아 등에 대하여 조각상을 만들어 성당 안이나 뜰에 놓고 종교적인 행위를 한다. 그림들도 많다. 이는 천주교가 그릇된 신앙 지식에 따라 크게 잘못하고 있는 것이다. 이에 반해 개신교는 하나님과 성인들에 대하여 그 어떤 형상(모양, 조각상)을 만들지 않고 세우지 않는다. 어떤 형상에게든지 기도하거나 절하거나 합장하지 않는다. 개혁주의 개신교에서는 십자가까지도 실내에 설치하는 것을 금한다. 물론 그렇지 않은 개신교도 있다. 아무튼 십자가는 기독교를 상징하는 것이기에 교회당(예배당) 건축물에 종교시설이라는 표시로 세우지만 그렇다고 불교나 천주교처럼 그것에 절하거나 기도하거나 숭배하지는 않는다.

구약성경책 출애굽기 20장 3~6절이다.
"3)너는 나(하나님) 외에는 다른 신들(gods, 우상들)을 네게 있게 말찌니라 4)너를 위하여 새긴 우상(偶像, 가짜 신, 허수아비)을 만들지 말고 또 위로 하늘에 있는 것이나 아래로 땅에 있는 것이나 땅 아래 물속에 있는 아무 형상(모양, 조각상, 그림)이든지 만들지 말며 5)그것들(형상들)에게 절하지 말며 그것들(형상들)을 섬기지 말라 나 여호와 너의 하나님(God, 유일신)은 질투하는 하나님인즉 나를 미워하는 자의 죄를 갚되 아비로부터 아들에게로 삼사 대까지 이르게 하거니와 6)나를 사랑하고 내 계명을 지키는 자에게는 천 대까지 은혜를 베푸느니라"

신약성경책 요한일서 5장 21절이다.
"자녀들아 너희 자신을 지켜 우상(偶像, 가짜 신, 조각상)에서 멀리하라"

신약성경책 요한복음 4장 24절이다.
"하나님(여호와, God)은 영(靈, 신령)이시니 예배하는 자가 신령(성령)과 진정(진리)으로 예배할찌니라"

신약성경책 요한계시록 9장 20절이다.
"이 재앙에 죽지 않고 남은 사람들은 그 손으로 행하는 일을 회개치아니하고 오히려 여러 귀신들과 또는 보거나 듣거나 다니거나 하지못하는 금 은 동과 목석(木石, 나무와 돌)의 우상(偶像, 조각상)에게절하고"

구약성경책 열왕기상 12장 28절이다.
"이에 계획하고 두 금송아지를 만들고 무리에게 말하기를 너희가다시는 예루살렘에 올라갈 것이 없도다 이스라엘아 이는 너희를 애굽(이집트) 땅에서 인도하여 올린 너희 신(god=두 금송아지 형상)이라 하고"

신약성경책 요한계시록 14장 9~11절이다.

"9)또 다른 천사 곧 세째가 그 뒤를 따라 큰 음성으로 가로되 만일 누구든지 짐승(사단의 하수인 정부와 지도자)과 그의 우상(偶像, 가짜 조각 神)에게 경배하고 이마에나 손에 표(666표=예수님 불신자 상징)를 받으면 10)그도 하나님의 진노의 포도주를 마시리니 그 진노의 잔에 섞인 것이 없이 부은 포도주라 거룩한 천사들 앞과 어린 양(예수님) 앞에서 불과 유황으로 고난을 받으리니 11)그 고난의 연기가 세세토록(영원토록) 올라가리로다 짐승(사단의 하수인 정부와 지도자)과 그의 우상(偶像, 가짜 조각 神)에게 경배하고 그 이름의 표(666표=예수님 불신자 상징)를 받는 자는 누구든지 밤낮 쉼을 얻지 못하리라 하더라"

구약성경책 시편 115편 3~8절이다.

"3)오직 하나님(God)은 하늘(초월적 영역)에 계셔서 원하시는 모든 것을 행하셨나이다 4)저희 우상(偶像, 조각상)은 은과 금이요 사람의 수공물(手工物)이라 5)입(口)이 있어도 말하지 못하며 눈(目)이 있어도 보지 못하며 6)귀(耳)가 있어도 듣지 못하며 코(鼻)가 있어도 맡지 못하며 7)손(手)이 있어도 만지지 못하며 발(足)이 있어도 걷지 못하며 목구멍으로 소리도 못하느니라 8)우상(偶像, 조각상)을 만드는 자와 그것을 의지하는 자가 다 그와 같으리로다"

피조물인 사람이 다른 피조물을 만들어 신(神)으로 믿고 추종하는 것은 헛되고 헛된 일이다. 피조물은 전지전능하지 않은 존재들에 불과하기 때문이다. 피조물은 식물이든 나무든 가축이든 사람이든 살아 있을 때에만 선악 간에 영향, 도움, 효력을 발생시킬 수 있다. 하지만 피조물이 죽으면 누구에게도 영향, 효력을 주지도 받지도 못한다. 그 이유는 생명이 없기 때문이다. 살아 있지 않은 모든 것은 반응과 응답이 없다. 죽었기 때문이다. 형상, 모양, 조각상이란 사람이 만든 것이다. 모든 조각상은 생명이 없다. 죽은 것들이다. 따라서 어떤 형상에게 빌고, 합장하고, 엎드려 절하고, 찬양하고, 경배하는 것 자체가 코미디이다. 헛된 짓이다. 아무리 잘 믿고 제사를 지내도 돌아오는 것은 아무것도 없다. 시간과 정성과 투자한 돈이 아깝다. 그 이유는 생명이 없어 제사를 받지도 못하고, 제사하는 자들에게 어떤 응답도 하지 못하기 때문이다. 그릇에 물을 담아 놓고 촛불을 켜놓고 알 수 없는 신에게 비는 것도 헛되고 헛된 짓이다. 참으로 어리석은 일이자 정성이다. 과거 우리 조상들이 이런 어리석고 헛된 짓들을 많이 했다. 그것이 민속신앙, 무속신앙, 토속신앙으로 미신(迷信)이라고 한다. 무지하거나 참 신(神)을 만나지 못하면 일생동안 헛되고 바보 같은 짓을 하며 산다. 그런 자들이 부지기수다.

그래서 성경은 모든 조각상, 형상을 우상(偶像, 조각상, 가짜 신, 허수아비)이라고 하며 숭배하지 말라고 하는 것이다. 우상을 섬기는 자들은 사후에 심판을 받고 지옥 불에 들어가서 영원히 측량할 수 없는 고통 가운데 산다. 참새들도 들녘에 있는 허수아비(우상)를 두려워하지 않는다. 자기들을 해하지 못하는 산 사람이 아니라는 것을 경험으로 알기 때문이다. 이에 반해 피조물이 아닌 스스로 존재하시는 하나님(God)은 살아계신 분이고, 시간과 공간을 초월하신 영(신령)이시고, 전지전능하시고, 초자연적인 능력을 가져 세상과 인간과 추종자들에게 직접적인 영향을 미친다. 살아계신 분이시기 때문이다. 그래서 어떤 형상(조각상)이 필요하지 않다. 언제 어디서든지 예배하고, 기도하고, 찬양하면 다 보시고 들으시고 응답하신다. 그래서 기독교인들은 허수아비로 생명이 없어 듣지도 보지도 응답하지도 못하는 모든 우상, 형상, 조각상, 모양들을 신(神)처럼 섬기지 않고 절하거나 기도하지도 않는다. 불자들처럼 사람이 만든 형상들에게 절하지 않는다. 빌지 않는다. 그럼에도 불구하고 자기 마음이 가는 대로 믿어지는 대로 살 수밖에 없다. 진짜가 믿어지면 진짜를 믿고, 가짜가 믿어지면 가짜를 믿는 수밖에 없다. 어떤 것을 믿고 안 믿고는 자기 마음대로 되지 않는다. 이것이 기독교 불상 세계관이다.

제22장

연기법 세계관

연기법(緣起法, 인연 연, 일어날 기, 법 법)의 사전적 의미는 '인연에 따라 일어나는 법'을 의미한다. 모든 현상이 생기(生起, 어떤 일과 사건이 일어남)와 소멸(消滅, 사라져 없어짐)하는 법칙이라고 한다. 이에 따르면 모든 현상은 원인인 인(因, 원인을 이루는 근본)과 조건인 연(緣, 묶음)이 상호 관계하여 성립하며 인연이 없으면 결과도 없다고 한다. 상호 인연에 따라 일어나고 없어지는 연기법은 기독교 사상이 아니라 불교의 핵심 교리이다. 기독교는 하나님의 창조와 다스림, 섭리와 심판에 의하여 모든 피조물들이 생기되고, 존재하고, 소멸된다고 한다. 이 모든 것이 연기(緣起)에 따른 결과라고 하지 않는다. 연기법에도 불교와 기독교는 정반대의 시각을 갖고 있다.

불교 연기법 세계관

부처님은 인생과 우주의 진리를 깨치신 분인데 그 진리의 내용이 바로 '연기(緣起)'라고 한다. 불교 사전은 연기에 대하여 이렇게 설명한다. 연기란 '의존하여 함께 일어난다'는 뜻이다. 일체(一體, 한 덩어리)는 서로 의존하여 함께 일어나고 소멸하여 나타나고 흩어진다. 이것이 있으므로 저것이 있고, 이것이 일어나므로 저것이 일어나며, 이것이 없으므로 저것이 없고, 이것이 소멸하므로 저것이 소멸한다는 법이다. 이것을 연기의 이법(理法, 다스리는 법)이라고 한다. 연기법은 인연생기(因緣生起)의 이법(理法)이다. 이 연기법은 부처가 깨우친 내용으로, 나를 포함한 이 세상의 모든 것은 고정된 것이나 일정불변한 것이 아니라 수시로 변화하는 여러 가지 조건에 의존함으로써 이루어진다고 한다. 한마디로 연기(緣起, 모든 현상이 일어나고 없어지는 것)란 '모든 것은 원인과 조건이 있어서 생겨나고, 원인과 조건이 없어지면 소멸한다는 것'이다. 그것이 이법(理法)이라고 한다. 모든 것은 홀로 존재하지 않고 상호 관계 속에서 존재한다는 것이다. 다시 말하면 존재의 발생과 존재의 소멸은 그것을 형성하는 원인과 조건, 그리고 상호 관계에 의해서만이 생성되기도 하고 소멸되기도 한다는 말이다. 결국 연기법이란 존재의 생성과 소멸의 관계성을 뜻한다. 생성과 소멸의 과정이 항상 서로 의지하여 관계를 맺고 있다고 하여 '상의성(相依性, 서로 의지하는 성질)의 법칙'이라고도 한다. 모든 존재는 전적으로 상대적이고 상호 의존적이라고 한다.

기독교 연기법 세계관

연기법은 기독교 입장에서 보면 받아들일 수 없는 주장이다. 왜냐하면 기독교는 천지 만물의 생기, 존재, 소멸이 인연이나 연기 때문이 아니라 살아계신 하나님(God)의 창조와 다스림, 섭리(攝理)와 심판에 의하여 이루어지기 때문이다. 섭리(攝理)란 기독교 용어로써 '세상의 모든 것을 다스리시는 하나님의 뜻 혹은 원리와 법칙'을 말한다. 창조(創造)란 '하나님께서 무에서 유를 만든 것'을 말한다. 하나님께서 말씀으로 천지 만물을 창조하시기 전에는 현재와 같은 천지 만물은 존재하지 않았다. 천지 만물은 스스로 존재한 것이 아니다. 만물은 스스로 존재하시는 하나님이 만드셨다. 건축물이 스스로 존재하지 않고 건축한 자가 있듯이, 천지 만물도 건축자가 있는데 바로 하나님이시라고 한다. 불교는 천지 만물의 존재에 대하여 어떤 분이 창조했다고 하지 못하지만 성경은 분명하게 말한다. 하나님께서는 천지 만물을 창조해 놓으시고 그대로 방치하시거나 스스로 돌아가게 하신 것이 아니라 보이지 않게 이 우주 만물을 운전하시고 경영하시는데, 그것을 하나님의 섭리라고 한다. 모든 피조물이 생기와 소멸을 거듭하는 것은 피조물 스스로가 서로 관계 속에서 존재하는 것이 아니라 하나님의 창조 질서 안에서 하나님의 통치와 섭리와 질서 속에서 이루어진다. 이 우주 만물에서 일어나고 있고 존재하는 모든 것이 하나님의 섭리에 따라 작동한다고 한다. 봄, 여름, 가을, 겨울의 사계절 변화와 모든 식물과 생물들이 나고 죽고 하는 것 또한 하나님의 뜻 안에서 이루어진다. 피조물들이 피조물 서로의 관계와 인연으로 생기와 소멸이 자연적으로 반복해서 일어난다고 말하지 않는다.

이를 비유하자면 공장, 회사에서 수많은 사람들이 각기 자기 일을 맡아 일사분란하게 출근하고, 일하고, 쉬고, 퇴근하는 것과 기계들이 일정하게 혹은 다양하게 자동적으로 돌아가고 멈추고 하는 것은 직원들과 기계들이 상호 간의 연기나 인연이나 작용에 의한 것이 아니라 사장의 지시와 명령, 컴퓨터 프로그램에 입력된 콘텐츠대로 존재하고 질서 있게 돌아가는 것이다. 이처럼 지구상과 우주에 존재하는 모든 천체들, 생물들, 식물들, 동물들, 사람들, 피조세계는 상호 인연과 연기에 따라 생기고 소멸하는 것처럼 보이지만 이런 것을 창조하여 살아가게 하신 하나님의 보이지 않는 손길, 통치, 섭리에 의하여 이루어진다는 것이다. 겉으로 보기에는 인연과 연기로 존재하고 돌아가는 것 같지만 직접적인 것은 하나님의 섭리이다. 로봇이나 자동화 기기가 겉으로 보기에는 스스로 움직이고 멈추는 것 같지만 이를 배후에서 조종하는 기술자나 지배자에 의해서 움직인다. 세상도 마찬가지이다. 그런데 불교는 이런 현상을 인연, 연기, 상호 관계 등을 통해서 생기와 소멸이 이루어진다고 말한다. 이는 동전의 양면을 보지 못하고 한 면만 보고 '이것이다'라고 하는 것과 같다. 이런 것은 진리 책인 성경을 통하지 않고는 절대로 알 수 없고 깨달을 수도 없다. 이것이 인간의 한계이자 연약함이다. 누구든지 아무리 수행, 명상, 참선 등을 해도 알지 못하고 깨닫지 못한다. 부처님도 마찬가지이다. 단지 눈에 보이는 것을 가지고 그것만이 사실인 것처럼 확증 편향에 빠져 주장하게 된다. 그래서 지구상에는 이런 인간의 확증 편향 때문에 수많은 종교가 있는 것이다. 그러나 참 종교, 참 부모, 정답은 하나뿐이다. 누군가는 진짜를 믿고 살다가 죽지만 나머지 대부분의 사람들은 잘못된 신앙과 지식과 확신 가운데 믿고 가르치고 살다가 불행한 죽음을 맞이한다.

구약성경책 창세기 1장 1절이다.
"태초에 하나님(God)께서 천지를 창조하시니라"

구약성경책 역대상 16장 31절이다.
"하늘은 기뻐하고 땅은 즐거워하며 열방(여러 나라) 중에서는 이르기를 여호와(하나님)께서 통치(統治, 다스림)하신다 할찌로다"

구약성경책 시편 93편 1절이다.
"여호와(하나님)께서 통치(統治)하시니 스스로 권위를 입으셨도다 여호와께서 능력을 입으시며 띠셨으므로 세계도 견고히 서서 요동치 아니하도다"

신약성경책 마태복음 10장 29절이다.
"참새 두 마리가 한 앗사리온(로마의 화폐 단위)에 팔리는 것이 아니냐 그러나 너희 아버지(성부 하나님)께서 허락지 아니하시면 그 하나라도 땅에 떨어지지 아니하리라"

신약성경책 히브리서 9장 27절이다.
"한 번 죽는 것은 사람에게 정하신 것이요 그 후에는 심판이 있으리니"

이 세상은 하나님이 창조하시고 피조세계가 질서 있게 돌아가도록 창조자이신 하나님께서 친히 보이지 않게 통치(다스림)하신다. 이 세상 만물이 인연과 연기에 따라 생기(生起, 어떤 일이 일어남)와 소멸(消滅, 사라져 없어짐)이 되는 것이 아니다. 사람의 생사나 만물의 생사가 다 하나님의 주권에 달려 있다. 공중을 나는 참새 한 마리라도 하나님께서 허락지 않으면 떨어지지 않는다. 인간과 만물의 생기도 하나님께서 하셨고, 인간과 만물과 지구의 종말과 심판도 하나님께서 행하신다. 연기, 인연에 따라 만물이 발생하고 사라지는 것이 아니다. 피조물들은 연기와 인연에 따라 스스로 좌지우지하지 못한다. 사람이 만나고 헤어지고 출생하고 죽는 것, 만물이 계절과 때에 따라 변화무쌍한 것도 하나님의 뜻과 섭리와 주권이라고 한다. 땅 위에 존재하는 모든 식물, 생물, 동물들도 하나님의 뜻에 의하여 생기와 소멸을 한다. 이런 사실은 성경을 통하지 않고는 알 수 없다. 모든 것이 원인과 조건이 있어서 생겨나고, 원인과 조건이 없어지면 소멸하는 것이 아니라 하나님의 뜻과 섭리에 따라 그리된다. 모든 만물은 스스로 생기와 소멸이 되는 것이 아니다. 단지 겉으로 보기에 그렇게 보일 뿐이다. 이것이 기독교 연기법 세계관이다.

제23장

합장 세계관

합장(合掌, 합할 합, 손바닥 장)이란 ① 손바닥을 마주 대고 합침. ② 불교에서 부처에게 절할 때 공경하는 마음으로 두 손바닥을 합쳐서 하는 인사를 뜻한다. 기독교에서는 누구에게든지, 어떤 형상(모양)에게든지 합장하여 절하지 않는다. 기독교 경전인 성경이 그렇게 명령하기 때문이다. 합장하고 절(인사)하는 것은 불교의 예법이다. 불법이 그리 말하기 때문이다. 그런즉 서로 존중해 주어야 한다. 자기들 입장에서 상대방에게 자기들의 종교 행태를 취하라고 강요치 말아야 한다. 참 종교는 그렇게 하지 않는다. 이슬람교는 자기들 방식을 강제한다. 그렇지 않으면 보복이 가해진다. 생명이 위태롭게 된다. 이는 종교가 아니라 폭력이다. 그런가 하면 합장은 인도의 경례법이기도 하다.

불교 합장 세계관

불교에서 합장(合掌)이란 '두 손바닥을 맞대어 가슴 앞에 세우고 고개를 숙이는 예법'이다. 합장은 의식 때, 부처나 보살에게 경의를 표할 때, 불교도들 사이에 인사할 때 행한다. 두 손을 합하고 두 손바닥 중심이 하나를 이루면서 어지러운 마음은 쉬고 맑은 마음, 고요한 마음이 된다. 합장하는 것은 무슨 뜻이 숨어 있을까? 합장을 하면 맑은 마음에서 모든 부처님과 나 사이의 장벽이 없어진다. 그 사이를 가로막던 번뇌가 없기 때문이다. 그리고 합장을 하면 모든 중생들(사람들)과 대립이 없어진다. 분별심이 끊겼기 때문이다. 그 결과 모든 중생과 평등하게 된다. 서로 대립과 원망과 불평이 없고 따뜻하게 하나가 된다. 그리고 놀라운 힘을 발휘하게 된다. 청정한 법의 힘이 나타나기 때문이라고 한다. 그래서 불법(佛法, 부처의 가르침)을 수행하는 데는 항상 합장(合掌, 두 손바닥을 합침)하고, 예경(禮敬, 경건한 마음으로 예배)하고, 염불(念佛, 부처를 생각함)하며 수행한다. 절(사찰)에 가면 서로의 인사가 합장이다. 이는 서로가 둘이 아니며 부처님의 법으로 하나가 되었다는 뜻이다. 또한 존경의 뜻이 담겨 있다.

기독교 합장 세계관

2020년 5월 28일 문재인 대통령은 김태년 더불어민주당 원내대표와 주호영 미래통합당 원내대표를 청와대로 초청하여 오찬을 한 후 청와대 경내에 있는 석조여래좌상(부처상, 부처 조각상)에 합장하며 절하였다. 참고로, 문 대통령은 천주교인이고, 김태년 원내대표는 기독교(개신교)인이다. 주호영 원내대표는 불자(佛者)이다. 참으로 안타까운 일이 아닐 수 없다. 신정국가인 구약 이스라엘 시대에 왕들이 우상을 숭배했을 때 하나님께서 크게 진노를 내리셨다. 성경은 어떤 조각상(불상, 성모상)에게도 절하지 말라고 한다. 기독교에는 합장이 없다. 교회당과 어디에서든지, 기독교인들끼리 만나더라도 일반적으로 하는 인사 예법을 행할 뿐이지 합장은 하지 않는다. 하나님께도 합장하여 절(인사)을 하지 않는다. 단지 신령과 진정으로 찬양하고, 기도하고, 예배하고, 헌금만 할 뿐이다. 산 사람에게는 존경과 예의 차원에서 자연스러운 인사(절)를 하지만, 죽은 자나 생명이 없는 형상(모양, 조각상 등)에게는 합장이나 인사(절)하지 않는다. 천주교(로마 가톨릭)는 마리아 조각상 앞에서 손을 모으고 기도도 하지만 개신교는 그런 행위가 전혀 없다. 생명이 있는 산 사람에게 인사(절)를 하는 것 외에는 영정 사진, 묘와 비석, 숭배하는 신(하나님), 생명이 없는 그 어떤 형상(모양, 조각상)에게 인사(절)와 합장을 금한다. 그것은 성경이 금하는 헛된 행위로 아무런 변화, 영향, 효력을 발생시키지 않기 때문이다. 기독교는 불교에서처럼 합장을 하면 심령에 어떤 변화가 일어난다고 인정하지 않는다. 사람의 마음 변화와 하나됨은 인간의 어떤 행위에서 나오는 것이 아니라 오직 인류의 유일한 구세주를 믿고 성경말씀대로 순종할 때 나타난다고 한다. 그 이유는 인간은 전적으로 부패하고 타락해서 외적인 어떤 행위, 인간 스스로의 어떤 수행이나 행동의 자세로는 마음의 변화나 타인과의 하나됨은 이루어지지 않기 때문이다.

　구약성경책 출애굽기 20장 5절이다.
　"그것들(조각상들, 우상들, 형상들)에게 절(인사)하지 말며…"

　기독교(개신교)의 진리 책인 성경(聖經, Bible)은 생명이 없는 조각상이나 자신이 추종하는 신(神, 하나님)에게 절(인사)하는 것을 금한다. 하나님은 비가시적인 영(靈, 신령)이시기 때문에 절(인사)할 이유가 전혀 없다. 하나님은 피조물처럼 절을 받으시는 분이 아니시다. 불교의 합장도 성경이 금하는 우상에 대한 의미를 담은 일종의 절(인사)이기에 기독교는 지지하지 않고 금한다. 그런즉 기독교인들은 불교 행사에서나 불자들과 스님들을 만나도 상대방 종교를 존중한다는 마음에서 합장을 하는 것은 잘못된 것이다. 모든 종교 행위는 각기 자기가 믿는 종교가 추구하는 교리에 따라 언행을 하는 것이지 예의상, 상대방 종교에 따라, 때와 장소와 상황에 따라서 이중적인 행태를 보이는 것이 아니다. 이렇게 하면 일부 사람들은 상대방 종교에 대한 예의나 자세가 아니라고 이런저런 이유로 비난, 공격, 매도를 하는데 이는 잘못된 반응이다. 이기적인 자세다. 자유로운 종교 행위는 헌법이 보장하고 있다. 모든 종교인들은 언제 어디서나 자신의 종교 교리에 따라서 한결같은 자세를 취해야 한다. 그것이 참 종교인의 마음이다. 타 종교 집회에 가서 다른 언행을 취한다면 진정성도 없을 뿐더러 상대방도 속이는 것이다. 동시에 자신의 종교 신앙도 가볍게 취급하는 것이 된다. 참 종교인은 언제 어디서나 진정성을 가지고 행동한다. 갈대처럼 행동하지 않는다. 형식적인 예의를 취하지 않는다. 이는 무례나 배타성이 아니다. 바른 종교인의 반석 같은 자세이다. 자기 종교와 신앙에 대한 존중과 확신과 실천일 뿐이다. 신앙과 종교 활동은 언제 어디서든 정치적 행위나, 갈대나, 비즈니스가 되어서는 안 된다. 대상과 상황과 장소에 따라 다양한 자세와 모습을 취하는 것은 참 신앙인이 아니라 사이비 종교인이다. 이것이 기독교 합장 세계관이다.

나무아미타불 관세음보살 세계관

　불교(佛敎, 기원전 5세기 초에 인도의 석가모니가 창시한 종교) 하면 가장 많이 생각나는 것과 가장 궁금한 것이 '나무아미타불 관세음보살'이라는 말이다. 불자(佛者)의 집에 가면 휘장이나 벽면에 '나무아미타불 관세음보살'이라는 글귀가 붙어 있다. 그리고 스님들끼리 또는 스님들이 불자들에게 합장을 하면서도 혹은 부처상 앞에서도 이런 말을 한다. 아무튼 불교 행사나 절(사찰) 등에서 스님이나 불자들에게서 '나무아미타불 관세음보살'이라는 말을 종종 듣게 된다. 하지만 일반 사람들과 타 종교인들은 '나무아미타불 관세음보살'이 무슨 뜻인지 전혀 모른다. 나무아미타불 관세음보살'은 불교의 불자들이 가장 많이 찾아 부르는 부처님과 보살의 이름이다. 또한 오래전부터 스님과 불자들이 일상에서 가장 많이 하는 염불(念佛, 부처님을 생각하는 하나의 수행 방법)이 '나무아미타불 관세음보살'이다. 마음과 입으로 아미타불(부처)을 생각하고 암송하는 것을 염불이라고 한다. 기독교인들은 서로 반갑게 만나거나 예배 중

제24장 나무아미타불 관세음보살 세계관

189

에 '할렐루야!'라고 말하고 외친다. 이는 '살아계신 유일신 하나님을 찬양합니다'라는 뜻이다. 불교는 사람인 부처, 이미 죽은 부처, 조각상 부처에게 염불과 합장과 기도 등을 하지만, 기독교는 만세전에 스스로 살아계신 하나님(神)에게만 찬양과 기도와 예배를 드린다. 이런 면에서도 불교와 기독교는 너무나도 다르다.

불교 나무아미타불 관세음보살 세계관

'나무아미타불(南無阿彌陀佛)'이란 나무(Namas)와 아미타불의 두 단어를 합친 것이다. 나무는 나마스(Namas)의 음역이다. 남모, 나모, 납막 등으로 음역되기도 한다. 나무(南無)는 불교도가 일심으로 부처를 믿고 존경하는 용어이다. 그러니까 '나무아미타불'은 극락세계를 담당하는 '아미타 부처님께 귀의(歸依)한다'는 뜻이자, '아미타불에게 몸과 마음을 바쳐 의지하고 예배한다'는 뜻이다. '나무아미타불'은 아미타불(부처)의 구원을 요청하는 뜻에서 수시로 외운다. 귀의(歸依)란 '부처와 불법(佛法, 부처의 가르침)과 승가(僧家, 승려들이 모여 사는 집, 절)로 돌아가 믿고 의지함'을 뜻한다. '관세음보살(觀世音菩薩)'이란 '괴로움을 없애 주고 행복하게 살게 해 주소서'라는 뜻이다. 그런즉 '나무아미타불 관세음보살'이란 '부처님을 믿고 의지하오니 괴로움을 없애 주고 행복하게 살게 해주세요'라는 뜻이다. '관세음보살'은 세간의 고통을 모두 거둬 가는 어머니 같은 보살이다. 세상을 살고 있는 중생(사람)이 갖가지 괴로움을 받을 때, 관세음보살 이름을 부르면 그 음성을 듣고 대비와 지혜로써 자유자재로 중생(사람)을 괴로움에서 벗어나게 해 준다는 보살이다. 관세음보살은 극락세계 아미타불을 왼쪽에서 모시는 극락국의 보살(부처님 다음 가는 성인, 고승)이다. 중생의 고난을 건지기 위해 시방세계에 나타난다. 석가모니 부처님을 도와 많은 설법과 중생 교화를 한다. 고난받는 사람이 관세음보살을 생각하고 일심으로 그 이름을 부르면 관세음보살이 곧 그를 해탈하여 준다. 이러한 '나무아미타불 관세음보살' 세계관은 기독교 세계관과 전혀 다르다. 기독교에는 이런 사상과 세계관이 없다.

기독교 나무아미타불 관세음보살 세계관

기독교에서는 '나무아미타불 관세음보살' 사상 혹은 세계관을 전혀 지지하지 않는다. 왜냐하면 이런 염불(念佛, 부처님을 생각하며 하는 수행 방법)은 산 자나 죽은 자에게 아무런 영향과 효력을 발생시키지 않기 때문이다. 기독교 진리인 성경 교리와 불교 경전에 의하면 부처(아미타불)는 인도에서 출생한 우리와 동일한 피조물이자 사람이다. 흙(dust)으로 지음을 받은 유한한 인간일 뿐이다. 부처는 전적으로 부패하고 타락한 인간일 뿐이다. 죄인이다. 게다가 이미 죽었다. 이 세상 사람이 아니다. 기독교 경전인 성경은 죽은 자에게 기도, 정성, 헌신, 염불, 제사, 예배 등을 하는 것은 헛되고 헛된 일이라고 말한다. 사람이 죽으면 곧바로 천국 아니면 지옥에 들어가기에 현세에 사는 사람들이 아무리 기원, 기도, 염불, 제사 등을 지내도 듣지도 못하고, 말하지도 못하고, 응답하지도 못하고, 도와주지도 못한다. 산 사람이 지상에서 어떤 선행과 수행과 염불과 기도를 해도 아무것도 하지 못한다. 그것이 죽은 사람의 한계이자 인간의 모습이다. 식물이나 생물이나 동물이나 사람이나 모든 피조물들은 어느 한쪽이 죽으면 산 사람이 무슨 짓을 해도 아무런 영향과 효력을 주고받지 못한다. 이것은 기본 상식과 논리이다.

게다가 사람은 부처를 포함해서 누구든지 전지전능(全知全能)하신 신(神)이 아니기에 죽으면 아무것도 하지 못한다. 그래서 기독교는 죽은 사람에게는 아무것도 구하지 않는다. 엎드려 절도 하지 않는다. 음식도 차리지 않는다. 오직 산 사람에게만 어떤 부탁을 하거나 예의상 절을 할 뿐이다. 그리고 오직 산 사람이 살아계신 하나님(God, 神)에게만 기도, 간구해야 응답을 받는다. 부처님에게 비는 불교의 염불은 소용이 없다. 왜냐하면 부처는 신(神)이 아니고 사람이며, 이미 죽어 별세한 자이기 때문이다. 부처는 하나님이 흙으로 지은 사람(피조물)이지만, 하나님은 만세 전에 스스로 살아계신 전지전능하시고 초월적인 신(神)이시다. 우주 만물을 창조하신 창조주이시다. 따라서 모든 기도, 간구는 살아계신 신(하나님)에게만 할 수 있고, 오직 살아계시고 전지전능하신 신(하나님)만이 응답하신다. 그 외에는 헛되고 헛된 행위일 뿐이다. 그래서 기독교는 어떤 형상, 조각상, 우상, 모양, 죽은 자, 성인, 부처, 보살 등에게 기도하지 않고, 예배하지 않고, 소원을 빌지 않는다. 하나님께만 기도한다.

신약성경책 마태복음 6장 6절이다.

"너는 기도(祈禱, 신에게 비는 것)할 때에 네 골방에 들어가 문을 닫고 은밀한 중에 계신 네 아버지께(성부 하나님께) 기도하라 은밀한 중에 보시는 네 아버지께서(성부 하나님께서) 갚으시리라"

신약성경책 마태복음 6장 9절이다.

"그러므로 너희는 이렇게 기도하라 하늘에 계신 우리 아버지(성부 하나님)여 이름이 거룩히 여김을 받으시오며…"

신약성경책 요한계시록 10장 6절이다.

"세세토록(영원토록) 살아계신 자(하나님) 곧 하늘과 그 가운데 있는 물건이며 땅과 그 가운데 있는 물건이며 바다와 그 가운데 있는 물건을 창조하신 이(하나님)를 가리켜 맹세하여 가로되 지체(遲滯, 지연)하지 아니하리니"

기독교는 오직 하나님(삼위일체 하나님=성부 하나님+성자 하나님=예수님+성령 하나님)께만 기도하라고 한다. 그 이유는 스스로 존재하시는 살아계신 하나님, 전지전능하신 하나님만 기독교인들(혹은 불신자들)의 기도를 들어주시고 응답해 주시기 때문이다. 그 외에는 기도, 염불을 들어줄 자는 이 세상에 아무도 없다고 한다. 죽은 사람은 누구든지 말이 없다. 죽은 사람은 누구든지 산 자들의 기도와 염불을 들어주지 못한다. 죽은 사람은 죽은 다른 사람에게나 지금 산 사람들에게 아무런 영향을 미치지 못한다. 죽은 사람은 누구도 돕지 못한다. 이것이 피조물의 한계이자 무능력이다. 오직 전지전능하시고 영원토록 살아계신 하나님(神, God)만이 하나님을 찾는 모든 자들에게 응답하시고 영향을 미치신다. 소원을 들어주기도 하시고 무응답 하시기도 하신다. 이는 하나님의 절대 주권이다. 그래서 하나님께서는 생명이 없는, 영혼이 없는 우상(조각상, 형상, 모양)과 영정 사진과 묘와 비석, 그림 등에게 절하지도 말고 섬기지도 말라고 하신 것이다. 농부가 농사를 지을 때 정성을 다하여 농사를 짓는다. 어떤 식물에게 정성을 쏟는가? 살아 있는 식물에게만 비료, 퇴비, 농약, 가지치기, 솎아주기 등을 한다. 죽은 식물에게는 절대로 그런 정성을 쏟지 않는다. 죽은 식물은 뽑아 버린다. 죽은 것은 생명이 없어 어떤 수고와 정성을 다해도 헛되고 헛된 짓이기 때문이다. 모든 농부들은 이런 사실을 잘 안다. 무엇이든지 살아 있는 것에만 정성과 노력과 수고와 어떤 행위를 해야 효력이 발생한다. 결과가 나타난다. 전지전능하신 산신(神, 하나님, God)에게만 기도, 간구, 빌기, 정성을 드려야 응답을 받는다. 생명이 없는 허수아비와 같은 죽은 신(神, gods)이나 이미 죽은 사람과 조각상에게 무엇을 하는 행위는 어리석고 헛된 짓이다. 백날 정성과 기도를 다해도 소용이 없다. 이것이 기독교 나무아미타불 관세음보살 세계관이다.

제25장

염주 세계관

　　염주(念珠, 생각 염, 구슬 주)의 사전적 의미는 '염불할 때 쓰는 줄에 꿴 구슬'을 뜻한다. 스님들과 불자들을 보면 목과 손목에 작은 염주와 큰 염주를 두르고 다닌다. 자동차 안에도 매달고 다닌다. 그러나 기독교는 불교의 염주와 같은 어떤 의미를 품은 장신구를 목이나 손목에 두르고 다니지 않는다. 사용하지 않는다. 그 이유는 그 어떠한 종교적 의미를 지닌 장신구라도 사람에게 아무런 영향을 미치지 못하기 때문이다.

불교 염주 세계관

　　불교 사전에 의하면 염주(念珠)란 '염불(念佛)하는 수(數, 셀 수)를 헤

아린다'는 뜻이다. 염불할 때 숫자를 세는 구슬이라고 해서 '수주(數珠)'라고 부른다. 또 '생각하는 구슬'이라고도 한다. 염주가 언제부터 만들어졌는지는 알 수 없다. 좀 더 구체적으로 말하면, 실에 보리수 열매나 수정 구슬 등을 여러 개 꿰어서 그 끝을 맞맨 것으로, 부처나 보살에게 절하거나 그 이름을 부르는 염불(念佛)을 할 때 엄지손가락 끝으로 한 알씩 넘기면서 그 횟수를 세기도 하고, 또 마음을 가라앉힐 때에도 엄지손가락 끝으로 한 알씩 넘기기도 한다. 구슬의 수는 108개가 기본적인 염주나 54개, 27개, 14개 등이 있다. 구슬 108개나 54개를 꿰어 만든 염주를 '긴 구슬'이란 뜻으로 '장주(長珠)'라고 부른다. 구슬이 많지 않아 손목에도 찰 수 있는 것은 짧다고 해서 '단주(短珠)' 또는 '합장주'라고 한다. 염주를 하는 불자들은 염주를 굴릴 때마다 번뇌, 시달림을 하나하나 걷어낼 수 있다고 믿는다. 108개로 된 염주는 108종의 번뇌(괴로움)를 끊어 없애는 것을 나타낸다. 염불(念佛)이란 '부처의 모습이나 공덕을 생각하면서 부처의 이름을 소리 내어 부르는 것'을 말한다. 혹은 '불교 경전의 글귀를 소리 내어 읽거나 읊조리는 것'을 말한다. 한마디로 염주가 인간의 번뇌와 시달림을 해결해 준다는 것이다. 그러나 기독교는 이에 동의하지 않는다. 번뇌와 시달림은 염주를 굴려서 해결되는 것이 아니라고 한다. 번뇌는 인간의 내면 깊숙한 죄(원죄)에서 파생한 것으로 염주로 해결할 수 있는 것이 아니라고 한다. 염주가 번뇌에 전혀 영향을 미칠 수 있는 것이 아니라고 한다.

기독교 염주 세계관

기독교는 종교적 의미와 어떤 영향을 미치는 염주나 염주와 같은 기능과 역할을 하는 그 어떤 장신구도 없을 뿐만 아니라 사용하지도 않고 인정하지도 않는다. 그 이유는 이런 것은 인간이 갖고 있는 내면의 깊은 죄와 죄로 인하여 발생한 모든 괴로움 등을 직·간접적으로 해결하는 데 아무런 소용이 없기 때문이다. 성경은 인간의 생로병사(生老病死, 나고 늙고 병들고 죽는 것)를 해결하는 데 있어서 종교인들이 취하고 있는 의식, 옷, 모자, 염주와 같은 장신구, 물을 뿌리거나 어떤 것을 뿌리는 행위, 종교 의식, 직위, 음식, 고행, 수행, 명상, 요가, 선행, 헌금, 시주, 참선 등등이 아무런 역할을 하지 못한다고 한다. 인간의 모든 번뇌, 시달림 등은 인간이 스스로 어떤 행위를 함으로 해결되거나 벗어나거나 없어진다고 말하지 않는다. 이런 것의 근본적인 원인이 인간의 원죄에서 발생한 것이기에 인간 스스로는 해결하지 못한다. 인간의 죽음, 번뇌, 평강, 구원, 사후의 영생은 염주로 해결되지 않고 인류의 유일한 구세주인 예수 그리스도를 믿고 하나님의 계명대로 순종할 때 해결된다. 염주로 인간의 번뇌와 시달림을 해결한다고 믿는 것은 마치 우리 몸 안에 암이 발생했는데 겉몸에 대일밴드나 연고를 붙이거나 바르면 낫는다고 믿는 것과 다르지 않다. 몸 안의 깊은 질병은 수술을 해야 잠시나마 해결될 수 있다. 아무리 겉몸에 밴드를 붙이고 연고를 발라도 낫지 않는다. 이처럼 인간의 깊은 마음속에 있는 번뇌와 욕망 등은 인류의 대표자이자 머리인 아담과 하와가 지은 원죄(原罪) 때문이므로 이 원죄 문제를 근본적으로 해결하지 않고는 그 어느 것, 어떤 행위, 어떤 도구로도 해결할 수 없다.

이에 인간의 깊고 깊은 원죄의 문제를 해결하기 위해서 영(靈, 신령) 이신 하나님께서 인간의 몸으로 이 땅에 탄생하신 날이 성탄절(聖誕節, 크리스마스)이다. 인류의 유일한 구세주 예수님은 모든 인간의 근본적인 불치의 병인 원죄를 해결하기 위해서 성탄하신 것이다. 따라서 구세주인 예수 그리스도를 믿으면 원죄의 용서함을 받고 모든 사람에게 있는 인간 의 깊은 번뇌(괴로움과 영원한 죽음)에서 벗어나 평안 가운데 살다가 사 후(死後)에 천국에 들어가 영원히 살게 된다. 그래서 예수님을 믿으라고 하는 것이다. 단순히 착하게 살기 위해서 예수님을 믿으라고 하는 것이 아니다. 이는 마치 병자들이 병원을 찾아가서 수술을 받는 이유가 착하 게 살기 위함이 아닌 병든 몸을 치료하기 위함인 것과 같다. 착하게 사는 것은 그 다음이다. 그래서 기독교에는 아무런 효력과 영향을 발생시키지 못하는 염주와 같은 것들이 없고 사용하지도 않는다.

신약성경책 사도행전 3장 19절이다.
"그러므로 너희가 회개(悔改)하고 돌이켜 너희 죄 없이함을 받으라 이같이 하면 유쾌하게 되는 날(새롭게 되는 날)이 주(主, 하나님) 앞 으로부터 이를 것이요"

구약성경책 창세기 6장 5절이다.
"여호와(하나님)께서 사람의 죄악이 세상에 관영함(가득함)과 그 마 음의 생각의 모든 계획이 항상 악할 뿐임을 보시고"

신약성경책 마태복음 8장 13절이다.

"예수께서 백부장(百部長)에게 이르시되 가라 네 믿은 대로 될찌어다 하시니 그 시(時)로 하인이 나으니라"

구약성경책 이사야 9장 6절이다.

"이는 한 아기가 우리에게 났고 한 아들을 우리에게 주신바 되었는데 그 어깨에는 정사(政事, 통치권)를 메었고 그 이름은 기묘자(奇妙者, 놀라운 모사)라 모사(謀士, 책사)라 전능하신 하나님이라 영존하시는 아버지라 평강의 왕이라 할 것이라"

인간이 온갖 번뇌에서 벗어나 참된 평강(평안)을 얻기 위해서는 우리 각자 개인의 죄(원죄)를 회개하고, 우리를 죄에서 구원할 자이신 구세주 예수님(하나님)을 믿어야 한다. 그리하면 죄, 질병, 번뇌에서 자유하게 된다. 벗어나게 된다. 참된 평강을 얻게 된다. 평강뿐만 아니라 영생을 얻게 된다. 사후(내세)에 하나님의 나라인 천국에 들어가 영원히 살게 된다. 이렇게 되기 위해서는 염주나 수행이나 참선이나 선행으로 되지 않고 오직 인류의 유일한 구세주이신 예수님을 믿어야만 한다. 물론 자기 마음대로 믿어지는 것은 아니다. 하나님께서 믿음을 선물(은혜)로 주셔야만 기이하게도 믿게 된다. 안 믿어지면 어쩔 수 없다. 다른 것이 믿어지면 다른 것을 믿고 그렇게 사는 수밖에 없다. 나중에 무엇이 참인지 알게 될 것이다. 진짜는 항상 하나이기 때문이다. 누군가는 속고 사는 것이다. 헛것을 믿는 것이다. 인류의 유일한 구세주인 예수님을 믿지 않으면, 믿어지지 않으면 무슨 행위를 하든지 이 땅에 사는 날 동안 온갖 번뇌에서 벗어나지 못하고 죄인으로 살게 된다. 저주 아래 살게 된다. 이생뿐만 아니라 사후(死後)에도 영원한 고통의 장소인 지옥(地獄, 불못)에 들어가 영원히 고통과 번뇌 가운데 살게 될 것이다. 영원히 평강을 누리지 못할 것이다. 이 땅에 살 때나 내세에 영원히 번뇌 가운데 살게 될 것이다. 이 것이 기독교 염주 세계관이다.

제26장

사리 세계관

    '사리(舍利)'란 범어(인도어) 'sarira'의 한자 음역어로 석가모니(부처)나 성자의 유골(遺骨)을 뜻한다. 유골이란 ① 주검(시체)을 화장(火葬)하고 남은 뼈. ② 무덤 속에서 나온 뼈로 유해(遺骸, 끼칠 유, 뼈 해)라고도 한다. 후세에는 화장(火葬, 시체를 불사름)한 뒤에 나오는 구슬 모양의 것만 이른다. 사리는 불교 용어로 기독교 용어가 아니다. 기독교는 사리(유골)에 의미를 두지 않는다. 경배의 대상이 아니다. 그냥 유골일 뿐이다. 그 이상도 이하도 아니다.

불교 사리 세계관

불교 사전에 의하면 사리(舍利)란 본래는 뼈(骨), 유골(遺骨), 신골(身骨)을 가리키는 말이었는데, 후대에는 영롱한 구슬을 가리키는 말, 화장(火葬, 시체를 불사름)한 뒤에 나오는 작은 구슬 모양의 물질을 가리킨다. 사리는 범어(인도 산스크리트어) 'sarira'를 소리 나는 대로 적은 것이다. 부처님의 유골을 불사리(佛舍利)라고 한다. 사리는 숭배의 대상이 되어 사리탑(舍利塔, 부처의 사리를 모셔 둔 탑)이 만들어졌다. 사리탑은 부처님의 사리를 모시고 경배하는 탑이다. 기독교는 살아계신 하나님만을 경배하라고 한다.

기독교 사리 세계관

기독교는 화장터에서 시체를 화로에 넣어 화장한 후에 나오는 고인(故人, 죽은 사람)의 일부 뼈들을 유골 혹은 유해라고 하지 '사리'라고 하지 않는다. 불교처럼 사리탑 등을 만들어 놓고 숭배하거나 경배하지 않는다. 신격화하지 않는다. 유골(유해)을 추모공원이나 장지에 묻거나 기타 장소에 뿌린다. 왜냐하면 유골, 사리는 신(神)이나 생명이 아니고 단순한 잔뼈에 불과하기 때문이다. 그래서 장지에 묻거나 산이나 강물 등에 흩어서 뿌리는 산골(散骨)을 한다. 절대로 숭배하거나 경배하지 않는다. 피조물이나 죽은 시체나 뼈(유골, 사리), 무덤, 탑 등을 숭배하고 경배하는 순간 우상 숭배의 무서운 죄를 짓는 것이다. 누구의 죽음이든지 영혼이 떠나 죽으면 시체(주검), 유골, 사리는 큰 의미가 없게 된다. 무생물이다. 생명이 없는 일반 물질에 불과하게 된다. 따라서 유골, 사리는 단지 추모의 대상은 될 수는 있어도 경배나 숭배의 대상은 절대로 될 수 없다. 사리(유골)를 숭배, 경배하는 것은 헛된 행위이다. 그리고 사람, 망자에 따라 사리, 유골의 우열이 있지 않다. 모든 유골은 다 일반이다. 단지 사람에 따라 유골 분량이 좀 다를 수 있다. 유골, 사리는 어떻게 처리하든지 다른 의미는 없다.

구약성경책 출애굽기 20장 4~5절이다.
"4)너를 위하여 새긴(조각상) 우상을 만들지 말고 또 위로 하늘에 있는 것이나 아래로 땅에 있는 것이나 땅 아래 물속에 있는 것의 아무 형상(모양)이든지 만들지 말며 5)그것들에게 절(경배, 숭배)하지 말며 그것들을 섬기지 말라…"

하나님께서는 유골(사리)이나 어떤 피조물이든지 경배, 숭배하지 말라고 한다. 특히 산 자나 죽은 자에 대하여 사리를 모아 놓은 탑을 세우고 숭배하는 것은 하나님께서 가장 싫어하시고 죄로 여기시는 우상 숭배라고 한다. 성경은 천지 만물을 창조하신 하나님, 스스로 존재하시는 하나님 외에는 누구든지, 무엇이든지, 어느 것이든지 절대로 숭배, 절, 경배하지 말라고 한다. 그래서 기독교는 불교에서 사리탑까지 만들어 놓고 숭배, 경배하는 것을 지지하지 않는다. 기독교는 헛되고 헛된 짓을 하지 않으며 하나님의 말씀에 따라서만 살아간다. 이것이 기독교 사리 세계관이다.

제27장

인과응보 세계관

인과응보(因果應報)에서 '인과(因果, 까닭 인, 열매 과)'란 '원인과 결과'를 뜻한다. 원인이 있으면 반드시 결과가 있게 마련이고, 결과가 있으면 반드시 그 원인이 있다는 이치이다. 그리고 '응보(應報, 응할 응, 갚을 보)'란 '행위에 대하여 받는 갚음'을 뜻한다. 따라서 인과응보(因果應報)란 '과거 또는 전생에 지은 일에 대한 결과로 뒷날 길흉화복(吉凶禍福, 길할 길, 흉할 흉, 재화 화, 복 복)이 응당 돌아온다는 말'이다. 기독교도 뿌린 대로 거둔다는 원리가 있지만 불교에서 말하는 인과응보와는 차원이 다르다. 왜냐하면 불교는 기독교에서 인정하지 않는 윤회(돌고 돈다)와 연결되어 있기 때문이다. 기독교는 윤회를 지지하지 않는다. 따라서 불교와 기독교는 인과응보 세계관에 있어서도 차이를 보인다.

불교 인과응보 세계관

인과응보(因果應報)에 대해 불교 사전은 이렇게 말한다. ① 선악(善惡, 착함과 악함)의 행위에는 반드시 그 과보(果報, 실과 과, 갚을 보로 결과. 업=행위의 원인으로 얻은 결과)가 있다는 도리. ② 그릇된 행위로 말미암아 받는 나쁜 과보. 그릇된 행위를 저지른 대가로 받는 나쁜 일이다. 선행(善行)은 행복을 초래하고 악행(惡行)은 불행을 초래한다는 사상이다. 불교에서 인과응보는 업(業, 행위)과 윤회(輪廻, 돌고 돈다)가 직접적으로 연결되어 있다. 업(業)은 산스크리트어(인도어) 카르마(karma)를 한자로 뜻을 번역한 말로서 '행위(行爲)'를 의미한다. 그것은 몸(身), 말(口), 마음(意)으로 짓는 행위이다. 업(業)을 짓는다는 말은 나쁜 행동을 뜻한다. 즉 죄를 짓는다는 뜻으로 쓰이기도 한다. 어떤 행위의 원인이 되는 행위가 선한 것인가 아니면 악한 것인가에 따라 그 결과로서 복을 받거나 벌을 받게 된다. 따라서 어떤 결과를 초래하는 원인이 되는 행위를 업(業)이라고 부르고, 그 결과에 대해서는 과보(果報, 결과) 또는 업보(業報, 선악의 행업으로 말미암은 과보)라고 한다. 업(業, 행위)은 의지의 산물이다. 그리고 윤회(輪廻, 바퀴 윤, 돌 회)란 '돌고 돈다'는 뜻이다. 윤회는 인간이 지은 업, 그 행위의 결과에 따라 과보(果報, 결과)로서 돌아가는 것이다. 윤회는 전적으로 업(業, 선악 행위)에 달려 있다. 업(業)이 좋지 않으면 윤회에서 벗어나지 못한다. 순전히 행위로 결정된다.

기독교 인과응보 세계관

　　기독교도 기본적으로 인과응보를 이야기한다. 심고 뿌린 대로 거둔 다는 것이 그것이다. 그러나 불교 방식의 인과응보가 아니다. 행위에 따 라 결과가 결정되는 불교의 인과응보는 현세와 내세의 삶을 결정한다. 그러나 기독교는 행위에 따른 심판은 있지만 행위에 따른 인과응보로 내 세(사후세계)인 천국과 지옥에 들어가는 결과(과업)로 나타나지 않는다. 사후세계의 영원한 삶인 지옥과 천국의 삶은 업(業, 행위)이나 인과응보 (因果應報)로 결정되지 않고 오직 인류의 유일한 구세주인 예수 그리스 도를 진실로 믿느냐 믿지 않느냐로 결정된다. 제한적이고 부분적이나마 현세에서도 악행에 따른 심판과 선행에 따른 복을 주시기도 한다. 물론 이 땅에서는 인과응보의 결과, 즉 뿌린 대로 거두는 원리가 작동한다. 이 런 부분이 불교의 인과응보와 다른 점이다. 구세주인 예수님을 믿는 기 독교인들은 행실이 거룩해야 한다. 반듯해야 한다. 누구보다도 착하게 살아야 한다. 악한 행위를 하거나 허랑방탕하게 살면 안 된다. 행위가 깨 끗하고, 정직하고, 이웃에게 피해를 주지 않아야 한다. 성경이 이러한 삶 을 강력히 요구한다. 이러한 삶이 예수님을 믿기 전과 믿은 이후의 변화 된 삶이다.

　　신약성경책 베드로전서 1장 15절이다.
　　"오직 너희(참 기독교인들)를 부르신 거룩한 자처럼 너희도 모든 행 실(行實)에 거룩한 자가 되라"

신약성경책 마태복음 5장 16절이다.

"이같이 너희 빛을 사람 앞에 비취게 하여 저희로 너희 착한 행실을 보고 하늘에 계신 너희 아버지께(성부 하나님께) 영광을 돌리게 하라"

구약성경책 전도서 12장 14절이다.

"하나님은 모든 행위(行爲)와 모든 은밀한 일을 선악(善惡) 간에 심판하시리라"

신약성경책 에베소서 2장 8~9절이다.

"8)너희가 그(하나님) 은혜(선물, 공짜)로 인하여 믿음으로 말미암아 구원(영생, 천국)을 얻었나니 이것이 너희에게서 난 것이 아니요 하나님의 선물(은혜, 공짜)이라 9)행위(行爲, 인과응보, 업)에서 난 것이 아니니 이는 누구든지 자랑치 못하게 함이니라"

기독교는 정직한 행위, 올바른 행위, 선한 행위를 강조하지만 행위(업, 인과응보)에 따른 인과응보로 구원을 얻고 사후에 천국에 들어간다고 말하지 않는다. 구원과 천국은 오직 구세주인 예수님을 진실로 믿음을 통해서만 가능하다. 기독교인들의 행위는 누구보다도 선해야 한다. 기독교인들은 세상의 빛과 소금이기 때문이다. 그리하여 세상에 본이 되어 하나님께 영광을 돌려야 한다. 그것이 하나님께서 기독교인들에게 원하시는 삶이다. 그래서 하나님께서는 기독교인들이 악한 행실을 하면 눈에 보이게 혹은 보이지 않게 벌하신다. 물론 세상의 법률을 위반하면 세상으로부터 처벌을 받는다. 기독교인들이 선하게 살지 않으면 인과응보로 마음에 기쁨과 평안이 사라진다. 이는 죄에 대한 벌이자 심판이다. 벌과 심판을 떠나서 참 기독교인들은 그리스도인과 어울리지 않는 온갖 악행을 멀리한다. 하나님의 자녀로서 자신과 하나님의 명예를 위해서 거룩하고 착하게 산다. 착하게 산다고 해서 사후에 천국에 들어가는 것이 아니다. 참 기독교인이라면 선한 행실이 따라와야 하지만 착한 행위로 구원을 얻거나 천국에 들어가지는 못한다. 죄인인 모든 사람들은 완벽하게 선(善)을 행할 수 없기 때문이다.

그래서 누구든지 그 어떤 수행과 고행과 참선과 선행을 해도, 그 어떤 깨달음을 얻어도 하나님께서 세우신 완전한 선, 절대적인 선, 100%의 선에 이르지 못하기에 스스로의 행위로는 아무리 발버둥을 쳐도 절대로 천국에 들어가지 못한다. 그래서 오직 하나님의 은혜(선물, 공짜)로만 구원을 받고 천국에 들어갈 수 있다. 그러나 기독교의 천주교나 이슬람이나 불교는 행위로 천국, 극락에 들어간다고 말한다. 인과응보와 업(業)에 따라 극락정토(極樂淨土, 극락)에 들어가고, 극락왕생(極樂往生)도 하고, 윤회(輪廻)에서 벗어나기도 하고, 천국에도 들어간다고 주장한다. 하지만 기독교의 개신교는 성경 사상에 따라 인과응보로, 업(業)으로, 선한 행위로는 절대로 구원을 받지 못하고 천국에 들어가지 못한다고 주장한다. 그래서 인류의 유일한 구세주인 예수님을 믿으라고 하는 것이다. 이런 차원에서 불교와 다른 모든 종교와 기독교의 개신교는 큰 차이가 있다. 단순히 선(善)을 추구하고 선(善)에서 머무르는 종교가 아닌 믿음으로의 구원 종교이다. 이것이 기독교 인과응보 세계관이다.

기도 세계관

기도란 무엇인가? 기도(祈禱, 빌 기, 빌 도)에 대한 사전의 의미는 이렇다. '절대적인 존재에게 바라는 것을 비는 것'이다. 또는 그런 의식이라고 한다. 모든 사람, 모든 종교인들은 대상은 달라도 나름의 기도를 한다. 신하는 왕에게 기도를 하지만 왕은 신하에게 기도하지 않는다. 기도에 있어서 제일 중요한 것은 기도의 내용과 대상이다. 누구에게 기도를 하는가가 제일 중요하다. 왜냐하면 전지전능한 신(神)이 아니고서는 기도를 해도 응답이 없고 소용이 없기 때문이다. 예를 들어서 누구에게 전화나 편지를 쓸 때 받을 수 있고, 통화할 수 있고, 응답할 수 있는 자에게 하고 보낸다. 전화를 받을 수 없고, 편지를 받을 수 없는 자에게 굳이 전화를 하거나 편지를 보내는 사람은 바보 외에는 아무도 없다.

왜 그런가? 응답할 수 없는 자, 죽은 자는 이미 사망하여 아무리 편지를 보내고 전화를 해도 소용이 없는 헛된 짓이기 때문이다. 이는 마치 죽

불교와 기독교 세계관

210

은 나무에게 지속적으로 물과 비료를 주는 사람과 같다. 무엇이든지 살아 있는 것에게 정성을 다하고 기도를 해야 효과가 나타난다. 기도하는 자들 중에는 헛발질이나 뻥 기도를 하는 자들이 많다. 축구 경기를 연상해 보면 이 말이 무슨 뜻인지 알 수 있다. 불교와 기독교는 나름 기도를 하지만 기도의 내용과 기도의 대상이 전혀 다르다. 불교는 사람, 피조물, 이미 죽은 자인 부처(석가모니)나 관음보살에게 기도한다. 하지만 기독교는 사람이 아닌, 피조물이 아닌, 죽은 자가 아닌, 영원 전부터 스스로 존재하시고, 살아계시고, 전지전능하신 오직 유일한 신(神, 하나님 God)에게 기도한다. 그리고 불교는 사람이 조각한 생명이 없는 불상(佛像, 형상, 동상)에게 합장하거나 엎드려서 기도하지만, 기독교는 어떤 형상이 아닌 영(靈, 신령)이시고, 전지전능하신 살아계신 하나님께만 기도한다. 불교와 기독교는 이렇게 다르다.

불교 기도 세계관

불교에서 기도(祈禱, 신명에게 비는 것)는 부처님께 비는 것이다. 좀 더 정확히 말하면 절(사찰)에 있거나 야외에 있는 부처상(佛像, 형상, 모양, 조각상, 동상)에게 엎드려 절하거나 서서 합장을 하여 어떤 소원을 비는 것이다. 그리고 불교에서 기도는 권청(勸請, 권할 권, 청할 청)이라고 하는데, 일체 중생들이 어리석은 마음을 떨쳐 버리고 하루 속히 지혜의 눈이 열리도록 부처님께 청하는 의식이라고 한다. 기도를 통해서 나와 이웃 그리고 모든 중생들에게 부처와 보살님의 공덕(功德, 공로와 덕행)이 함께 하기를 서원하고 또한 자신의 편협한 마음을 부처님 마음으로 되살리는 것이다. 불교에서 기도는 둘로 나뉜다. 발원과 참회이다. 발원(發願, 신이나 부처에게 소원을 빎)이란 '내가 바라는 게 무엇인지부터 바르게 세우고 하는 다짐'이다. 참회(懺悔, 뉘우칠 참, 뉘우칠 회)란 '과거의 죄를 깨닫고 뉘우치며 부처나 보살 앞에서 고백하고 용서를 비는 것'이다.

법정 스님은 기도에 대하여 이렇게 말했다. "아침에 올리는 기도는 하루를 여는 열쇠이고, 저녁 기도는 하루를 마무리하는 빗장이다", "기도는 무엇을 달라고 하는 것이 아니라 간절한 바람이다. 따라서 기도에는 목소리가 아니라 진실한 마음이 담겨야 한다. 진실을 담지 않은 말은 울림이 없다" 틱낫한 스님도 이런 말을 하였다고 한다. "전화기가 있어도 개통하기 전에는 통화할 수 없듯이, 우리에게 기도를 이룰 수 있는 믿음과 자비, 사랑어린 기운이 없다면 개통하지 않는 전화기를 붙들고 이야기하는 것과 같다" 불교에서 기도는 이렇게 하는 것이라고 기도의 방법을 말한다. "첫째가는 기도는 항상 염불(念佛, 부처를 생각함)하고, 진리(부처의 가르침)를 긍정하며, 진리의 한없는 은덕이 나와 나의 환경을 감싸고 키우고 있다는 사실을 깊은 마음으로 믿는 것"이라고 한다. 그래서 "부처님과 부처님의 진리에 항상 감사하며 그 공덕을 찬탄(贊嘆, 칭찬하고 감탄함)해야 한다"고 한다. 이 끝없는 감사 염불(念佛, 부처를 생각함)이 첫째가는 기도라고 한다.

그리고 기도는 관념이 아니라 행동이며 실천이라고 한다. 실천적 행동이 따르지 않는 기도라면 관념적인 기도에 불과하다고 한다. 따라서 공양(供養, 부처에게 음식을 올림)은 필수라고 한다. 그리고 부처님께 기도를 해도 성취되지 않는 방해 요인이 있다고 한다. 그것은 부처님의 크신 은덕, 진리의 위력을 믿지 않기 때문이고, 어떠한 명분으로 화합하지 못하고 대립심을 가지기 때문이라고 한다. 또한 타인에게 손해를 주는 기도나 타인의 인격을 견제하는 소망도 이루어지지 않는다고 한다. 그리고 부처님은 기도하면 즉시 응답하시고 우리가 소망하는 것을 즉시 주신다고 한다. 불교에는 관음기도, 지장기도, 약사기도, 칠성기도, 참회기도가 있다. 관음기도(관세음기도)란 사바세계(세상)의 중생들(사람들)이 괴로움에 허덕일 때 관세음보살(관음, 고승)의 이름을 불러 구원을 청하면 32응신(應身)으로 몸을 나타내어 구원해 주신다는 기도이다. 지장기도란 지장보살님께 하는 기도로, 이 보살님은 항상 지옥에 계시면서 오늘도 육도(지옥, 아귀, 축생, 아수라, 인간, 천상)를 윤회하는 중생들을 구제하고 계신다고 한다.

약사기도란 병들어 아픈 사람들이 그 병을 다스리기 위해 약사여래 부처님께 기도하는 것을 말한다. 칠성기도란 하늘에 하는 기도로 자손창성, 부귀영화, 수명장수를 할 때 하는 기도이다. 이 칠성기도는 태양(해)을 숭배하며 하늘의 자손이라 생각했던 조상들의 전통과 관습에서 비롯된 것이다. 마지막으로 참회기도란 진실하지 못한 마음으로 그동안 알게 모르게 지은 모든 죄업(범죄 행위)을 소멸하기 위해 부처님께 그 잘못을 뉘우치고 참회(懺悔)하는 기도이다. 참회기도(懺悔祈禱)에는 이참

기도와 사참기도가 있다. 이참기도란 과거와 현재에 지은 모든 죄업은 마음에서 생긴 것이며 마음 바깥에서 일어나는 것은 하나도 없다고 관찰하며 하는 기도이다. 사참기도란 몸으로는 부처님께 예배를 드리고, 입으로는 부처님을 찬탄(贊嘆, 칭찬하고 감탄함)하며, 마음으로는 부처님의 성스러운 모습을 그리면서 과거와 현재에 지은 모든 죄를 참회하는 기도이다. 정리하자면 불교에서의 기도는 부처님과 관세음보살님(부처의 왼편에서 교화를 돕는 보살)께 하는 것이다. 불교의 기도는 한마디로 신(神)이 아니고 이미 사망한 사람이었던 석가모니(싯다르타, 부처, 붓다, 아미타불)에게 하는 행위이다. 기독교의 기도는 사람이 아닌 본래 영원 전부터 스스로 존재하시고, 전지전능하시고, 살아계신 신(神, 하나님, God)에게 하는 것이다. 이런 점이 불교의 기도와 기독교 기도의 큰 차이점이다.

기독교 기도 세계관

기독교의 기도는 사람이 아닌 영원 전부터 스스로 존재하시며, 영(靈, 신령)이시며, 전지전능하시며, 영원토록 살아계신 하나님(삼위일체 하나님=성부 하나님, 성자 하나님, 성령 하나님)에게 하는 것을 말한다. 기독교인들이 기도를 하는 이유는 첫째, 하나님의 명령이기 때문이다. 둘째, 연약한 인간은 시시때때로 하나님의 도우심이 없이는 살 수 없기 때문이다. 셋째, 어떤 소원을 빌기 위해서다. 넷째, 자신이 지은 죄를 하나님께 아뢰고 용서함을 받기 위함이다. 다섯째, 이웃과 나라와 세계를 위한 중보기도를 위한 것이다. 여섯째, 이 땅에 하나님의 나라 확장과 거룩한 의(義)가 이루어져 하나님께 영광을 돌리기 위함이다. 기독교의 기도는 탐욕적이고 이기적인 기도가 아닌 하나님 주권적인 기도이다. 애신애타(愛神愛他)의 기도이다. 세속적인 복을 비는 기복기도(祈福祈禱)는 더더욱 아니다. 기도의 응답을 받기 위해서는 하나님에 대한 믿음과 순수한 마음으로 해야 한다. 기도에 있어서 가장 중요한 것은 누구에게 하는 것이냐 하는 것이다. 불교(佛敎)는 신(神)이 아닌 사람이었다가 죽은 부처(석가모니)에게 기도하지만, 기독교는 영원 전부터 스스로 존재하시며 전지전능하시고 살아계신 신(神), 즉 하나님(God)께 기도드린다.

기독교는 사람에게나 어떤 형상(조각상)에게 어떤 소원을 빌면서 기도하지 않는다. 왜냐하면 사람과 형상(조각상)은 아무런 능력과 힘이 없기 때문이다. 죄를 용서해 주시고, 소원을 들어 주시고, 응답해 주시는 분은 오직 스스로 존재하시는 살아계신 신(神) 외에는 없다. 사람이나 어떤 피조물이라도 절대로 기도를 들으시고 응답해 주지 못한다. 기도를 들어주고 싶어도 들어주지 못한다. 기도를 응답해 줄 능력이 되지 못하고 없기 때문이다. 그게 사람, 죽은 자, 피조물, 형상, 성자 등이다. 그래서 기독교인들은 우상(형상, 조각상), 산 사람이나 죽은 사람, 나무·돌·쇠로 만든 동상, 해, 달, 무덤, 사진, 짐승, 강, 바다, 산 등에게 기도하지 않는다. 오직 살아계시고 전지전능하신 신(神, God)인 하나님께만 기도한다. 성경(聖經, Bible)은 오직 하나님만 예배하고, 숭배하고, 찬양하고, 그에게만 기도하라고 한다.

신약성경책 마태복음 6장 9~13절이다.

"9)그러므로 너희는 이렇게 기도하라 하늘에 계신 우리 아버지여
(성부 하나님이여) 이름이 거룩히 여김을 받으시오며 10)나라(하나
님 나라)이 임하옵시며 뜻이 하늘에서 이룬 것 같이 땅(지구)에서도
이루어지이다 11)오늘날 우리에게 일용(필요한)할 양식(음식)을 주
옵시고 12)우리가 우리에게 죄 지은 자를 사하여(용서하여) 준 것같
이 우리 죄를 사하여 주옵시고 13)우리를 시험(유혹)에 들게 하지
마옵시고 다만 악에서 구하옵소서(나라와 권세와 영광이 아버지=
성부 하나님께 영원히 있사옵나이다 아멘)"

이것을 기독교는 성자 하나님이신 구세주 예수님께서 가르쳐 주신 기
도라고 하여 '주님의 기도 혹은 주기도문'이라고 한다. 이 주님의 기도(主
祈禱)가 기도의 본질이자 핵심이다. 하나님 중심적인 기도, 하나님 주권
적인 기도라고 한다. 왜 이처럼 하나님 중심적인 기도를 해야 하는가? 모
든 피조물과 사람, 기독교인들은 하나님을 위하여 창조함과 부르심을 받
았기 때문이다. 그래서 성경은 먹든지 마시든지 무엇을 하든지 다 하나
님의 영광을 위하여 하라고 한다. 이렇게 하나님에 대한 믿음과 순수한
마음으로 기도하면 반드시 응답해 주신다고 약속하셨다. 살아계신 하나
님께서 들어주시기 때문이다. 하나님께서는 전지전능하시고 초월적인
분이시기 때문에 어느 지정된 장소가 아닌 언제 어디에서나 어떤 방식으
로 기도해도 다 아시고 들으신다. 소리 내어 기도해도 되고, 마음으로 기

도해도 되고, 일기장을 쓰듯이 글로 기도를 해도 아시고 들으신다. 반드시 소리를 고래고래 지르거나 교회당, 산꼭대기, 어느 장소에 가서 기도를 해야 들으시는 분이 아니다. 기도를 많이 해야 들으시는 분도 아니다.

신약성경책 마태복음 6장 33절이다.
"너희는 먼저 그의(하나님의) 나라(왕국)와 그의 의(義, 하나님의 의)를 구하라(기도하라) 그리하면 이 모든 것(인간의 의식주)을 너희에게 더하시리라"

하나님께서는 모든 기도를 다 응답해 주시지 않는다. 탐욕적이고, 이기적이고, 악한 기도, 해로운 기도는 응답해 주시지 않는다. 그것이 역설적인 응답이다. 그 외에 하나님의 뜻을 이루고, 선하고, 좋은 것에 대하여 믿음으로 기도하면 들어주신다. 즉시 들어주시는 것도 있고 시간이 지나서 들어주시는 것도 있다. 모든 것이 하나님의 주권이다. 서두에서도 언급했지만 누가, 어느 종교인이 기도를 하든지 기도에 있어서 제일 중요한 것은 누구에게 기도하고 누가 기도에 응답해 주는가이다. 기독교를 제외한 모든 사람과 종교인들은 알 수 없는 신(천신), 하늘(칠성), 어떤 조각상, 형상, 모양, 동상, 어떤 사물, 이미 죽은 조상들, 이미 죽은 성인 등에게 기도한다. 오직 기독교만 유일하게 피조물이 아닌 전지전능하시고, 스스로 존재하시고, 영원토록 살아계신 하나님(God)에게만 기도한다. 그리고 오직 전지전능하시고 살아계신 하나님만이 기도를 들으시고 응답해 주신다. 그 외에는 아무도 응답해 주지 않는다. 특히 죽은 자는 아무런 능력과 영향과 효력을 발휘하지 못한다. 이런 사실을 모르고 어떤 자들은 이미 죽은 자에게, 어떤 형상(조각상)에게 기도하는 자들이 있다.

죽은 자에게, 생명이 없는 것에, 듣지도 말하지도 못하는 우상(형상, 모양, 조각상)에게 절하고, 제사하고, 기도하는 것처럼 헛된 것은 없다. 이것을 알고 확인하는 데는 많은 시간이 걸리지 않는다. 당장 죽은 가축, 죽은 나무, 죽은 식물, 죽은 물고기, 죽은 생물로 실험하면 된다. 생명이 없는 것, 죽은 것에 밥을 주고, 물을 주고, 비료를 주며 별의 별짓과 정성과 기도를 다해도 아무런 응답이나 반응이 없을 것이다. 죽었기 때문이다. 그래서 죽은 것은 다 갖다 버린다. 묻는다. 더 이상 정성을 쏟지 않는다. 오직 산 사람, 산 나무, 살아 있는 식물에게만 정성과 수고를 한다. 짐승들도 죽은 것에는 미련을 갖지 않는다. 사람도 죽으면 땅에 묻거나 화장을 하고 잊는다. 그렇게 사랑하는 자기 부모님이나 배우자나 자식이라 할지라도 죽으면 다 버린다. 포기한다. 더 이상 매달리지 않는다. 죽은 시체에게 전화하지 않는다. 죽은 시체에 어떤 정성을 쏟지 않는다. 아무런 소용이 없기 때문이다. 그런데 어리석게도 사람만 죽은 자나 생명이 없는 대상에게 제사하고, 절하고, 기도한다. 이것이 모든 종교인들과 기독교인들의 다른 점이자 기독교의 기도 세계관이다.

제29장

연등, 만(卍), 목탁 세계관

연등, 만(卍), 목탁이란 무엇인가? 연등(燃燈, 사를 연, 등잔 등)이란 '연등놀이를 할 때 밝히는 등불'이다. 연등절 혹은 연등회의 준말이다. 만(卍)이란 '불교, 힌두교, 자이나교를 비롯한 인도 계통의 종교에서 종교적 상징물로 사용되는 문양'이다. 목탁(木鐸, 나무 목, 방울 탁)이란 '나무를 둥글게 깎아 속을 파서 방울처럼 만든 기구'이다. 연등, 만(卍), 목탁은 불교에만 있고 기독교에는 없는 것들이다.

불교 연등, 만(卍), 목탁 세계관

불교에서 연등(燃燈)은 등공양(燈供養)을 주요 의례 절차로 한다. 등

공양이란 '부처님께 등을 공양한다'는 뜻이다. 등(燈)은 어두운 무명(無明)을 제거하여 지혜의 밝은 광명을 비추고자 하는 염원을 나타낸다. 연등회(연등)는 통일신라 시대부터 부처님 탄신일 즈음하여 절이나 일부 거리에 설치하여 즐기는 빛 잔치이다. 따라서 연등(연등회)은 등을 부처에게 공양(바침, 대접, 올림)함으로써 밝은 지혜의 세계로 나가기를 기원하는 불교의례이다. 또한 부처님 가르침을 따라서 우리 마음을 환하게 밝히고 그 빛으로 세상을 밝히자는 뜻이 담겨 있다. 만(卍)이란 만자(卍字·萬字)로 불교, 불심, 사찰을 나타내는 징표이다. 만(卍 만자)은 길상(吉祥, 운수가 좋을 조짐), 만덕(萬德, 많은 선행이나 덕행)을 상징한다. 길상(吉祥)이란 우리말로는 '더할 나위 없이 좋은 기운 또는 낌새'라는 말이다. 부처님이 보리수 아래에서 깔고 앉았던 풀끝이 만(卍 만자)처럼 생겼는데, 깨달음을 가져온 풀이라고 해서 '길상초(吉祥草)'라고도 부른다. 그 뒤로 불교를 나타내는 무늬로 자리매김했다. 불상의 가슴이나 손발에 이것을 새긴다. 만(卍 만자) 표시는 법당 지붕 합각이나 서까래 마구리, 현판이나 불화를 비롯해 절 곳곳에서 찾아볼 수 있다. 목탁(木鐸)이란 목어(木魚, 나무 물고기)에서 변형된 것으로 둥근 모양에 손잡이가 있고 속은 비어 있다. 앞쪽은 가늘게 트여 있고 양옆에는 구멍이 두 개 있다. 이것은 물고기 입과 두 눈을 나타낸다. 사찰에서 아침, 저녁 예불(禮佛, 부처 앞에 예를 갖추어 절하는 의식), 법회나 의식 때 일정한 법도에 따라 친다. 그리고 공양 시간을 비롯해서 사람을 모이라고 하는 신호로도 목탁을 친다. 목탁에는 밤이고 낮이고 하루 내내 눈을 뜨고 있는 물고기처럼 늘 깨어 있어야 한다는 뜻이 담겨 있다.

기독교 연등, 만(卍), 목탁 세계관

기독교에는 불교에 있는 연등, 만, 목탁과 같은 것들이 없다. 성경은 연등, 만, 목탁 등이 사람에게 어떤 영향과 변화를 준다고 하지 않는다. 그래서 기독교(개신교)에는 어떤 형상(모양)이나 표시, 어떤 도구를 사용하지 못하게 하거나 설치하지 못하게 한다. 기독교에서 예배당(교회당)에 유일하게 설치하고 있는 것은 십자가(十字架)뿐이다. 십자가는 기독교를 상징한다. 그 이상도 이하도 아니다. 십자가에 어떤 능력과 효험이 있는 것이 아니다. 인류의 유일한 구원자이신 예수 그리스도께서 하나님이 택한 백성들의 죄를 대신해서 십자가에 달려 죽으신 것을 기념하고 상징하는 차원에서 예배당 지붕에 교회라는 구별된 표시로 설치할 뿐이다. 십자가 자체가 교회를 절대적으로 상징하는 것은 아니기에 십자가를 설치하지 않아도 교회는 아무런 문제가 없다. 그 외 어떤 종교적 의미와 영향을 담아 십자가를 의지하거나, 사용하거나, 기도하거나, 섬기거나, 절하지 않는다. 한마디로 숭배 도구 혹은 사람들을 변화시킨다는 의미를 담은 도구로 사용하지 않는다. 십자가에 어떤 신령한 능력이 있다고 믿거나 가르치지 않는다. 도리어 종교적인 의미를 담은 도구, 숭배의 도구로 사용할까봐 경계시킨다.

구약성경책 출애굽기 32장 1, 4절이다.

"1)백성(이스라엘 백성)이 모세가 산(시내산)에서 내려옴이 더딤을 보고 모여 아론(제사장)에게 이르러 가로되 일어나라 우리를 인도

할 신(神)을 우리를 위하여 만들라 이 모세 곧 우리를 애굽(이집트)

땅에서 인도하여 낸 사람은 어찌 되었는지 알지 못함이니라 4)아론

이 그들의 손에서 그 고리(금 고리)를 받아 부어서 각도(刻刀, 새김

칼)로 새겨 송아지 형상(금송아지 우상)을 만드니 그들이 말하되 이

스라엘아! 이는 너희를 애굽 땅에서 인도하여 낸 너희 신(神)이로다

하는지라"

애굽(이집트)에서 나온 이스라엘 백성들은 지도자 모세를 따라 지금의 이스라엘 땅인 가나안으로 가기 위하여 광야로 들어갔다. 광야 여정 중 지금의 사우디아라비아에 있는 시내산에 이르렀다. 그곳에서 시내산으로 오르라는 하나님의 명령을 받았다. 이에 모세는 시내산에 올랐다. 시내산에 오른 모세가 40일 동안 내려오지 않자 시내산 아래에 있던 이스라엘 백성들은 불안과 염려에 빠져 금 고리를 모아 녹여 금송아지(조각상, 형상)를 만들어 그것이 이스라엘 백성들을 애굽에서 인도한 신(神)이라고 우상 숭배에 빠졌다. 불신앙에 빠진 이스라엘 백성들은 자기들의 귀에 있는 금 고리를 빼내어 녹여서 조각하여 만든 생명이 없는 금송아지를 신(神)으로 만들어 의지하고 섬겼다. 금송아지에 종교적 의미와 가치와 신앙을 담아 숭배했다. 사람이 만든 조각상(형상, 모양)이 무슨 신(神)이 될 수 있는가? 사람이 만든 어떤 형상(조각상)을 신(神)이라고 섬기고 절하면 이를 만든 사람은 무엇인가? 신(神) 위의 신(神)인가? 그런데 어찌된 영문인지 자기들이 만든 도구와 조각상에 엎드려 절하고, 숭배하고, 뭔가 능력이 있는 것처럼 사용하고 의지한다. 아무리 생각해도 이럴 수는 없는 것이다. 그런데 이렇게 사람이 만든 각종 도구나 조각상

(형상, 모양)에 종교적인 의미를 담아 사용하는 자들이 많다.

불교에서는 이미 죽은 부처님께 등을 공양한다고 하는데, 기독교는
죽은 사람을 포함하여 모든 피조물에게 공양하는 것을 금한다. 산 사람
을 공양하는 것은 공경과 존경과 부양 차원에서 지지하지만 이미 죽은
자에게는 그 어떤 행위도 하지 못하게 한다. 왜냐하면 죽은 자는 아무것
도 받을 수도 없고, 줄 수도 없고, 먹을 수도 없는 그 어떤 영향과 반응도
행사하지 못하는 헛되고 헛된 것이기 때문이다. 그래서 기독교는 사람을
공양하되 오직 산 사람에게만 하고, 죽은 자를 위하여 그 어떤 물리적 행
위도 하지 않는다. 단지 죽은 자를 추모할 뿐이다. 다른 어떤 도구나 물
건이 어떤 영향을 준다고 하여 사용하는 것도 금한다. 이 또한 아무런 영
향을 주지 못하는 헛되고 헛된 것이기 때문이다. 기독교는 오직 하나님
과 하나님 말씀만이 사람들을 변화시키고, 진리를 깨닫게 하고, 우리를
깨어 있게 한다고 가르친다. 그래서 기독교(개신교) 교회당 안과 목사들
에게는 불교에서 사용하는 목탁과 같은 것이나 연등회와 같은 어떤 것을
만들어 예배 때나 각종 의식 등에서 사용하지 않는다. 오직 성경말씀만
을 가지고 가르치고 배우면서 영(靈, 신령)이시고 살아계신 하나님만을
예배, 경배, 숭배하며 산다. 이것이 기독교(개신교) 연등, 만, 목탁 세계관
이다.

제30장

108번뇌 세계관

번뇌(煩惱, 답답할 번, 괴로워할 뇌)란 '가슴이 답답함과 마음이 괴로움'을 뜻한다. '마음이나 몸을 괴롭히는 모든 생각'을 의미한다. 번뇌는 불교의 심리 용어이다. 108번뇌(108煩惱)란 '중생들의 한량없이 많은 번뇌'를 뜻한다. 중생의 번뇌가 크게 108개나 된다고 하여 백팔결(百八結) 혹은 백팔결업(百八結業)이라고도 한다. 기독교에는 108번뇌라는 말이 없다. 마음의 갈등, 고민, 괴로움 등의 말은 사용하지만 번뇌란 용어는 사용하지 않는다.

불교 108번뇌 세계관

불교 사전에 의하면 번뇌(煩惱)란 '중생(사람)이 일으키는 모든 생각, 중생을 괴롭히고 산란하게 하는 마음 작용, 중생을 어지럽히고 미혹하게 하는 마음 작용'이라고 한다. 번뇌는 마음에서 일어나는 갈등이다. 우리가 화내고 성내고 슬프고 기분 나쁘고 걱정하는 모든 것들을 번뇌라고 한다. 그러니까 108번뇌란 번뇌의 종류가 108가지나 된다는 뜻이지만, 이것이 암시하는 바는 '중생(사람)을 괴롭히고 어지럽히는 마음 작용을 통틀어서 이르는 말'이다. 인간의 정신과 마음을 뇌란(惱亂, 괴롭고 어지럽게 함)하게 하는 것이다. 번뇌가 제거된 것을 열반, 해탈, 깨달음이라고 한다. 번뇌라는 말은 본래 해탈에 이르는 데 방해되는 불선(不善), 부정(不淨)한 정신 상태를 나타내는 술어 중의 하나였다. 그러나 차츰 그러한 심리 작용이나 정신 상태를 전체적으로 가리켜서 표현했다. 그리고 각각의 특색에 응한 명칭을 가진 개개의 심리 상태를 총칭하는 경우에 쓰이게 되었다.

그래서 사람의 심신을 뇌란(惱亂)케 하고 악을 짓게 하는 정신상태의 일반을 표현하는 말로 쓰이게 되었다. 불교는 갈등하는 마음을 번뇌라고 하면서 번뇌를 없앤다면 마음이 평화로워진다고 한다. 그리고 그 길을 알려 주는 종교가 불교라고 한다. 불교는 번뇌를 끊어 번뇌가 없는데 이르는 것을 열반에 이르렀다 하며 이것이 깨달음이라고 한다. 번뇌를 끊는다고 하나 실제로 끊는 것이 아니고 미혹을 돌려 깨달음에 이름으로써 일찍이 번뇌가 없는 것을 알게 되는 것이라고 한다. 결국 불교는 수행을 통해서 깨달음을 얻어야 번뇌가 없는 것을 알게 된다고 한다. 아무튼 빙 빙 돌려서 이리저리 말하니 아리송하지만 기독교 교리와는 큰 차이가 있다. 기독교는 수행에 따른 깨달음을 통해서 어떤 것을 해결하는 종교가 아니다. 진리와 인류의 유일한 구세주인 예수님을 믿어야만 죄와 고통 (번뇌)에서 근본적으로 벗어날 수 있다고 말한다.

기독교 108번뇌 세계관

기독교는 108번뇌나 번뇌라는 용어를 사용하지 않는다. 이와 유사한 고통, 갈등, 괴로움 등의 말은 쓴다. 불교는 인간의 108번뇌(괴로움)를 해결하기 위해서 수행을 하고, 수행을 통해서 깨달음을 얻은 중생만이 번뇌가 없는 것을 알게 된다고 한다. 그러나 기독교는 무엇이든지 인간 스스로 어떤 고행, 수행, 명상, 참선 등을 통한 깨달음으로 죄와 번뇌와 사욕과 죽음에서 벗어날 수 없다고 말한다. 마음의 평안은 인간의 노력으로 되지 않는다고 한다. 자신의 노력과 수행이 아닌 하나님의 은혜(공짜로 주시는 선물)와 도우심으로만 근본적인 번뇌, 불안, 염려, 고통에서 벗어날 수 있다고 한다. 불교는 중생(사람)들의 번뇌에 대한 근본 원인을 말하지 못한다. 왜냐하면 정확히 모르기 때문이다. 그러나 기독교는 번뇌(괴로움)의 근본 원인을 잘 안다. 성경이 말하기 때문이다. 그것은 인간의 원죄(본죄)에서 출발한 것이라고 말한다. 구약성경책 창세기 2~3장에서 잘 기술하고 있다.

구약성경책 창세기 2장 17절이다.
"선악을 알게 하는 나무의 실과(善惡果)는 먹지 말라 네가 먹는 날에는 정녕 죽으리라 하시니라"

구약성경책 창세기 3장 6~7절이다.
"6)여자(하와)가 그 나무(선악과나무)를 본즉 먹음직도 하고 보암직도 하고 지혜롭게 할 만큼 탐스럽기도 한 나무인지라 여자(하와)가 그 실과(선악과)를 따먹고 자기와 함께한 남편(아담)에게도 주매 그도 먹은지라 7)이에 그들의 눈이 밝아 자기들의 몸이 벗은 줄을 알고 무화과나무 잎을 엮어 치마를 하였더라"

최초의 사람(중생, 인간) 아담과 하와는 완전한 에덴동산에서 번뇌 없이 행복하고 평화롭게 살았으나 어느 날 하나님이 금하신 선악과를 따먹은 불순종의 죄를 범한 이후 마음의 평안은 사라지고 번뇌의 삶을 살게 되었다. 육체적으로 죽지 않는 삶도 사라졌다. 누구에게나 사망이 왔다. 온갖 악함과 불행과 수고가 찾아왔다. 그것이 부끄러움과 온갖 괴로움이다. 가장 큰 괴로움(고통)은 죽음이고, 영생 상실이다. 그리고 육체의 노동이고, 해산의 고통이다. 그 다음으로 사람의 마음에 수많은 악한 것들이 생겨났다. 땅도 망가졌다. 하나님의 심판, 저주, 벌은 사람과 모든 피조물에게 임했다. 그리하여 모든 피조물들이 각종 번뇌로 신음(呻吟)하게 되었다. 신음(呻吟, 끙끙거릴 신, 읊을 음)이란 '① 병이나 고통을 앓는 소리를 냄. ② 고통이나 괴로움으로 고생하며 허덕임'이다.

구약성경책 사무엘상 1장 10절이다.

"한나(사무엘 선지자 어머니)가 마음이 괴로워서(번뇌) 여호와께 기도하고 통곡하며"

구약성경책 욥기 24장 12절이다.

"인구 많은 성 중에서 사람들이 신음(呻吟)하며 상한 자가 부르짖으나 하나님이 그 불의를 보지 아니하시느니라"

구약성경책 창세기 4장 5절이다.

"가인(아담의 첫째 아들)과 그 제물은 열납(받다)하지 아니하신지라 가인이 심히 분(분노)하여 안색(얼굴색)이 변하니"

구약성경책 창세기 4장 8절이다.

"가인이 그 아우 아벨(아담의 둘째 아들)에게 고하니라 그 후 그들이 들에 있을 때에 가인이 그 아우 아벨을 쳐죽이니라"

하나님께 범죄한 아담과 하와의 죄가 그 자손들에게 전가되어 사람들이 번뇌하기 시작하였다. 성경은 이것을 번뇌라고 하지 않고 신음(呻吟)이라고 하였다. 성경의 기록을 보면 아담의 첫 번째 아들에게서 번뇌(괴로움)가 나타나 살인을 하게 된다. 그것이 **"가인이 분하여 안색이 변**

하니"라는 말이다. 이는 하나님께 가인(아담의 첫째 아들)과 아벨(아담의 둘째 아들)이 농사지은 것을 가지고 제사를 드렸는데 아벨의 것은 받으시고 가인의 것은 받지 않으시자 가인이 마음에 분노를 품는 번뇌가 발생한다. 그 번뇌를 다스리지 못한 가인은 어느 날 동생 아벨과 함께 들에 있을 때 동생 아벨을 무엇인가로 쳐서 죽였다. 인간의 불행과 피조물들의 불행과 지구촌의 불행을 일으키는 모든 번뇌는 인류 최초의 인간(사람)이자 대표자이며 머리인 아담과 하와가 하나님의 말씀에 불순종하는 죄를 범하므로 시작되었다. 마치 대한민국에 사는 어떤 사람이 불행하게 되는 원인이 어떤 범죄를 저지른 데부터 시작되는 것과 같다. 행복하고 평안하게 잘 살고 있었는데 어느 날 폭력, 강도, 살인, 도적질, 성폭력 등 범죄를 저지른 이후 개인의 삶과 가정이 산산조각이 나는 것과 같다.

지구상에 아무것도 존재하지 않았을 때, 즉 태초(太初)에 하나님께서는 인간을 흙으로 창조하셨다. 먼저 남자인 아담을 창조하셨고, 그 다음 하나님께서 초자연적인 신적 능력으로 잠든 남자(아담)의 갈빗대를 빼내어 여자인 하와를 창조하셨다. 이들이 범죄하기 전에는 마음이 평화롭고, 행복하고, 번뇌(괴로움, 갈등)가 하나도 없었다. 그러나 아담과 하와는 어느 날 영물(靈物)인 사단(마귀)의 조종을 받은 뱀의 유혹에 빠져 하나님이 금하신 선악과(善惡果)를 따먹음으로 범죄하게 되었다. 그 즉시 중생(사람)에게 번뇌(괴로움), 갈등, 두려움, 불행, 사나움, 죽음 등 온갖 악한 것들이 발생하게 되었다. 하나님께서 본래 주셨던 편안한 마음이 죄로 인하여 사라졌다. 불교식으로 말하면 그 대신 수많은 108번뇌가 찾아왔다. 인간의 번뇌(괴로움)와 평안과 불평안(不平安)은 인간의 대표자인 아담과 하와가 창조주 하나님께 불순종의 원죄를 저지른 이전과 이후로 확연하게 다르게 된다. 이 시점으로 인간의 성선설과 성악설로 나뉜다. 아무튼 기독교는 인간(중생)에게 108번뇌는 처음부터 있었던 것이 아니라 하나님께 범죄한 이후 생겨서 모든 인간에게 전가되었다고 말한다.

신약성경책 마태복음 6장 34절이다.
"그러므로 내일 일을 위하여 염려하지 말라 내일 일은 내일 염려할 것이요 한 날 괴로움(번뇌)은 그날에 족하니라"

신약성경책 요한계시록 20장 10절이다.
"또 저희(마귀 추종자들)를 미혹하는 마귀(사단)가 불과 유황 못(지옥 불)에 던지우니 거기는 그 짐승(마귀 추종 권력자들)과 거짓 선지자도 있어 세세토록 밤낮 괴로움(번뇌)을 받으리라"

인간의 번뇌는 입고 먹고 거하는 의식주(衣食住)에서도 나타난다. 부부 사이, 친구 사이, 이성 사이, 가족 사이 같은 인간관계에서도 나타난다. 취업과 공부와 진학에서와 결혼에서도 나타난다. 죄인인 인간(중생)들은 매일 같이 다양한 일로 108번뇌(괴로움)에 젖어 산다. 오늘도 여러 가지로 번뇌, 내일도 번뇌, 노후와 미래의 일로 번뇌하며 산다. 성경은 그날 것만 가지고 번뇌하며 살라고 한다. 이러한 번뇌의 삶은 인류의 유일한 구세주인 예수님을 믿지 않으면 근본적으로 벗어나지 못하고 현세와 내세(사후세계)에서 영원히 지배를 당하며 살게 된다. 지옥에 들어가서

도 벗어나지 못한다. 죄로 인하여 발생한 인간 번뇌(괴로움)는 예수님을 믿어야만 근본적으로 해결되고 관리된다. 예수님을 믿는 자들만이 죽음 이후에 번뇌에서 완전히 벗어나게 된다. 천국에는 번뇌(괴로움)가 전혀 없기 때문이다. 천국은 괴로움도 질병도 슬픔도 죽음도 없다.

하지만 지옥(地獄)에는 번뇌가 있다. 지옥에 들어간 자들은 영원히 번뇌 가운데 고통받으며 살게 된다. 번뇌(괴로움)의 근본 원인은 죄(원 죄) 용서함을 받지 못했기 때문이다. 모든 번뇌가 죄로부터 발생했기 때 문에 죄 문제를 해결하지 않고는 그 어떤 노력을 해도 사상누각이고, 무 용지물이고, 소용이 없다. 예수님을 진실로 믿기 전에는 중생(사람)들이 그 어떤 수행, 참선, 고행, 명상, 요가 등을 해도 열반과 해탈을 해도 번뇌 가운데서 벗어나지 못한다. 사실 완전한 해탈은 불가능하고 없다. 이것 이 사실이고 인간의 한계, 형편, 처지, 무능력이다. 인간이 처한 절망적이 고 불행한 상황이다. 번뇌(煩惱)에서 자유하게 하는 유일한 해결책은 인 류의 유일한 구세주 예수님을 믿고 하나님의 지배와 통치를 받으며 사는 것뿐이다. 성경은 그 외에는 해답이 없다고 말한다. 번뇌는 하나님의 말 씀대로 순종하고 성령 하나님의 통치와 지배를 받아야만 근본적으로 사 라지고 관리가 된다. 이런 부분에서 번뇌와 관련해서도 불교와 기독교는 많이 다르다. 이것이 기독교 108번뇌 세계관이다.

제31장

오계 세계관

오계(五戒, 다섯 오, 경계할 계)란 '다섯 가지 경계할 것'을 말한다. 이 오계(五戒)는 불교 용어이다. 기본적으로 오계는 좋은 것이다. 이웃을 해치지 못하게 하는 계율이기 때문이다. 동시에 자기와 가정을 지켜 주는 계율이다. 기독교에는 오계가 아닌 십계명(十誡命)이 있다. 물론 불교의 오계와 기독교의 십계명은 태생과 내용 자체가 전혀 다르고 주신 자도 다르다. 기독교의 십계명은 사람이 만든 것이 아니라 하나님이 만들어 주신 말씀이다. 그래서 불교의 오계와 내용에 있어서 겹치는 부분도 있지만 실제적인 의미에서 그 범위와 개념이 전혀 다르다. 이에 반해 불교의 오계는 사람이 만든 것이다.

불교 오계 세계관

불교의 모든 계율은 오계(五戒)를 근본으로 한다. 그래서 근본대계 (根本大戒)라고 하기도 한다. 오계의 근본 정신은 남에게 피해를 주지 않는 데 있다. 불교 사전에 의하면 오계(五戒)를 이렇게 정의한다. '재가(在家, 집에 있으면서 승려처럼 도를 닦음)의 신도가 지켜야 할 다섯 가지 계율'이라고 한다. 첫째 계율은 불살생계(不殺生戒, 아니 불, 죽일 살, 날 생, 경계할 계)이다. '살아 있는 것을 죽이지 말라'는 것이다. 다른 생명을 침해하지 않는 것이다. 크게는 사람을 죽이는 것이고 작게는 바퀴벌레, 쥐, 모기 등을 죽이는 것 모두가 살생이다. 살아 있는 것을 죽이거나 그 생명을 빼앗는 것은 죄가 크기 때문이었다. 이는 생명의 존귀성과 자비 사상을 바탕으로 탄생한 것이다. 다만 제식(祭式)에서 희생양의 살해, 정의의 전쟁에서 살육, 사회의 질서 유지를 위한 처형 등은 도덕적으로 선 (善)이라고 하여 문제시 하지 않는다. 불교도가 채식을 하는 것은 소, 닭, 오리, 돼지, 양 등의 동물의 생명을 차마 해치지 못하기 때문이고 자비심을 키우기 위해서이다. 불교에서 동물은 심식(心識)의 반응이 있고 식물은 단지 물리적 반응이 있을 뿐이기에 채식(菜食, 나물 채, 먹을 식)은 살생이 아니라고 한다. 이 불살생계는 기독교의 살생, 살인 계명과 같은 것도 있지만 전혀 다른 것도 있다. 그리고 불살생의 의미에서 육식이 금기시되었던 것은 대승불교(大乘佛敎)에 이르러서다. 참고로, 대승불교란 기원전 1세기경에 홍기한 새로운 불교 운동이다. 대승(大乘, 큰 대, 탈 승)은 '많은 것을 실을 수 있는 수레'라는 뜻이다. 이 호칭은 출가자(出家

者, 집을 떠나 절에 가서 머리를 깎고 승려가 된 자)와 재가자(在家者, 집에서 승려처럼 도를 닦는 자)를 문제 삼지 않고 모든 사람이 다 부처와 동일한 깨달음에 이를 수 있다는 것이다.

둘째 계율은 불투도계(不偸盜戒, 아니 불, 훔칠 투, 훔칠 도, 경계할 계)이다. '훔치지 말라'는 것이다. 남의 재물을 훔치지 말라는 계율이다. 다른 사람의 재물을 침해하지 않는다는 것이다. 셋째 계율은 불사음계(不邪婬戒, 아니 불, 간사할 사, 음탕할 음, 경계할 계)이다. '음란한 짓을 하지 말라'는 것이다. 사음하지 않음을 말한다. 사음이란 합법적인 부부관계 이외의 남녀 간 애욕 행위를 말한다. 재가(在家) 남자 신도인 우바새(세속에 있으면서 불교를 믿는 남자. 흔히 '거사' 혹은 '처사'라고 한다)와 재가 여자 신도인 우바이(세속에 있으면서 불교를 믿는 여자. 흔히 '보살님'이라고 한다)가 다른 이의 아내나 남편과 음행하는 일을 금지한 계율이다. 출가한 스님에게는 일체 음행을 금지하였으므로 불음계(不婬戒)라 한다. 넷째 계율은 불망어계(不妄語戒, 아니 불, 거짓될 망, 말씀 어, 경계할 계)이다. '거짓말하지 말라'는 것이다. 망령된 말을 하지 않는 것이다. 허망하여 사실이 아닌 말을 하는 것이다. 이간질하는 말, 사람에게 상처를 주는 악독한 말, 사실이 아닌 말로 속이는 것, 아첨하는 간사한 말을 포함한다. 다섯째 계율은 불음주계(不飮酒戒, 아니 불, 마실 음, 술 주, 경계할 계)이다. '술 마시지 말라'는 것이다. 음주하지 않음이다. 불도(佛道, 부처의 가르침)를 수행하는 이는 온갖 술을 마시지 못하게 금지한 계율이다. 술을 마시지 않음이지만 신경을 자극하여 사람으로 하여금 이성을 상실케 하고 덕행을 망치게 하는 모든 물건, 즉 모든 마약 등을 가리킨다.

기독교 오계 세계관

기독교에는 불교의 오계가 아닌 십계명(十誡命)이 있다. 이 계명은 신·구약 기독교인들이 지켜야 하는 계명이다. 이 계명은 스스로 존재하시며, 영(靈, 신령 영)이시며, 영원히 살아계신 하나님(God)께서 구약의 이스라엘 백성과 신약의 모든 기독교인들에게 주신 것이다. 하나님께서 출애굽 당시 광야 40년 여정 중 시내산(사우디아라비아)에서 이스라엘 지도자 모세에게 주신 계명이다. 이 십계명은 신·구약 66권의 하나님의 말씀을 압축해 놓은 말씀이다. 제1계명부터 제4계명까지는 기독교인들이 하나님과의 관계에서 영원히 지켜야 하는 계명이고, 제5계명부터 제10계명까지의 말씀은 기독교인들이 인간관계에서 지켜야 하는 계명이다. 제1계명은 하나님 외에는 다른 신을 두지 말라고 한다.

구약성경책 출애굽기 20장 3절이다.
"너는 나 외에는 다른 신들(우상들=형상들, gods)을 네게 있게 말찌니라"

이렇게 말씀하신 이유는 하나님 외에는 다른 신들이 없기 때문이다. 다른 신들(gods)이라는 것은 우상(가짜 신, 허수아비)이다. 제2계명은 자신을 위하여 새긴 우상을 만들지 말라고 한다. 아무 형상(모양)이든지 만들지 말라고 한다. 그것들에게 절하지도 말고 섬기지도 말라고 한다.

구약성경책 출애굽기 20장 4~5절이다.

"4)너를 위하여 새긴(조각한) 우상(偶像, 가짜 신, 다양한 조각상)을 만들지 말고 또 위로 하늘에 있는 것이나 아래로 땅에 있는 것이나 땅 아래 물속에 있는 것의 아무 형상(形像, 모양)이든지 만들지 말며 5)그것들에게 절하지 말며 그것들을 섬기지 말라…"

천지, 물속에 있는 것의 아무 형상(모양)이든지 조각품으로 만들어 그것들을 신(神)처럼 숭배하지 말라는 것이다. 왜냐하면 사람이 만든 모든 모양, 형상, 조각품은 우상(偶像, 말 못하는 허수아비, 가짜 신)이기 때문이다. 제3계명은 하나님의 이름을 헛되게 일컫지 말라고 한다.

구약성경책 출애굽기 20장 7절이다.

"너는 너의 하나님 여호와의 이름을 망령(妄靈, 정상에서 벗어난 짓)되이 일컫지 말라…"

하나님의 이 성호를 헛되이(망령되게) 부르고, 오용하고, 무책임하게 부르고, 사용하고, 악용하는 것은 하나님을 업신여기는 것으로 금한다. 이단, 사이비들이 하나님의 이름을 사칭하는 것도 망령되이 일컫는 행위이다. 하나님의 이름은 피조물의 이름과는 전혀 다르다. 사람의 이름도 업신여기고 잘못 오용하면 처벌을 받는다. 하나님의 이름을 망령되이 일컫는 행위는 하나님을 경외(敬畏, 공경하면서 두려워 함)하는 자가 아니다. 하나님의 거룩한 이름을 함부로 부르고 악용하는 자는 죄를 짓는 것이라고 한다. 제4계명은 안식일(주일)을 거룩하게 지키라고 한다.

구약성경책 출애굽기 20장 8절이다.

"안식일(安息日, 주일)을 기억하여 거룩히 지키라"

신약 시대, 즉 인류의 유일한 구세주이시자 하나님이신 예수님께서 십자가에 달려 죽으셨다가 무덤에 묻힌 뒤 3일 만에 다시 부활하여 하늘로 승천하셨다. 예수님께서 부활하신 이후 과거 토요일에 지켰던 안식일을 지키지 않고 오늘날 일요일을 주일(主日), 안식일로 지키고 있다. 이는 구약의 안식일을 완성하신 것이다. 오늘날 모든 기독교인들이 일요일을 주일(主日), 즉 주님(하나님)의 날이라고 하여 안식일을 지키는 이유는 하나님의 천지 창조(6일 동안)와 천지 만물을 창조하신 후에 쉬셨기 때문이다. 그리고 이 날은 사익을 추구하는 모든 노동을 금하고 살아계신 하나님을 예배하고 기독교인들끼리 친교를 나누며 육체적, 정신적으로 쉬는 날이기 때문이다. 주일예배, 주일성수는 불가항력적인 상황, 처지, 형편이 아닌 이상 영구적이고 항구적으로 준수해야 하는 계명이다. 제5계명은 자기 부모를 공경하라고 한다.

구약성경책 출애굽기 20장 12절이다.

"네 부모를 공경하라 그리하면 너의 하나님 나 여호와가 네게 준 땅에서 네 생명이 길리라"

부모는 단순한 부모가 아니다. 하나님의 대리 목자, 교육자, 양육자, 통치자이다. 하나님께서 부모를 통해서 이 세상에 나를 있게 한 분이다. 따라서 모든 자식들은 부모님을 공경(恭敬, 공손히 섬김)하고 따라야 한다. 어떻게 하는 것이 부모 공경인가? 부모님의 바른 지도에 말씀에 순종하고 부모의 필요를 채워 주는 것이다. 정신적으로, 교육적으로, 신앙적으로 순종하고 물질적으로 돕는 것이다. 부양(扶養, 돌봄)하는 것이다. 부모 공경을 소홀히 하는 것은 부모에게 피해를 주는 것이자 하나님의 명령을 무시하는 처사다. 나라에서 어떻게 하든지 부모 공경은 자식의 마땅한 도리이다. 제6계명은 살인하지 말라고 한다.

구약성경책 출애굽기 20장 13절이다.
"살인하지 말찌니라"

생사(生死)의 주관자는 하나님뿐이시다. 일반적으로 사람에게는 살인 권한이 주어지지 않았다. 창조자 하나님께서 인간에게 그런 권한을 주신 일이 없다. 그런즉 인간은 하나님께서 허용하신(정당방위, 방어적 전쟁, 법정에서의 재판 등) 살인 외에는 절대로 살인을 해서는 안 된다. 살인은 자신과 타인에게 큰 피해와 고통을 준다. 살인은 하나님의 권한과 영역을 침범하는 것이다. 살인은 다양하다. 타살이다. 다른 사람을 죽이는 것이다. 자살이다. 자기를 죽이는 것이다. 낙태이다. 태중에 있는 아이를 이런저런 이유로 죽이는 것이다. 이는 친자태아살인이다. 임신중절이나 아이를 지운다고 한다. 그리고 미움이다. 성경은 지속적인 마음의 미움도 살인으로 간주한다. 중상모략과 명예훼손도 인격 살인이다. 기독교는 살인, 살상과 관련하여 불교 불살생계(不殺生戒)와는 많은 차이가 있다. 사람을 살인하지 말라는 것은 동일하나 그 외 동물이나 생물을 살생하지 말라고 하는 것은 전혀 다르다. 기독교는 동물, 생물을 학대하지 말라고 하지만 언제든지 죽여서 음식으로 먹을 수 있다고 한다. 이는 성경이 그리 말하기 때문이다. 성경에 의하면 모든 식물, 생물, 동물, 과일 등은 사람을 위하여 음식(식물)으로 주신 것이다. 그래서 어느 동물과 짐승, 생물까지 다 음식으로 먹을 수 있다.

구약성경책 창세기 9장 3절이다.
"무릇 산 동물은 너희의 식물(食物, 먹을거리)이 될찌라 채소같이 내가 이것을 다 너희에게 주노라"

기독교는 육식, 채식 모두를 지지한다. 동물, 생물을 죽이는 것을 살생이라고 말하지 않는다. 제7계명은 간음(姦淫)하지 말라고 한다.

구약성경책 출애굽기 20장 14절이다.
"간음(姦淫, 부부 외 섹스)하지 말찌니라"

간음이란 부부가 아닌 남녀가 성적 관계를 맺는 것을 말한다. 소위 불륜 섹스(Sex)를 말한다. 이는 자신과 타인에게 피해를 주는 것이다. 이를 결혼 전후로 나누면 미혼자의 섹스는 간음, 기혼자의 섹스는 간통이라고 한다. 성경은 미혼자나 기혼자나 순결을 요구한다. 특히 기독교인의 몸은 성령 하나님이 거하시는 성전(聖殿)이라고 하면서 성전을 더럽히지 말라고 한다. 부부의 침실을 더럽히지 말라고 한다. 간음 금지는 부부의 안녕과 거룩, 섹스의 질서를 지키고 유지하기 위함이다. 무질서한 섹스는 개인과 가정의 불행이 된다. 간음 행위는 서로의 신의, 존중, 약속,

질서, 사랑을 다 깨버린다. 섹스는 한 아내나 한 남자로 충분하기에 간음을 금한다. 오늘날 미혼자나 기혼자나 순결을 지키는 자들이 별로 없다. 서로 좋아하고 사랑하기만 하면 자유롭게 섹스를 한다. 참으로 안타까운 시대가 아닐 수 없다. 이는 방종과 무질서와 음란이지 바른 섹스가 아니다. 자유와 성적 자기결정권도 아니다. 제8계명은 도적질을 하지 말라고 한다.

구약성경책 출애굽기 20장 15절이다.
"도적질하지 말찌니라"

주인의 허락 없이 남의 모든 것을 훔치는 것을 말한다. 남에게 피해를 주는 것이다. 더 나아가 고의적으로 탈세하는 것, 빌린 돈을 갚지 않는 것, 사주가 임금을 고의적으로 체불하는 것, 다른 사람에게 손해나게 하는 것, 투기하는 것, 가짜 상품을 판매하는 것, 지나친 이윤 추구, 불로소득, 음악이나 영화를 불법으로 다운받는 것, 타인이 발명한 것을 훔치는 것, 남의 물건을 빌리고 되돌려 주지 않는 것 등이 다 도적질에 해당한다. 약속을 하고도 지키지 않는 것도 다른 사람의 시간을 도적질 하는 것이다. 부부가 결혼식 때 한 서약을 지키지 않는 것도 상대방의 믿음, 인격, 인생을 도적질하는 것이다. 그런즉 어떠한 형태의 도적질도 하지 말아야 한다. 제9계명은 이웃에게 거짓 증거를 하지 말라고 한다.

구약성경책 출애굽기 20장 16절이다.
"네 이웃에 대하여 거짓 증거 하지 말찌니라"

법정에서나 일상에서 사실이 아닌 말을 하는 것을 가리킨다. 대부분의 거짓말은 자신의 이익을 위해서 한다. 거짓 증거는 이웃에게 치명적인 피해를 입힌다. 억울하게 누명을 쓰게 된다. 그래서 거짓 증거는 간접 살인이라고 한다. 거짓 증거는 이웃을 사랑하지 않는 데서 출발한다. 이웃에 대해서 거짓말을 하게 되면 억울한 자가 발생한다. 그런즉 언제 어디서나 거짓을 금한다. 자신의 이익과 자신이 살기 위해서 잘못이 없는 사람에게 잘못이 있는 것처럼 거짓 증거를 하는 것은 짐승만도 못한 인간이다. 제10계명은 이웃의 집을 탐내지 말라고 한다.

구약성경책 출애굽기 20장 17절이다.
"네 이웃의 집(소유물들)을 탐내지 말찌니라 네 이웃의 아내나 그의 남종이나 그의 여종이나 그의 소나 그의 나귀나 무릇 네 이웃의 소유를 탐내지 말찌니라"

여기서 **"네 이웃의 집"**이란 이웃집에 있는 모든 것들, 이웃의 모든 소유물들을 가리킨다. 사람들은 보통 자기 소유물로 충분하다. 아내나 남편이나 한 사람으로 충분하다. 먹을 것과 입을 것도 마찬가지이다. 돈도 마찬가지이다. 그러니 이웃의 소유물을 무엇이든지 탐내지 말라는 말씀이다. 그런데도 적지 않은 사람들이 이웃의 소유물을 탐낸다. 사람도, 재산도, 동산도, 귀금속도, 농산물과 가축도, 땅과 집 등을 가지려고 한다. 그 결과 범죄를 저지르고 감옥에 간다. 이웃의 것을 탐내어 빼앗게 되면 이웃에게 큰 피해를 주는 것과 동시에 자신도 큰 피해를 입게 된다. 행복하지 않다. 자신도 이웃도 불행하게 된다. 그래서 성경은 이웃의 것을 탐하는 것을 금한다. 그런즉 자기의 것으로 만족하고 살아야 한다. 하나님께서 계명을 주신 이유는 우리를 보호하기 위함이다. 우리가 계명을 잘 준수해야 죄를 짓지 않고 벌을 받지 않게 된다. 창조주 하나님을 영화롭게 할 수 있다. 이것이 기독교(개신교) 오계 세계관이다.

제32장

결혼 세계관

　결혼(結婚)이란 '남녀가 법적으로 부부의 연을 맺는 것'을 말한다. 혼인(婚姻)이라고도 한다. 어느 종교나 일반인들은 결혼을 한다. 그런데 기독교의 천주교 신부들이나 수녀들, 불교의 일부 교파 스님을 제외한 스님들은 결혼을 금한다. 제도적으로 결혼을 금하고 있다. 그래서 결혼을 하고 싶어도 못한다. 그러나 기독교(개신교) 목회자들은 모두 결혼을 한다. 제도적으로 결혼을 금하지 않는다. 도리어 결혼을 하지 않으면 목사 안수를 주지 않는다. 종교마다 지도자들에 대한 결혼 유·무에 대하여 이런 차이가 있다.

불교 결혼 세계관

모든 스님이 반드시 결혼하지 않는 것은 아니다. 결혼을 했다가 아내와 헤어지고 출가를 한 사람도 있고, 또 어떤 불교 종파는 스님이 결혼하는 것을 허락하기도 한다. 아내와 가정을 둔 스님을 가리켜서 '대처승(帶妻僧, 아내를 두고 살림을 하는 승려)'이라고 한다. 그렇지만 스님 대부분은 결혼하지 않는다. 부처님은 결혼하여 아들을 낳고 나서 출가(出家, 세속의 집을 떠나 불문에 듦)했다. 아들 이름은 '라훌라'다. 싯다르타(부처)가 결혼을 하고 10년이 지나서야 낳은 아들이다. 싯다르타(부처)는 아내와 아들을 세속에 남겨 두고 출가를 했다. 이에 대한 합리적인 평가는 하지 않겠다. 부처님이 아내와 아들을 두고 출가한 것은 나름의 이유가 있었다. 그것은 사람이 나이 들어 늙고 병들거나 죽어가면서 겪는 괴로움(번뇌)에서 어떻게 하면 벗어날 수 있을까 하는데 있었다. 이에 아내와 아들을 집에 남겨 두고 떠나 수행한 지 6년 만에 괴로움은 애착(愛着, 사랑하고 아껴서 단념할 수가 없음)에서 비롯된 것임을 알게 되었다. 애착에 빠지면 걱정이 일어나고, 마음대로 되지 않으면 화가 나고 슬프게 되는데, 그것이 괴로움(번뇌)이라고 한다. 수행자는 부처님의 가르침을 알리는 사람인데 애착을 가지고 있으면 부처의 가르침을 바르게 알리지 못하게 된다는 것이다.

그래서 부처는 수행자들에게 이렇게 말했다고 한다. "자식과 아내에게 매달리는 것은 가지 많은 대나무가 얽히는 것과 같다. 죽순이 서로 달라붙지 않도록 무소뿔처럼 혼자서 가라.” 부처님은 결혼을 애욕, 애착 가운데 가장 뿌리 깊은 것이라고 여겼던 것 같다. 성철 스님은 이런 말을 하였다. “출가란 저를 다 버리고 일체를 품어 안는 것으로, 조그만 가정과 식구를 버리고 커다란 가정인 온 누리를 아우르는 삶이다.” 그러면서 “결혼하여 가정을 가진 사람을 승려라 한다면 그것은 부처님 법이 아니다.”라고 하였다. 일본 스님들은 결혼을 해도 된다. 그 결정은 스님 스스로가 선택한다. 우리나라 조계종과 몇몇 종단은 계율(戒律, 불교에 귀의한 자가 지켜야 할 규범이나 규율)로써 결혼을 금지하고 있다. 대한불교 조계종 종헌 제3장 종단 제9조 1항은 ‘승려는 독신자라야 한다’라고 되어 있다. “① 승려는 구족계(具足戒, 비구와 비구니가 지켜야 할 계율)와 보살계(菩薩戒, 승려가 지켜야 하는 계)를 수지(受持, 받아 지님)하고 수도(修道, 도를 닦음) 또는 교화(敎化, 불법으로 사람을 가르쳐 착한 마음을 갖게 함)에 전력하는 독신자라야 한다” 불교는 승려의 결혼에 대하여 기독교(개신교)와 큰 차이를 보인다.

기독교(개신교) 결혼 세계관

기독교(개신교)는 지도자인 목사든 일반 신자들이든지 결혼을 금하지 않는다. 그런 계명, 제도, 계율이 없다. 그 이유는 성경(聖經)이 결혼을 금하지 않고 도리어 결혼을 하라고 명령하기 때문이다. 그래서 기독교(개신교) 모든 목사들은 결혼을 한다. 교단(교파)에 따라서는 결혼을 하지 않으면 목사 안수를 주지 않는다. 기독교에서 결혼은 하나님의 창조 질서에 해당한다. 결혼제도는 천지 만물을 창조하신 하나님께서 제정하셨다. 결혼제도를 만드신 목적과 이유도 분명하다. 그것은 하나님께서 말씀으로 창조하신 지구촌에 사람이 생육하고 번성하여 두루 퍼져 살게 하기 위함이다. 그리하여 하나님께 영광을 돌리고 살게 하셨다. 그러기 위해서는 남녀가 결혼을 해야 출산을 하고 번성하여 지구촌에 두루 퍼지기 때문에 결혼을 하라고 하신 것이다. 이를 위하여 하나님께서 흙으로 사람을 남녀로 창조하신 것이다. 따라서 기독교(개신교)는 기본적으로 결혼은 선택이 아닌 필수로 여긴다. 정신적, 경제적, 육체적, 영적으로 도저히 결혼할 수 없는 사정이 있는 자, 나실인(복음을 위하여 독신으로 헌신하기로 구별된 자)으로 부름을 받은 자 등을 제외하고는 다 결혼해야 한다. 특히 기독교 지도자들이 본을 보여야 하기에 극히 예외적인 사람을 제외하고는 반드시 결혼을 해야 한다. 하나님께서는 결혼제도와 결혼을 통해서 하나님의 뜻을 이루어 가신다. 창조의 뜻을 실현하신다. 그러므로 결혼은 궁극적으로 인간을 위한 것이 아닌 하나님의 창조의 계획을 성취하기 위한 것이다. 이런 하나님에 대하여 피조물들은 가타부타할 자격이 없다. 창조주 하나님의 뜻에 순응할 따름이다. 왜냐하면 하나님이 만물의 주인이고 피조물을 좌지우지하는 것은 창조자, 주인의 절대주권이기 때문이다.

구약성경책 창세기 2장 18절이다.

"여호와 하나님이 가라사대 사람의 독처(獨處, 홀로 거처함)하는 것이 좋지 못하니 내가 그를(아담, 남자) 위하여 돕는 배필(配匹, 부부의 짝)을 지으리라 하시니라"

구약성경책 창세기 2장 22절이다.
"여호와 하나님이 아담에게서 취하신 그 갈빗대로 여자(하와)를 만드시고 그를 아담(남자)에게로 이끌어 오시니"

구약성경책 창세기 2장 24절이다.
"이러므로 남자가 부모를 떠나 그 아내와 연합(聯合, 결혼)하여 둘이 한 몸을 이룰찌로다"

신약성경책 고린도전서 7장 2절이다.
"음행(淫行, 음란한 행실)의 연고로 남자마다 자기 아내를 두고 여자마다 자기 남편을 두라"

신약성경책 고린도전서 7장 9절이다.
"만일 절제할 수 없거든 혼인(婚姻, 결혼)하라 정욕(情慾, 성적욕망)이 불같이 타는 것보다 혼인하는 것이 나으니라"

신약성경책 히브리서 13장 4절이다.
"모든 사람은 혼인(결혼)을 귀히 여기고…"

성경은 기본적으로 남녀의 결혼을 주장한다. 성직자들이나 비성직자 모두 결혼을 권한다. 이는 창조의 질서이자 원리이다. 하나님께서는 결혼제도를 통해서 자신의 놀라운 창조의 뜻을 실현하신다. 그러므로 정신적, 육체적, 경제적, 신앙적, 사명적으로 결혼할 수 없는 자를 제외하고 모든 남녀는 적절한 시기에 결혼해야 한다. 비기독교인들은 이기적인 이유로 결혼을 금하거나 기피해도 기독교인들은 여건이 되는 대로 결혼해야 한다. 이것이 기독교 결혼 세계관이다.

제33장

육식 세계관

육식(肉食, 고기 육, 먹을 식)이란 '음식으로 고기를 먹음'을 뜻한다. 육식의 반대말은 채식이다. 채식(菜食, 나물 채, 먹을 식)이란 '고기를 피하고 푸성귀나 과일 따위의 식물성 식품으로 음식을 해 먹음'을 뜻한다. 사람들 중에는 육식만 하는 사람이 있고, 채식만 하는 사람이 있고, 육식과 채식을 조화롭고 균형 있게 하는 사람도 있다. 짐승들도 육식과 초식 동물이 있고, 육식과 초식 모두를 하는 잡식 동물도 있다. 오늘날 채식주의자들이 늘어나고 있는 추세이다. 종파에 따라 다르지만 일반 불자를 제외한 불교 승려들은 육식을 금한다. 하지만 기독교(개신교) 신자들과 목회자들은 채식이든 육식이든 금하지 않는다. 자기 주권에 따라 마음대로 취사선택하여 먹는다.

불교 육식 세계관

불교 승려들은 육식을 금하고 채식만 한다. 승려는 반드시 채식을 해야 한다고 여기는 나라는 한국, 일본, 중국, 대만이다. 그러나 스리랑카, 미얀마, 태국, 캄보디아, 라오스, 티베트, 몽골 승려들은 고기든 뭐든 주는 대로 먹는다. 부처님이 말씀하시기를 "공양한 것은 먹을 수 있지만, 일부러 고기를 달라고 해서 먹지 말라. 죽이는 것을 보지 않고, 죽어 가는 소리를 듣지 않은 생선이나 고기라면 먹어도 좋다."고 하셨다. 승려가 먹을 수 있는 고기를 깨끗한 고기라고 해서 '정육(淨肉)'이라고 한다. 고기를 파는 푸줏간을 '정육점(精肉店)'이라고 하는데 여기에서 나온 말이라고 한다. 불교에는 오계라 하여 다섯 가지 계율이 있는데 그중의 하나가 불살생계(不殺生戒, 아니 불, 죽일 살, 날 생, 경계할 계)이다. 이는 '살아 있는 것을 죽이지 말라'는 것이다. 다른 생명을 침해하지 않는 것이다. 크게는 사람을 죽이는 것이고 작게는 바퀴벌레, 쥐, 모기 등을 죽이는 것 모두가 살생이다. 살아 있는 것을 죽이거나 그 생명을 빼앗는 것은 죄가 크기 때문이었다. 이는 생명의 존귀성과 자비 사상을 바탕으로 탄생한 것이다. 다만 제식(祭式)에서 희생양의 살해, 정의의 전쟁에서 살육, 사회의 질서 유지를 위한 처형 등은 도덕적으로 선(善)이라고 하여 문제시 하지 않는다. 그리고 불살생의 의미에서 육식이 금기시되었던 것은 대승불교(大乘佛敎)에 이르러서다. 아무튼 불교를 추종하는 불자들이나 승려들 중에는 육식을 하는 자들도 있고 하지 않는 자들도 있다. 승려의 육식 여부도 나라마다 다르다. 불자나 승려가 아니더라도 육식을 하지 않고 채식만 하는 자들도 있다.

기독교(개신교) 육식 세계관

기독교는 법과 제도, 계율로 육식을 금하는 것이 없다. 왜냐하면 성경이 채식이든 육식이든 하나님께서 창조하신 것은 무엇이든지 다 먹을 수 있다고 가르치기 때문이다. 성경은 식물이든 생물이든 동물이든 다 사람을 위한 음식으로 주셨다고 한다. 따라서 어떤 것은 먹을 수 있고 어떤 것은 먹을 수 없는 것이 아니라 모든 채식과 모든 육식을 다 먹을 수 있다. 나라에 따라 어떤 육식은 못 먹게 하고 어떤 육식은 먹게 하지만 성경은 차별하지 않는다. 예를 들어 유럽과 상당수 나라에서는 개고기는 먹지 못하게 하지만 양고기 등 다른 육식은 허용한다. 개고기를 먹으면 미개한 사람들이라고 하는데 성경에 비추어 보면 바른 주장이 아니다. 모든 동물과 짐승과 고기는 동일하다. 이는 짜장면은 먹을 수 있고 짬뽕은 먹을 수 없다는 논리와 다르지 않다. 사람, 동물, 짐승, 육식에는 우열(優劣, 우수함과 열등함)이 없다. 이러한 기준과 우열과 차별은 동물을 흙으로 창조하신 하나님의 뜻이 아닌 피조물인 사람들이 만든 그릇된 기준일 뿐이다. 성경은 기본적으로 모든 피조물은 다 평등하다고 한다. 어느 짐승과 동물이 더 우수하다거나 귀하다고 말하지 않는다. 단지 각기 다양한 아름다움과 기능과 역할이 있을 뿐이다. 사람도 마찬가지로 우열이 없다고 한다. 그럼에도 불구하고 사람들은 자꾸 외모와 조건에 따라 상대평가를 하여 줄을 세우고 계급을 짓는다. 우열을 가리고 만든다. 어느 동물은 좋고 어느 동물은 나쁘다거나 어느 사람은 더 가치가 있고 어느 사람은 가치가 없다는 식이다. 어느 동물과 가축은 먹어도 되고 어느 동물과 가축은 먹어서는 아니 된다고 한다. 그리하여 차별을 한다. 이는 인간의 무지 때문이다.

구약성경책 창세기 1장 29절이다.
"하나님이 가라사대 내가 온 지면의 씨 맺는 모든 채소와 씨 가진 열매 맺는 모든 나무를 너희에게(인간에게) 주노니 너희 식물(食物, 먹을거리)이 되리라"

구약성경책 창세기 1장 30절이다.
"또 땅의 모든 짐승과 공중의 모든 새와 생명이 있어 땅에 기는 모든 것에게는 내가 모든 푸른 풀을 식물(食物, 먹을거리)로 주노라 하시니 그대로 되니라"

구약성경책 창세기 2장 19절이다.
"여호와 하나님이 흙(dust)으로 각종 들짐승과 공중의 각종 새를 지으시고 아담이 어떻게 이름을 짓나 보시려고 그것들을 그에게로 이끌어 이르시니 아담이 각 생물을 일컫는 바가 곧 그 이름이라"

구약성경책 창세기 9장 2~3절이다.

"2)땅의 모든 짐승과 공중의 모든 새와 땅에 기는 모든 것과 바다의 모든 고기가 너희를 두려워하며 너희를 무서워하리니 이들은 너희 손에 붙이웠음이라 3)무릇 산 동물은 너희의 식물(食物, 먹을거리) 이 될찌라 채소같이 내가(하나님) 이것을 다 너희에게 주노라"

인류의 대표자이자 최초의 인간인 아담과 하와가 하나님께 범죄를 범하기 전에는 사람에게 모든 채소와 과일 열매를 식물(食物), 즉 먹을거리로 주셨다. 사람뿐만 아니라 모든 생물과 동물들에게도 푸른 풀을 식물(食物)로 주셨다. 한마디로 사람이나 모든 동물들은 채식으로 충분했다. 그런데 최초의 인류인 아담과 하와가 하나님께 범죄를 범한 이후와 노아의 대홍수 사건 이후 대변화가 이루어졌는데, 하나님께서 사람이 먹을 수 있는 음식으로 육식을 허용하셨다. 산 동물들을 인간의 식물(먹을거리)로 주신 이후 모든 산 동물들은 인간을 무서워하고 두려워하기 시작했다고 성경은 기록하고 있다. 성경은 인간은 채식과 육식 모두를 할 수 있음을 분명하게 지지한다. 그래서 모든 기독교인들은 채식이든 육식이든 가리지 않고 먹는다. 성경은 가축이든 어느 동물이든 산 동물을 잡아서 먹으라고 한다. 이는 잔인한 것이 아니다. 동물을 사랑하고 사랑하지 않고의 문제도 아니다.

각종 동물을 흙으로 창조하신 하나님께서 허락하신 것이다. 만물을 창조하신 주인(하나님)이 먹으라고 하신다. 이를 누가 금할 수 있는가? 인간은 그저 인간을 비롯한 모든 동물을 흙으로 창조하신 창조주 하나님의 명령과 말씀에 순종하면 된다. 피조물인 인간이 가타부타하지 못한다. 단, 모든 사람은 각종 동물들을 함부로 대하거나 학대해서는 아니 된다. 모든 꽃들과 채소들과 나무들을 소중하게 대하는 것처럼 동물, 짐승, 생물들을 소중하게 여기고 관리해야 한다. 지구상에 존재하는 모든 채소, 생물, 동물, 짐승들은 인간의 소중한 음식이다. 인간의 생계 식재료이다. 그런즉 잘 다스리고 관리하여 필요에 따라 식물(食物, 먹을거리)로 삼으면 된다. 그 이상 동물을 지나치게 사랑하거나 우상을 섬기듯 하는 것은 바른 자세가 아니다. 사람을 제외한 모든 채소, 생물, 가축, 동물, 짐승은 종류가 어떠하든지 인간과 어떤 관계이든지 하나님께서 인간에게 식물(食物, 먹을거리)로 주셨다. 산 동물이든 이미 죽은 동물이든 언제든지 필요에 따라 먹을 수 있다. 이것이 기독교 육식 세계관이다.

제34장

종교 편향 세계관

    편향(偏向, 치우칠 편, 향할 향)이란 '한쪽으로 치우침'을 뜻한다. 편향이라는 어감이 나쁘게 느껴지는 데 항상 나쁜 것이 아니다. 이는 편향이라는 말에 대하여 그릇된 선입관 때문이다. 이 편향이라는 말은 경우에 따라 바르기도 하고 바르지 않기도 하다. 예를 들어 스포츠 경기에서 주심이 경기 진행을 편향적으로 한다거나 어느 방송 진행자가 방송을 편향적으로 한다고 할 때는 나쁜 의미이다. 불공정한 행위이다. 그러나 결혼한 부부가 배우자만 편향적으로 대하고 사랑한다고 할 때, 시험을 보는 자가 정답만 쓴다고 할 때는 지극히 좋은 의미이자 바른 편향이다. 이처럼 편향이라는 말은 어떤 상황과 대상과 행위와 위치에서 어떻게 하느냐에 따라서 그 의미가 좋기도 하고 나쁘기도 한 것이다. 얼마 전 어떤 기독교인 정치인이 불교의 한 법회에 갔다가 합장을 하지 않는 등 예법을 갖추지 않았다고 하여 종교 편향 논란에 휩싸이기도 했었다. 이런 논쟁은 한편의 코미디이자 미성숙한 자세와 실력에서 나온 해프닝이다. 왜냐하면 모든 종교인들은 각기 목숨을 걸고 추종하는 교리가 있다. 불교는 불교대로, 기독교는 기독교대로, 이슬람교는 이슬람교대로 결혼서약처럼 목숨을 걸고 지켜야 하는 교리가 있다. 만일 자기가 신봉하고 추종하는 종교의 교리나 사상을 때와 장소와 대상에 따라 가볍게 외면하거나 무시하고 갈대나 철새처럼 사람들의 시선과 눈치를 보면서 좌우로 왔다 갔다 한다면 그 사람은 사이비 종교인이다. 결코 참 종교인이 아니다. 불교나 이슬람교나 기독교나 언제 어디에 있든지 오직 자기들 종교와 사상과 신앙만을 따르고 지키라고 할 것이다. 이는 타당하고 바른 자세이지 종교 편향이나 나쁜 것이 아니다. 상대방 종교를 무시하는 것, 예의가 없는 것이 아니다. 하나님께서는 기독교인들에게 언제 어디서나 항상 종교 편향을 유지하라고 하셨다.

구약성경책 출애굽기 20장 3~5절이다.
"3)너(기독교인)는 나(여호와 하나님) 외에는 다른 신들(다른 종교들, 우상들)을 네게 있게 말찌니라 4)너를 위하여 새긴 우상(모양, 형상, 조각상)을 만들지 말고 또 위로 하늘에 있는 것이나 아래로 땅에 있는 것이나 땅 아래 물속에 있는 것의 아무 형상(모양)이든지 만들지 말며 5)그것들에게 절하지 말며 그것들을 섬기지 말라…"

성경은 기독교인들에게 언제 어디서나 항상 종교 편향, 즉 하나님만을 섬기라고 하였다. 다른 타 종교 집회나 행사에 가서 예의, 도리, 관례, 넓은 마음, 화합, 배려 차원에서 그들처럼 어떤 행위를 하라고 하지 않는다. 결코 그렇게 하지 말라고 한다. 기독교인들은 기독교인들이 추종하는 성경이 그리 말하면 지키고 순종해야 한다. 그게 기독교인이다. 그래서 이를 지키다가 순교를 당하는 것이다. 때와 상황과 장소와 경우에 따라 이랬다저랬다 한다면 고난도 순교도 당하지 않는다. 이런 종교인들은 마음이 넓은 것이 아니라 사이비 종교인들이다. 종교인은 자기가 신봉하고 추종하는 종교에 대해서 편향적이어야 맞다. 그래야 제대로 믿는 것이고 확신하는 것이다. 그래야 목숨을 걸고 배교하지 않고 지킬 수 있다. 그런데 자칭 신실한 기독교인, 불교인, 이슬람교인이라고 하면서 다른 종교 집회에 가서 예의상 또는 기타 이유로 마음에도 없는 자세와 모양을 취한다면 이는 자신과 상대방을 속이는 사기 행위가 된다. 동시에 자기 종교를 부인하는 행위가 된다. 종교와 신앙이 장난과 형식이 아닌 이상 종교 행위는 언제 어디서나 가볍게 통과의례로 여기고 행할 수 없다. 누구나 진실성이 있어야 참 종교인이다. 동시에 타 종교인에게 거짓된 종교 행위를 강요하지 않아야 한다. 불교인들이 기독교 행사에 참여한다면 당연히 종교 편향을 보여 주어야 한다. 그런 자가 진실한 불교도이다.

하나님을 믿지 않는 불교도가 기독교 집회에 참여하여 하나님을 인정하고 높이는 찬송가를 부르는 것은 코미디이자 사이비 불자이다. 외식하는 자이다. 마음에도 없고 믿지도 않는 하나님께 예배하는 것이기 때문이다. 기독교 집회에 참여하되 기독교 방식의 예배와 집회를 존중하며 묵묵히 지켜보면 된다. 기독교인들도 불교 법회에 참석했거나 사찰 등에 방문했을 때 불교를 존중하되 묵묵히 지켜보면 된다. 합장을 하고 절을 하는 것은 사이비 기독교인이다. 불자들처럼 할 이유가 없다. 이는 상대방을 배려한 것이거나 예의이거나 종교 편향이 아니다. 불자들과 기독교인들이 이슬람교 집회에 참석했을 때도 마찬가지이다. 이슬람교들처럼 똑같이 무릎을 꿇고 바닥에 엎드려 메카를 향하여 알라신에게 기도와 절을 해서는 아니 된다. 그저 지켜보면 된다. 단, 다른 종교와 종교 행태에 대해서 비난하거나 무시하거나 욕하지 않아야 한다. 서로 존중해 주어야 한다. 그러면서 자기 종교와 신앙도 지켜야 한다. 그러면 된다. 서로 편향적이라고 탓하고 비난하는 것은 무지한 것이고 도리어 상대방 종교와 신앙을 존중하지 않는 역편향이다. 종교 폭력이다.

모든 종교는 각기 자기가 믿는 종교와 신앙에 따라서 법회든, 예배든, 행사든 하면 된다. 다른 종교인들이 자기들 모임에 와서 어떻게 하든 말든 상관하지 말아야 한다. 자기들이 자기 종교를 믿고 추종하니 자기들만 잘하면 된다. 굳이 다른 종교인들을 향해 자기 종교 행사에서 자기들을 따라 예의를 갖추지 않느냐고 자기들처럼 상대방 종교 자세를 취하지 않으려면 뭐 하러 왔느냐고 탓하는 것은 매우 무례하고, 저급하고, 무지한 자세이다. 도리어 이기적이고 편향적이고 폭력적인 주장이다. 선진국에서는 이런 종교 편향 논란 자체가 없다. 부끄러운 일이다. 모든 종교인들과 종교는 자기 종교 행사에 타 종교인들이 참석했을 때 친절하게 대해 주고 교리를 설명해 주되 서로 강요하지 말아야 한다. 손님이 불편하지 않고 부담을 느끼지 않게 배려해 주고 존중해 주어야 한다. 그것이 바른 자세이자 바른 편향이다. 우리나라 일부 사람들과 일부 언론들을 보면 한심하기 짝이 없다. 매우 창피한 수준이다. 말도 안 되는 억지 주장과 논리를 펴는 경우가 있다. 그러면 일부 사람들은 깊이 생각도 하지 않고 그런 것에 편승하고 동조한다. 성숙한 나라와 국민들, 종교인들은 가볍게 주장하거나 동조하지 않는다. 종교 편향이라는 말을 아무 때나 사용하지 않는다. 모든 종교인들은 언제 어디서나 항상 종교 편향적이어야 정상이다. 언제 어디서나 상대방 눈치를 보거나 자기 이익과 정치적인 계산에 따라 줏대 없이 갈대처럼 종교 편향을 보인다면 이는 배교 행위가 된다. 바라기는 어느 종교인이든지 다시는 종교 편향을 운운하지 않기를 바란다. 이것이 기독교 종교 편향 세계관이다.

제35장

종말 세계관

    종말(終末, End)이란 '맨 끝'을 뜻한다. '나중의 끝'을 의미한다. 종말론 (終末論)이란 '세계와 인류가 최후에는 어떻게 되는가에 대한 종교적인 이론'이다. 종말관이라고도 한다. 기독교는 세상 종말이 있음을 명확하게 주장한다. 무엇이든지 시작이 있으면 끝이 있는 법이다. 시작이 있는데 끝도 없이 계속되는 것은 없다. 이에 반하여 불교는 종말에 대해서 명확하지 않다. 하지만 단지 종말이라는 용어만 없지 불교 교리에 종말 사상이 들어 있다. 그것이 열반(죽음)에 따른 내세와 윤회와 극락 사상이다.

불교 종말 세계관

불교도 상식적인 인생의 출생과 죽음을 부인하지 않는다. 죽음이라는 것은 인생의 종말을 의미한다. 불자들도 태어나서 죽는다. 석가모니도 죽었다. 승려들도 죽는다. 모두 개인적 종말을 맞이한다. 그런데 한편으로 불교는 직선적 종말, 즉 단회적 종말이 아닌 해탈하지 않은 불자들은 계속 삼계 육도를 돌고 돈다는 환생이라는 윤회 종말을 주장한다. 그러니까 불교에는 두 종류의 종말 사상이 숨어 있다. 불자가 이 땅에서 수행을 통해 해탈하여 열반(죽음)에 이르면 곧바로 부처님이 계시는 극락정토에 들어간다고 한다. 사후에 극락에 들어간 불자들은 더 이상 윤회의 삶을 살지 않는다. 극락에서의 삶이 끝이다. 더 이상 다양한 형태로 환생하지 않는다. 직선적 종말이라고 할 수 있다. 그러나 해탈하지 못하고 죽은 불자들은 윤회를 통해서 다시 다양한 형태로 환생하며 내생을 산다고 한다. 한마디로 해탈하지 못하고 죽은 불자들은 끝이 없는 종말의 삶을 사는 것이다. 이것은 종말(끝)이 없는 순환 종말, 윤회 종말이라고 할 수 있다. 이런 부분이 기독교와 불교가 아주 다른 점이다.

기독교 종말 세계관

기독교도 사람에게 출생과 죽음이 있다는 종말을 주장한다. 천지의 종말도 말한다. 기독교의 종말론은 직선적 종말론이다. 불교처럼 윤회나 순환이나 환생의 종말이 아니다. 이 땅에 태어나서 살다가 죽으면 곧바로 천국 아니면 지옥에 들어간다. 그러다가 인류 종말, 즉 복음이 모든 민족에게 전파되면 십자가를 지셨다가 죽으신 지 3일 만에 다시 부활 승천하신 인류의 유일한 구원자이신 예수님께서 인류를 심판하시기 위해서 천사들과 함께 공중으로 재림(두 번째 오심)해 오시는 때가 세상 종말, 지구 종말, 인류 종말이라고 한다. 이때 재림의 시점을 기준으로 과거와 현재에 죽었거나 산 모든 사람들이 하나님의 초자연적인 능력으로 부활하여 공중으로 들림을 받는다. 그리하여 공중에서 인류의 재판장이신 예수님으로부터 인류 최후의 심판을 받는다. 심판이 끝나면 구세주인 예수님을 믿지 않은 악한 자들, 죄인들은 모두 지옥 불에 들어가 영벌을 받으며 살게 된다. 하지만 지구촌에서 살아생전에 예수님을 진실로 믿은 자들은 천국에 들어가 영생을 누리게 된다. 이것으로 끝난다. 이것을 직선적 종말론이라고 한다. 더 이상 다른 윤회, 환생은 없다. 다른 세계, 다른 종말은 없다. 기독교에는 여러 유형의 종말론이 있다. 개인적 종말론, 인류 종말론, 영원한 종말론, 지구 종말론 등이 그것인데, 이들 종말론을 하나씩 살펴보겠다.

1. 개인적 종말론 (첫째 죽음, 육체적 죽음)

개인적 종말이란 누구나 경험하는 육체적 죽음을 말한다. 한 번 태어나면 반드시 죽는 첫 번째 죽음을 말한다. 이 죽음은 죄(원죄) 때문이다. 인류의 대표자이자 머리인 아담과 하와가 하나님의 말씀에 불순종한 죄를 가리킨다. 무엇을 불순종했는가? 에덴동산 중앙에 있는 선악과(善惡果)를 따먹지 말라는 하나님의 어명(御命, 임금의 명령)을 어긴 죄이다. 그런데 하나님의 어명을 여자(아내)인 하와가 먼저 어기고 함께한 남자(남편) 아담에게 주어 둘이 함께 먹는 죄를 범했다. 이 죄를 원죄(原罪) 혹은 본죄(本罪)라고 한다. 이 아담과 하와의 죄(원죄)가 후손들에게 전가되어 죄의 벌로 남녀노소와 나이를 불문하고 다양한 사건과 모습으로 누구나 반드시 죽는 것이다. 성경은 육체적 죽음에 대하여 뭐라고 하는가?

구약성경책 창세기 2장 17절이다.
"선악을 알게 하는 나무의 실과(선악과)는 먹지 말라 네가 먹는 날에는 정녕(반드시) 죽으리라 하시니라"

구약성경책 창세기 3장 19절이다.
"네가(아담, 남자) 얼굴에 땀이 흘러야 식물을 먹고 필경(결국)은 흙으로 돌아가리니 그 속에서 네가 취함을 입었음이라 너(아담, 사람)는 흙이니 흙으로 돌아갈 것이니라 하시니라"

신약성경책 로마서 6장 23절이다.

"죄의 삯(값)은 사망이요…"

신약성경책 히브리서 9장 27절이다.

"한 번 죽는 것은 사람에게 정하신 것이요 그 후에는 심판이 있으리니"

신약성경책 마태복음 10장 28절이다.

"몸은 죽여도 영혼은 능히 죽이지 못하는 자들(사람들)을 두려워하지 말고 오직 몸과 영혼을 능히 지옥에 멸하시는 자(하나님)를 두려워하라"

종말(개인적 죽음)이란 육체와 영혼의 분리(分離)이기도 한다.

구약성경책 전도서 12장 7절이다.

"흙은 여전히 땅으로 돌아가고 신(영혼)은 그 주신 하나님께로 돌아가기 전에 기억하라"

신약성경책 야고보서 2장 26절이다.

"영혼 없는 몸이 죽은 것같이…"

신약성경책 마태복음 27장 50절이다.

"예수께서 다시 크게 소리 지르시고 영혼(靈魂)이 떠나시다"

따라서 육체적(肉體的) 죽음이란 육체와 영혼의 분리로 말미암은 육체적 생명의 종결이라고 말할 수 있다. 결코 멸절(滅絶)이 아니다. 사람의 몸에서 영혼이 떠나가면 죽었다고 한다. 그것을 주검, 시체라고 한다. 이 시체(주검)를 땅에 묻거나 화장(火葬)을 하여 처리한다. 그러니까 육체(몸)와 영혼의 분리가 죽음이다. 사람은 한 번 태어나면 누구나 육체적으로 반드시 죽는다. 이것을 개인적 종말(개인적 죽음, 육체적 죽음)이라고 한다. 물론 개인적 종말, 개인적 죽음으로 끝나지 않는다. 개인적 죽음, 개인적 종말이 인생의 전부가 아니다. 반드시 내세(사후세계) 인생이 기다리고 있다. 사람은 한 번 태어나면 하나님을 믿는 사람이나 믿지 않는 사람이나 다시 부활하여 천국 아니면 지옥에 들어가서 영원히 살게 된다. 영원히 사는 장소만 다를 뿐이다.

2. 인류 종말론 (지구상에 존재하는 모든 사람들의 인생 끝)

성경은 세상의 종말이 전쟁, 기후 변화, 온난화, 기근, 음식이나 물 부족, 코로나19와 같은 바이러스, 질병 등 세상의 환경, 조건, 인간과 어느 나라의 어떤 실수나 파괴 등에 의하여 온다고 말하지 않는다. 세상 종말이 사람에 의해서 임한다고 말하지도 않는다. 인류, 우주 만물의 창조도 종말도 하나님에 의해서만 이루어진다고 한다. 인류는 수천 년 전에 종말을 경험한 적이 있다. 그것은 노아 시대에 대홍수에 의한 심판으로 나타난 종말이다. 그때는 물(水)로 이 지구를 다 덮어 종말을 맞이하게 하셨다. 이때 생존한 사람은 노아의 여덟 식구뿐이었다. 노아 부부와 세 아들과 자부들이다. 그리고 두 쌍 혹은 일곱 쌍씩 노아방주에 들어간 동물들만 살았다. 노아 스스로가 산 것이 아니라 하나님께서 살리셨다.

구약성경책 창세기 6장 13절이다.

"하나님이 노아에게 이르시되 모든 혈육 있는 자의 강포(強暴, 우악 스럽고 사나움)가 땅에 가득하므로 그 끝날(종말)이 내 앞에 이르렀 으니 내가 그들을 땅과 함께 멸하리라"

구약성경책 창세기 7장 11~12절이다.

"11)노아 육백 세 되던 해 이월 곧 그 달 십칠일이라 그날에 큰 깊음 의 샘들이 터지며 하늘의 창들이 열려 12)사십 주야(晝夜, 밤낮)를 비가 땅에 쏟아졌더라"

구약성경책 창세기 7장 19~21절이다.

"19)물이 땅에 더욱 창일하매 천하에 높은 산이 다 덮였더니 20)물 이 불어서 십오 규빗(가장 높은 산에서 약 7미터)이 오르매 산들이 덮인지라 21)땅 위에 움직이는 생물이 다 죽었으니 곧 새와 육축과 들짐승과 땅에 기는 모든 것과 모든 사람이라"

이처럼 인류는 노아의 시대에 물 심판으로 종말을 경험한 적이 있다. 그러나 하나님께서는 다시는 물로 세상을 심판하시지 않겠다고 하셨다 (창세기 8:21). 하나님께서는 다른 방식으로 세상 종말(끝)을 말씀하셨 다. 성경은 세상 종말(말세/끝)을 그리스도(예수님)의 재림으로 끝을 고 한다고 말한다. 복음이 모든 민족에게, 땅끝까지 전파되면 인류의 유일한 구세주이자 인류의 재판장이신 예수님께서 천사들과 함께 나팔을 불며 공중으로 다시 오시는데 이것을 재림(再臨, 두 번째 오심)이라고 한다. 초림(初臨, 첫 번째 오심)은 성탄절(聖誕節)을 말한다. 초림은 인류를 가난에서 구제하기 위하여 오신 것이 아니라 인류(하나님의 택한 백성들)를 죄(원죄)에서 구원하기 위해서 오셨고, 재림은 인류를 심판하시기 위해서 오신다. 신약성경은 주님의 초림(初臨, 성탄)이 있은 후 재림(再臨, 두 번째 오심)이 있을 것을 분명히 가르치고 있다. 예수님 자신도 여러 번 다시 오실 것을 말씀하셨다.

신약성경책 요한복음 14장 3절이다.
"가서(부활 후 승천) 너희(제자들, 참 신자들)를 위하여 처소(천국)를 예비하면 내가 다시 와서(재림) 너희를 내게로 영접하여 나 있는 곳(천국)에 너희도 있게 하리라"

신약성경책 마태복음 24장 30절이다.
"그때에 인자(예수님)의 징조가 하늘에서 보이겠고 그때에 땅의 모든 족속들이 통곡하며 그들이 인자(예수님)가 구름을 타고(함께) 능력과 큰 영광으로 오는 것(공중 재림)을 보리라"

신약성경책 마태복음 26장 64절이다.
"예수께서 가라사대 네가 말하였느니라 그러나 내가 너희에게 이르노니 이후에 인자(예수님)가 권능의 우편에 앉은 것과 하늘 구름을 타고(함께) 오는 것(공중 재림)을 너희가 보리라 하시니"

신약성경책 마태복음 16장 27절이다.

"인자(예수님)가 아버지(성부 하나님)의 영광으로 그 천사들과 함께 오리니(공중 재림) 그때에 각 사람의 행한 대로 갚으리라(뿌린 대로 보응)"

예수님께서 죽은 지 3일 만에 무덤에서 부활하시어 승천하실 때에 천사들이 주님의 재림에 대하여 주의를 환기시켰다.

신약성경책 사도행전 1장 11절이다.

"가로되 갈릴리 사람들아 어찌하여 서서 하늘을 쳐다보느냐 너희 가운데서 하늘로 올리우신(승천하신) 이 예수는 하늘로 가심을 본 그대로 오시리라(재림) 하였느니라"

예수님의 열두 제자인 사도들도 여러 번 그들의 서신(신약성경책)에서 주님의 재림을 언급하였다.

신약성경책 데살로니가전서 4장 15~16절이다.

"15)우리가 주의 말씀으로 너희에게 이것을 말하노니 주 강림(재림) 하실 때까지 우리 살아남아 있는 자도 자는 자보다 결단코 앞서지 못하리라 16)주께서 호령과 천사장의 소리와 하나님의 나팔로 친히 하늘로 좇아 강림(공중 재림)하시리니 그리스도 안에서 죽은 자들이 먼저 일어나고(부활)"

성경적 지구 종말론은 천국 복음(예수님)이 모든 민족에게 전파되었을 때 인류의 재판장이신 예수님께서 공중으로 강림하시는 그때가 인류(세상)의 종말(마지막 때)이라고 말한다.

신약성경책 마태복음 24장 14절이다.
"이 천국 복음(예수님)이 모든 민족에게 증거되기 위하여 온 세상에 전파되리니 그제야 끝(종말)이 오리라"

예수님께서 공중으로 재림해 오실 때에 과거에 죽었던 모든 사람들이 부활 승천한다. 예수님 재림 시에 살았던 사람들도 하나님의 초자연적인 역사로 인하여 홀연히 변화하여 하늘로 올라간 자들 모두가 재판장이신 예수님 앞에 서서 일생동안 자기가 뿌린 대로 선악 간에 심판을 받는다.

3. 영원한 종말론 (사후 지옥에서의 둘째 사망, 사후 천국에서의 영생)

예수님의 재림으로 인하여 죽은 자나 산 자가 홀연히 부활하여 하늘로 승천한 이후 인류의 재판장이신 예수님으로부터 인류 최후의 심판을 받게 된다. 그리하여 어떤 사람은 불못(지옥)에 던져져서 그곳에서 영원히 고통만 받으면 살게 된다. 또 어떤 사람들은 천국에 들어가서 영원히 행복하게 살게 된다. 물론 이런 갈림은 선행이나 수행이 아닌 구원자이신 예수님을 진실로 믿었느냐 아니면 믿지 않았느냐의 여부로 판가름 난다. 예수님의 최후의 심판을 받고 지옥 불에 들어가 영원히 고통 가운데 사는 자들에 대하여 말하기를 둘째 죽음, 즉 '영원한 죽음'이라고 말한다.

신약성경책 마태복음 25장 46절이다.

"저희(예수님을 믿지 않은 자)는 영벌(지옥)에 의인들(예수님을 진실로 믿은 자)은 영생(천국)에 들어가리라 하시니라"

신약성경책 마태복음 7장 21절이다.

"나더러 주여 주여 하는 자마다 천국(天國)에 다 들어갈 것이 아니요 다만 하늘에 계신 내 아버지(성부 하나님)의 뜻대로 행하는 자라야 들어가리라"

신약성경책 요한계시록 20장 14~15절이다.

"14)사망과 음부도 불못(지옥)에 던지우니 이것은 둘째 사망(영원한 종말) 곧 불못(지옥, 둘째 사망)이라 15)누구든지 생명책(生命冊, 영생자 기록 책, 구원자 기록 책)에 기록되지 못한 자는 불못(지옥, 둘째 사망)에 던지우더라"

신약성경책 요한계시록 21장 8절이다.

"그러나 두려워하는 자들과 믿지 아니하는 자들과 흉악한 자들과 살인자들과 행음자들(간음, 간통자들)과 술객들(점술자)과 우상 숭배자들과 모든 거짓말하는 자들은 불과 유황으로 타는 못(지옥)에 참예하리니 이것이 둘째 사망(둘째 죽음, 영원한 종말)이라"

신약성경책 마태복음 13장 42절이다.

"풀무 불(용광로, 지옥 불)에 던져 넣으리니 거기서 울며 이를 갊이 있으리라"

이것이 성경에서 말하는 정통 기독교(개신교)의 개인 종말(첫째 죽음), 영원한 종말(둘째 죽음=지옥 삶), 인류의 종말론이다. 기독교 안에도 종말론이 다양하다. 한 가지 유념해야 하는 것은 기독교라고 하여 다 같지는 않다는 점이다. 기독교라 하면 크게 천주교(구교)와 개신교(신교)가 있다. 천주교와 개신교는 교리에 있어서 결코 받아들일 수 없는 다른 부분이 있다. 종말론도 마찬가지이다. 대표적인 것이 연옥 종말, 연옥 사상(煉獄思想)이다. 천주교 신자 중에 사후에 곧바로 천국에 들어가지 못하고 중간 지대인 연옥에 거하다가 나중에 다시 천국에 들어간다고 한다. 성경은 연옥 종말을 말하지 않는다. 이는 개신교에서 성경으로 인정하지 않는 소위 외경(外經)에 나온 것이다. 또 하나는 지구 종말이다. 세상 종말이 되면 하나님께서 망가진 천지(天地)도 심판하신다. 성경을 보면 천지(天地)가 불에 타고 없어진다고 한다.

4. 지구 종말론 (기존 하늘과 땅의 끝)

종말(끝)에는 여러 가지가 있는데, 세상에 출생한 자는 육체적으로 반드시 죽는 첫 번째 죽음 혹은 개인적 죽음(종말)이 있다. 복음(예수님)이 땅끝까지 전파되면 인류의 유일한 구세주이시자 전 인류의 재판장이신 예수님께서 천사들과 함께 공중으로 재림해 오시므로 지구촌에 살고 있는 전 인류가 공중으로 들림을 받으므로 지구촌의 삶을 마감하는 종말(끝)이 있다. 그리고 과거와 재림 당시 현재의 모든 사람들이 사후(내세)

와 부활 후에 인류 최후의 심판을 받고 천국과 지옥에 들어가서 영원히 사는 마지막 최후의 종말(영생과 영벌)이 있다. 여기에 성격이 다른 한 가지 종말(끝)이 더 있다. 그것은 지구 종말이다. 다시 말하면 지구 땅덩어리 종말(끝)이다. 전 인류의 종말 후 지구는 어떻게 될 것인가에 대해서 궁금할 것이다. 지구는 그대로 있을 것인가? 아니면 사라질 것인가? 지구가 그대로 존재한다면 어떤 모양으로 있을까? 지구가 사라지면 어떤 방식으로 사라질 것인가? 이에 대하여 성경은 침묵하지 않는다.

신약성경책 마태복음 24장 35절이다.
"천지(天地)는 없어지겠으나 내(예수님) 말은 없어지지 아니하리라"

신약성경책 베드로후서 3장 7절이다.
"이제 하늘과 땅은 그 동일한 방법으로 불사르기 위하여 간수(看守, 보살피고 지킴)하신 바 되어 경건치 아니한 사람들의 심판과 멸망의 날까지(종말까지) 보존하여 두신 것이니라"

신약성경책 베드로후서 3장 10절이다.
"그러나 주의 날(재림, 종말)이 도적같이 오리니 그날에는 하늘(天)이 큰소리로 떠나가고 체질(體質, 땅)이 뜨거운 불에 풀어지고 땅과 그중에 있는 모든 일이 드러나리로다"

신약성경책 베드로후서 3장 12~13절이다.
"12)하나님의 날(재림, 세상 종말)이 임하기를 바라보고 간절히 사모하라 그날에 하늘(天)이 불에 타서 풀어지고 체질(땅)이 뜨거운 불에 녹아지려니와 13)우리는 그의 약속대로 의의 거하는 바 새 하늘과 새 땅(천국)을 바라보는도다"

신약성경책 요한계시록 21장 1절이다.
"또 내가 새 하늘과 새 땅(천국)을 보니 처음 하늘과 처음 땅이 없어졌고 바다도 다시 있지 않더라"

성경은 개인적인 종말, 전 인류의 종말, 영원한 종말, 기존 하늘과 땅의 종말인 지구의 종말이 있음을 말한다. 지금도 개인적인 종말(육체적인 종말)은 날마다 성취되고 있다. 단, 인류 종말, 영원한 종말, 지구 종말은 예수님께서 천사들과 함께 공중으로 재림해 오실 때, 오신 이후 이루어진다. 그때 예수님을 진실로 믿은 하나님의 자녀들은 새 하늘과 새 땅인 천국에서 영생을 누린다. 새 하늘과 새 땅을 소위 천국이라고 하는데, 그곳이 완전히 새롭게 변화된 지구인지 아니면 전혀 새로운 장소(처소)인지에 대해서는 정확히 알 수 없다. 새 하늘과 새 땅인 것만은 분명하다. 그리고 하나님의 나라인 천국이 있음은 확실하다. 그런즉 그리스도인들은 죽음, 종말, 재림을 두려워할 이유가 없고 도리어 사모해야 한다. 이것이 기독교(개신교) 종말 세계관이다.

제36장

수륙재/위령제/천도재 세계관

수륙재(水陸齋)란 '물과 육지에 떠도는 외로운 영혼을 구제하기 위해 불법(佛法, 부처의 가르침)을 설(說, 주장)하고 음식을 베푸는 의식'이다. 위령제(慰靈祭)란 '죽은 사람의 영혼을 위로하기 위해 지내는 제사'이다. 천도재(薦度齋)란 '죽은 이의 넋(영혼)을 극락으로 보내기 위해 행하는 의식'이다. 이러한 행위는 기독교(개신교)에서는 상상할 수 없는 의식이다. 기독교(개신교)는 절대로 이런 망자의 영혼을 구제하고, 위로하고, 극락으로 보내는 의식을 행하지 않는다. 왜냐하면 불가능한 일이고 헛되고 헛된 것이기 때문이다. 이런 의식은 망자에게 아무런 영향을 미치지 못하고 전혀 위로가 되지 못하기 때문이다. 상식적이고 논리적으로 접근하면 답이 나온다. 이런 부분에서도 불교와 기독교는 전혀 다르다.

불교 수륙재/위령제/천도재 세계관

　6·25 한국전쟁 발발 70주년을 맞아 당시 전쟁으로 숨진 국군과 유엔군, 민간인, 북한군과 중공군 등 모든 희생자의 넋(영혼)을 기리는 대규모 수륙재(水陸齋)가 국내 대표 사찰 해인사에서 거행된다. 해인사 주지 현응 스님 등은 12일 "많은 군인과 민간인이 희생됐는데도 사망자들이 유골 수습을 못했고, 확인이 안 된 사망자도 있어 국가적 차원에서 합동 위령제를 지내지 못했다"며 "올해 6월 7일 경남 합천의 해인사에서 수륙대재를 개최하고자 한다"고 밝혔다. 수륙재는 전쟁이나 자연재해로 인해 숨진 이들을 위령하고 천도해 극락왕생을 바라는 의식이다. 〈중략〉 해인사는 수륙재에서 국군과 유엔군, 북한군, 중공군, 남·북 민간인 등 다섯 유형의 희생자들을 하나의 영단인 오로단(五路壇)에 합동으로 안치해 위령·천도할 계획이다. 한국전쟁 기간 희생자는 약 138만 명이다. 국군이 13만7천여 명, 경찰 3천여 명, 대한민국 민간인 24만4천여 명, 북한 민간인 28만2천 명, 미군 등 유엔군 3만7천여 명, 북한군 52만 명, 중공군 14만8천여 명이다. 현응 스님은 "분단 고착은 여전히 지속하고 있다"며 "종교계에서는 불교계가 천도 의식을 (계속) 해왔기 때문에 한국전쟁 기간 중 희생자들을 인도적·종교적 차원에서 위령 천도하고자 한다"고 수륙재 봉행 취지를 설명했다. 이날 저녁에는 예불(禮佛)을 시작으로 '한국전쟁 70주년, 해인사 추모음악회'가 예정됐다. 해인사는 수륙재와 추모음악회에 약 10만 명이 참가할 것으로 예상했다(매일종교신문, 2020.2.12.).

기독교 수륙재/위령제/천도재 세계관

기독교(개신교)에는 이런 수륙재, 위령제, 천도재가 없다. 이런 의식을 행하지 않는다. 왜냐하면 헛되고 헛된 일이고 아무런 효과와 소용이 없는 일이기 때문이다. 성경은 산 사람과 죽은 사람에 대하여 어찌 대하여야 하는지를 분명하게 말한다. 산 사람은 존중하고, 공경하고, 사랑하라고 한다. 그러나 죽은 사람(망자)에 대해서는 절도, 기도도, 음식도, 각종 위령제도 드리지 말라고 한다. 왜냐하면 이미 죽은 망자에게는 그 어떤 행위와 정성을 다해도 아무런 소용, 영향이 없기 때문이다. 죽은 나무, 죽은 동물, 죽은 화초를 생각하고 연상하면 이해가 쉬울 것이다. 사람은 크게 두 가지 요소로 구성되었다. 하나는 육체이고 또 하나는 영혼이다. 육체(몸)는 살과 뼈로 되어 있다. 살과 뼈는 눈에 보이는 것이고 물질이기에 사람이 죽어 땅에 묻거나 불로 화장을 하면 어느 정도 시간이 지남에 따라 다 흙으로 산화된다. 사람은 본래 하나님에 의하여 흙(dust)으로 지음을 받았기 때문이다. 그래서 땅에 묻으면 고향인 흙으로 돌아간다. 그러나 영혼(靈魂)은 눈에 보이지도 않고 물질이 아니다. 따라서 영원히 죽지도, 썩지도, 땅에 묻히지도, 불에 타지도 않는다. 죽음(사망)이란 영혼과 육체의 분리이다. 육체(몸)에서 영혼이 떠나가면 죽었다고 말한다. 시체, 주검, 송장이라고 말한다. 그리고 육체를 떠난 영혼은 지천(地天, 땅과 하늘)에 떠돌아다니거나 이 땅 어디에 있지 않다. 사람이 죽으면 곧바로 천국 아니면 지옥으로 들어가 인류 최후의 심판을 기다리며 세상 종말에 심판을 받고 천국 아니면 지옥에 들어가서 영원히 산다. 따라서 물과 육지에 떠도는 외로운 영혼을 구제하기 위한 '수륙재(水陸齋)'는 헛되고 헛된 수고와 의식일 뿐이다. 죽은 사람의 영혼을 위로하기 위해서 지내는 '위령제(慰靈祭)' 또한 헛되고 헛된 행위에 지나지 않는다.

그리고 죽은 이의 넋(영혼)을 극락(극락정토)으로 보내기 위해 행하는 '천도재(薦度齋)' 또한 부질없는 행위이다. 물과 육지에 떠돌아다니는 영혼은 없다. 그런즉 구제도 불가능하다. 죽은 사람의 영혼은 위로할 수가 없다. 망자의 영혼은 우리 곁에 있지 않고 절대로 어찌할 수 없는 아주 먼 천국 아니면 지옥에 들어가 있기에 위로가 불가능하다. 그리고 망자의 넋(영혼)을 극락으로 보내는 것은 더더욱 있을 수 없다. 누가 어떤 방법으로 죽은 자의 넋(영혼)을 극락으로 보낸단 말인가? 코미디 같은 주장이다. 어느 누구도 이런 황당한 짓을 할 수 없다. 아무리 신령한 어떤 사람이나 의식일지라도 전혀 영향을 미칠 수 없다. 단지 자기들끼리의 푸닥거리에 불과하다. 오직 전지전능하신 신(神, 하나님)만이 이렇게도 할 수 있고 저렇게도 하실 수 있어 영향을 미친다. 그래서 기독교는 불교와 타 종교에서 행하는 수륙재, 위령제, 천도재 등을 결코 행하지 않는다. 죽은 자에 대해서는 추모(追慕, 죽은 사람을 그리워 생각함)나 추모의식만 행하지 산 사람에게 하듯 하지 않는다. 그렇게 해봤자 아무런 소용이 없는 헛된 짓이기 때문이다. 죽은 자에게는 기도도, 절도, 음식도 차려 주지 않는다. 기독교는 이런 짓을 하는 것을 미신(迷信)이라고 한다. 미신(迷信)이란 '종교적·과학적 관점에서 헛된 것으로 여기는 믿음'이다. 점복(점), 굿 따위도 이에 속한다. 이는 마치 아무런 영향이 없는 우상을 숭배하는 것과 다르지 않기에 성경이 금한다. 이미 죽은 자는 말이 없고, 죽은 자에게 그 어떤 정성과 수고를 다해도 아무런 변화, 응답이 없다.

신약성경책 마태복음 27장 50절이다.
"예수께서 다시 크게 소리 지르시고 영혼(靈魂)이 떠나시다"

구약성경책 여호수아 24장 29~30절이다.
"29)이 일 후에 여호와의 종 눈의 아들 여호수아가 일백십 세에 죽으매 30)무리가 그를 그의 기업의 경내 딤낫 세라에 장사(葬事, 죽은 사람을 땅에 묻음)하였으니 딤낫 세라는 에브라임 산지 가아스산 북이었더라"

인류의 유일한 구원자인 예수님께서 육신의 나이 33세에 이스라엘 골고다 언덕 위에 세워진 십자가에 달려 죄인들을 대신하여 물과 피를 다쏟으시고 죽기 전에 마지막으로 소리 지르신 말씀이다. 예수님께서 마지막으로 소리 지르신 후 예수님 몸에서 영혼이 떠나가셨다. 누구든지 몸에서 영혼이 떠나면 죽는다. 영혼이 떠나면 시체가 된다. 그리고 모세의 뒤를 이어 이스라엘 지도자가 된 여호수아가 죽자 그를 따르던 무리들이 땅에 묻었다. 영혼이 떠난 몸(육체)은 아무런 가치가 없다. 빠르게 썩고 지독한 냄새만 날 뿐이다. 그래서 신속하게 땅에 묻거나 불로 화장해 버린다. 이미 죽은 자, 영혼이 떠난 자에게 매달리고 어떤 미신적 행위를 하는 것은 헛된 짓이다. 그래서 기독교는 무엇이든지 생명이 있을 때, 사람도 살아 있을 때 잘하라고 한다. 죽은 다음에는 무슨 짓을 해도 위로할 수 없고, 떠난 영혼을 돌아오게 할 수도 없고, 지옥이나 천국으로 구제할 수도 없다. 보통 어떤 위령제를 하면서 넋(영혼)을 달랜다고 노래도 하고, 굿도 하고, 춤도 추고, 음식도 정성껏 차리고, 절도 하는데 다 부질없는 짓이다. 냉정하게 생각해 보기 바란다. 살아 있을 때 잘하라. 죽은 다음에 조상을 잘 모시고 정성을 다하는 것은 효도가 아니다. 훌륭한 후손이 아니다. 쓸데없는 짓이다. 이것이 기독교 수륙재, 위령제, 천도재 세계관이다.

제37장

수행 세계관

　수행(修行, 닦을 수, 행할 행)이란 '행실을 바르게 닦음'을 뜻한다. 불교에서는 '불도를 닦는 것'을 말한다. 수행이라는 용어는 불교 용어이다. 기독교(개신교)에는 수행이라는 용어를 사용하지 않는다. 불교에서 수행이라는 말은 매우 중요하다. 왜냐하면 수행이라는 과정을 통해서 깨달음(부처)을 얻어 해탈에 이르고, 열반을 통해서 극락에 들어갈 수 있고, 불행하고 고통스러운 윤회의 굴레에서 벗어날 수 있기 때문이다. 따라서 수행 없는 불자(佛者)의 삶이란 상상할 수 없다. 불교에서 수행은 깨달음을 얻기 위한 스스로의 행위로 구원(극락), 해탈, 극락, 윤회와 직결되어 있다. 내세, 내생, 환생의 삶과 직접 연결되어 있어 매우 중요하다. 이에 반해 기독교(개신교)는 수행이라는 스스로의 행위가 없다. 내세와 구원에 있어서도 수행의 행위와 전혀 상관이 없고 영향을 미치지 못한다고 한다. 기독교는 오직 인류의 유일한 구세주인 예수님에 대한 믿음으로 구원을 받고, 죄 용서함도 받고, 새사람이 되고, 천국에 들어가고, 진리를 깨닫게 된다. 불교처럼 스스로는 아무것도 깨닫지(부처) 못하고, 해탈에 이르지 못하고, 구원(천국)에도 이르지 못한다. 수행에 있어서도 불교와 기독교(개신교)는 이처럼 큰 차이가 있다.

불교 수행 세계관

불교 사전에 의하면 수행(修行)을 이렇게 정의하고 있다. "오로지 한 생각만 집중하여, 한결같이 그것을 잊지 않고 그것 외에 다른 생각이 일어나지 못하도록 하는 노력"이라고 정의한다. 그리고 "깨달음, 열반(마음의 평온)을 성취하기 위하여 몸과 마음을 수련하는 것"이라고 정의한다. 불교의 수행에는 여러 가지가 있다. 화두참구를 통하여 깨달음을 성취하는 간화선, 묵묵히 언설(言說)을 끊고 자성(自性)을 관하는 묵조선, 자신의 일거수일투족을 관찰하는 위빠사나 사미타 수행, 그밖에 경전 사경, 염불, 기도 등이 있다. 수행에는 십주(十住)라는 것이 있다. 이는 보살이 닦는 열 가지 수행 단계로 진리에 안주하는 단계라는 뜻으로 주(住, 살주)라고 한다. 열 가지 수행 단계를 살펴보면 다음과 같다. ① 발심주(發心住)이다. 이는 공(空, 빌 공)을 주시하여 청정한 지혜를 일으킴이다. ② 치지주(治地住)이다. 이는 공(空)을 주시하면서 마음의 바탕을 청정하게 다스림이다. ③ 수행주(修行住)이다. 이는 온갖 선행을 닦는 것이다. ④ 생귀주(生貴住)이다. 이는 부처의 기운이 생겨 성품이 청정해짐이다. ⑤

방편구족주(方便具足住)이다. 이는 한량없는 방편을 원만하게 닦음이다. ⑥ 정심주(正心住)이다. 이는 지혜를 성취하여 바른 마음에 안주함이다. ⑦ 불퇴주(不退住)이다. 이는 공(空)의 이치를 체득하여 거기에서 물러나지 않음이다. ⑧ 동진주(童眞住)이다. 이는 깨달음을 구하는 마음을 깨뜨리지 않는 것이 마치 동자의 천진함과 같음이다. ⑨ 법왕자주(法王子住)이다. 이는 부처의 가르침을 따르므로 지혜가 생겨 미래에 부처가 될 만함이다. ⑩ 관정주(灌頂住)이다. 이는 공(空)을 주시함으로써 생멸(生滅, 우주 만물의 생겨남과 없어짐)을 떠난 지혜를 얻음이다.

불교는 사람이 수행을 함으로써 욕망에서 나오는 번뇌(괴로움)에서 벗어나 부처가 된다고 한다. 스스로 수행하여 깨달음으로 번뇌를 끊어야 부처가 될 수 있다. 수행을 통해 깨달음을 얻기 전까지는 번뇌에서 벗어나지 못한다. 부처도 될 수 없다. 계속 윤회(돌고 도는 내생)의 삶을 살아야 한다. 극락에도 들어가지 못한다. 따라서 불자라면 누구든지 수행은 필수이다. 반드시 수행을 통해서 깨달음을 얻어 해탈에 이르러야 한다. 그래서 인도의 석가모니도 결혼하여 아내와 아들까지 있었으나 29세에 소위 가출하여 여기저기 전전하며 수행을 하다가 마지막 보리수나무 아래에서 나름의 깨달음을 얻었다고 한다. 6년 동안 수행을 통해 번뇌에 대해서 깨달음을 얻어 부처가 되었다. 불자들은 부처가 되지 못하면 불행한 자가 된다. 계속 3계 6도를 반복하는 환생의 삶, 윤회의 삶을 살아야 하기 때문이다. 그래서 불교를 추종하는 불자들에게 수행은 너무나도 중요하다. 절대적인 것이다. 수행 없이는 깨달음도, 해탈도, 윤회의 굴레에서 벗어나는 것도, 극락에도 들어갈 수도 없기 때문이다. 그런즉 이러한 스스로의 수행은 하나의 행위로써 생사(生死, 죽고 사는 것)가 걸린 것이다. 하지만 기독교(개신교)는 그 어떠한 스스로의 행위로 깨달음을 얻거나 내세의 어떠함이 결정되지 않는다고 말한다. 오직 인류의 유일한 구세주인 예수님을 믿음으로만 내세와 구원이 결정된다고 한다. 아무튼 이것이 불교 수행 세계관이다.

기독교(개신교) 수행 세계관

기독교(개신교)에는 깨달음과 해탈과 내세와 구원과 관련하여 깨달음에 대한 처절한 행위인 수행(修行)이라는 것이 없다. 왜냐하면 사람이 어디서 와서 왜 살며 장차 어디로 가는지, 왜 생로병사를 겪는지, 왜 남녀노소가 번뇌(괴로움)를 겪는지, 어떻게 해야 구원을 받아 천국에 가는지, 내세(사후세계)의 삶이 어떻게 결정되는지, 내세가 어떤 세계인지 등은 스스로의 행위(수행)로는 절대로 알 수 없고 오직 인류의 유일한 구원자이신 예수님을 믿고 성경을 통해서만 알게 된다. 이 부분은 인간이 스스로 알 수 없는 영역이기 때문이다. 인간이 자기 힘과 노력과 수행으로는 절대로 깨달을 수 없고 벗어날 수 없다. 그래서 기독교(개신교)는 구세주인 예수님을 믿으라고 전하는 것이다. 불교는 깨달음과 해탈과 극락이 수행이라는 행위를 통해서 결정되지만, 기독교(개신교)는 오직 구원자이신 예수님을 믿어야만 된다. 왜 인간 스스로의 그 어떤 행위, 수행, 선행으로 깨닫지 못하고 구원을 받을 수 없다고 하는가? 모든 인간은 죄(원죄=최초의 인간이자 인류의 대표자인 아담과 하와의 죄)로 인하여 마음과 생각과 양심이 전적으로 부패하고 타락하였기 때문이다. 한마디로 죄로 인하여 모든 인간은 다 죄병에 오염되어 버렸기 때문이다. 마치 '코로나19' 바이러스에 감염되어 겉과 속이 다 오염되어 버린 것처럼 말이다. 이미 오염된 자들은 아무리 손을 깨끗하게 씻는다고 해도 소용이 없다.

이미 스스로 손댈 수 없는 영역인 내부로 바이러스가 침투해 있기 때문이다. 손을 깨끗이 씻고 마스크를 써서 효과를 볼 시점은 오염이 되지 않을 때이다. 이미 코나 입으로 바이러스가 들어가 오염이 된 자, 전염병에 걸린 자는 밖에서 그 어떤 수행, 행위, 노력, 손을 씻어도 소용이 없다. 이렇게 전염병 확진 판정을 받은 사람은 전염되지 않은 자들과 격리되어 전문 의사의 도움과 약의 도움을 받아야 생존할 수 있다. 스스로의 행위, 수행, 노력, 선행으로는 치유가 불가능하다. 코로나19의 발병지인 중국에서 2천 명 이상 많은 사람이 죽은 것은 제때에 의료 서비스를 받지 못했기 때문이다. 코로나 바이러스에 오염된 확진자들이 스스로 그렇게 노력하고 애썼어도 내부에 침투한 바이러스는 어찌 못한 것이다. 죄(원죄)가 그렇다. 이미 죄(원죄)로 오염된 전 인류는 스스로의 수행, 선행, 참선, 요가, 명상, 어떤 행위 등으로는 절대로 죄(원죄)를 씻을 수 없고, 죄를 씻지 못하면 깨달음도, 구원도, 죄 용서함도 받을 수 없다. 그 이유는 죄인들은 모두 영적으로 마음으로 시각장애인이기 때문이다. 기독교(개신교)는 성경(聖經)을 통해서 이런 사실을 명확하고 적나라하게 기술하고 있다. 수행, 선행, 행위 등 스스로의 행위로는 아무것도 달라지는 것이 없고, 해결할 수도 없고, 깨달음도 없고, 희망도 없다고 말한다.

신약성경책 에베소서 2장 8~9절이다.

"8)너희가 그(하나님) 은혜(공짜)로 인하여 믿음으로 말미암아 구원(영생, 죄 사함)을 얻었나니 이것이 너희에게서(사람에게서) 난 것이 아니요 하나님의 선물(거저 주시는 것)이라 9)행위(수행, 선행)에서 난 것이 아니니 이는 누구든지 자랑치 못하게 함이니라"

신약성경책 로마서 3장 10~12절이다.

"10)기록된 바 의인(義人, 하나님 보시기에 죄가 하나도 없는 자)은 없나니 하나도 없으며 11)깨닫는 자도 없고 하나님을 찾는 자도 없고 12)다 치우쳐 한가지로 무익하게 되고 선(善)을 행하는 자는 없나니 하나도 없도다"

신약성경책 로마서 3장 23절이다.

"모든 사람(남녀노소의 과거와 현재와 미래 사람들)이 죄(원죄)를 범하였으매 하나님의 영광에 이르지 못하더니"

구약성경책 창세기 6장 5절이다.

"여호와(스스로 계신 분)께서 사람의 죄악이 세상에 관영함(가득함)과 그 마음(心)의 생각의 모든 계획이 항상 악(惡)할 뿐임을 보시고"

구약성경책 창세기 8장 21절이다.

"여호와께서 그 향기(노아의 제사)를 흠향(기쁘게 받으심)하시고 그 중심에 이르시되 내가(하나님) 다시는 사람으로 인하여 땅을 저주하지 아니하리니 이는 사람의 마음(心)의 계획하는 바가 어려서부터 악함이라 내가 전에 행한 것(노아 때의 홍수 대심판)같이 모든 생물을 멸하지 아니하리라"

구약성경책 예레미야 17장 9절이다.
"만물보다 거짓되고 심히 부패(죄로 인하여 썩은 것, 오염된 것)한 것은 마음(心, 사람 마음)이라 누가 능히 이를 알리요마는"

구약성경책 시편 14편 1절이다.
"어리석은 자는 그 마음에 이르기를 하나님이 없다 하도다 저희는 부패(腐敗, 타락)하고 소행(행한 일)이 가증(可憎, 미워할 만큼 얄미움)하여 선(善)을 행하는 자가 없도다"

성경은 남녀노소 모든 인간(사람)의 실상, 정체성에 대하여 적나라하게 밝힌다. 모든 인간은 스스로는 어찌할 수 없는 '죄 덩어리'라고 한다. 철저하게 죄(원죄)로 오염, 전염, 감염된 절망적인 존재라고 한다. 모든 인간(사람)이 이렇다는 것을 죄인인 인간들은 모른다. 그러나 성경은 인간 내면세계의 참 모습을 명확하게 알려 준다. 한마디로 모든 과거, 현재, 미래의 인간들, 천진난만한 갓난아이들까지 코로나 바이러스(코로나19)보다 몇 천배 무서운 죄(원죄)병으로 오염, 감염되었다고 한다. 이 죄병으로 모든 인간은 사는 날 동안 각종 고통을 겪는 것과 사형선고를 받았다. 그래서 누구나 한 번 태어나면 육체적으로나 정신적으로 각종 질병에 시달리고 번뇌(괴로움)를 겪다가 어느 시점에서 다 죽는 것이다. 인간은 이 죄병으로 겉과 속이 철저하게 오염되었다. 그래서 남녀노소를 불문하고 하나 같이 하는 짓들이 악한 것이다. 각자가 잘 안다. 자신의 행위로는 절대로 극락이나 천국에 갈 수 없음을 말이다. 눈만 뜨면 은밀하게 혹은 보이게 불순한 생각과 나쁜 생각과 행동을 한다. 그렇게 살지 않는 사람은 하나도 없다. 다 죄병에 오염되어서 하는 언행이 나쁜 짓만 하는 것이다. 손, 발, 눈, 귀, 입, 생각, 마음, 양심이 모두 오염되었다. 이런 인간들은 스스로의 노력, 행위, 수행으로는 절대로 죄병에서 벗어날 수도 없고 깨닫지도 못한다. 스스로 죄병을 치료하지 못한다. 마치 병원에 입원한 심각한 환자들처럼 말이다.

그래서 절망에 빠진 인간들을 위해서 성부 하나님께서 죄병을 치료할 구세주 예수님을 인간의 몸으로 이 땅에 성탄케 하셨는데 그분이 인류의 유일한 구원자 예수님이시다. 예수님은 세계에서 유일하게 죄병을 치료하실 영적 의사이다. 이 예수님께서 우리 죄를 대신하여 십자가에 달려 죽으셨다가 3일 만에 부활하셨다. 인간들의 죄병을 대신 해결하셨다. 쉽게 말하면 모든 인류의 죄병 숙제를 십자가에 못 박혀 죽으심으로 대신 해결하셨다. 이제 누구든지 이 예수님을 믿기만 하면 값없이 죄 용서함을 받고 구원을 받는다. 신분적으로 의인(義人)이 된다. 그래서 우리 자신의 공로나 행위가 아닌 하나님의 은혜로 선물로 구원을 받는다고 하는 것이다. 선행은 믿음 이후의 삶으로 기독교인이 이 세상에서 기독교인답게 세상의 빛과 소금으로 본이 되는 삶을 위해서 필요한 것이다. 착하게 산다고, 선행을 한다고, 수행을 한다고 오염된 병이 낫지 않는다. 이는 기본 상식과 논리이다. 온몸에 암세포처럼 퍼진 죄병의 문제, 죄로 오염된 인간의 문제는 수행, 선행과는 별개의 문제이다. 이런 부분에서 불자들은 오해가 없어야 한다. 오직 구세주인 예수님을 먼저 믿음으로만 해결된다. 수행, 선행은 그 다음이다. 이것이 기독교(개신교) 수행 세계관이다.

참고문헌

전봉준,『호크마 성경전서』, 기독지혜사, 2012.

전광진 편저,『속뜻사전』, LBH교육출판사, 2018.

김승동 편저,『불교사전』, 민족사, 2015.

곽철환 편저,『불교사전』, 시공사, 2019.

광덕,『생의의문에서 그 해결까지』, 불광출판사, 2013.

변택주,『벼리는 불교가 궁금해』, 불광출판사, 2019.

곽철환,『불교의 모든 것』, 행성B잎새, 2018.

이중표,『불교란 무엇인가』, 불광출판사, 2018.

고명석,『왕초보 불교교리 박사 되다』, 민족사, 2013.

최정인,『알기 쉬운 불교교리』, 불교시대사, 2012.

해주,『불교교리 강좌』, 불광출판사, 2005.

전재성 편저,『불교교리 문답서』, 한국빠알리성전협회, 2010.

홍창성,『불교 철학 강의』, 불광출판사, 2019.

지명,『한권으로 읽는 불교교리』, 조계종출판사, 2018.

이자승, 『불교의 이해와 신행』, 조계종출판사, 2016.

안심법안, 『불교교리』, 안심정사, 2016.

호진, 『무아·윤회 문제의 연구』, 불광출판사, 2018.

구보 아리마사, 『불교와 기독교 무엇이 다른가』, 나침반출판사, 1997.

매일종교신문, 2020. 2. 12.

불교와
기독교
세계관

ⓒ 장재훈, 2020

초판 1쇄 발행 2020년 9월 16일

지은이   장재훈
펴낸이   이기봉
편집   좋은땅 편집팀
펴낸곳   도서출판 좋은땅
주소   서울 마포구 성지길 25 보광빌딩 2층
전화   02)374-8616~7
팩스   02)374-8614
이메일   gworldbook@naver.com
홈페이지 www.g-world.co.kr

ISBN   979-11-6536-762-6 (03230)

이 도서의 국립중앙도서관 출판예정도서목록(CIP)은 서지정보유통지원시스템 홈페이지(http://seoji.nl.go.kr)와 국가자료공동목록시스템
(http://www.nl.go.kr/kolisnet)에서 이용하실 수 있습니다. (CIP제어번호 : CIP2020037398)